KB090603

인연을 읽는
사주 명리학

인연을 읽는 사주 명리학

나의 기도

나를 위해 구하지 않고
이웃을 위해 구하며

나를 위해 찾지 않고
이웃을 위해 찾으며

나를 위해 두드리지 않고
이웃을 위해 두드리며

'믿습니다!'를 말하지 않고
이웃이 나를 믿도록 행동하며

복을 구하지 않고
이웃에게 복을 나누며

사랑을 구걸하지 않고
이웃에게 사랑을 베풀며
제가 바라는 대로 이웃에게 행동하기를 원합니다
그것은 이웃은 또 다른 나이기 때문입니다

　초판이 절판된 지 얼마 지나지 않아 재판을 요청하는 독자들의 바람이 전국에서 전해져 와서 고심을 거듭한 끝에 좀 더 내용을 보완해서 개정증보판으로 출간하게 되었다.

　항상 출간하고 나면 부족하다는 마음에 아쉬움이 크고 자신을 좀 더 채찍질하며 명리의 바다를 건너기 위한 공부의 고삐를 쥐는 계기로 삼게 된다.

　음양오행이라는 '만남의 조건'에 삶의 흥망성쇠와 마음의 희로애락이 일어났다 사라지는 운명학의 넓고도 깊은 현상과 심리의 차원을 몇 마디의 언설로 다 표현해내는 것은 참으로 어려운 작업이 아닐 수 없다.

　필자가 명리학에 관심 가진 지 벌써 38년이란 세월이 흘렀건만 아직도 명리의 첫걸음마인 음양이라는 단어에서 크게 벗어나지 못한 것이 사실이다.

　그래서 명리학을 파고들면 들수록 더 많은 배움의 기회들을 만나면서 나 자신은 한없이 부족한 존재임을 실감하며 마음이 한없이 땅바닥을 행해 엎드리는 것을 느끼게 된다.

　끝없이 열려있는 명리의 바다를 항해하면서 하심과 겸손의 노를 부지런히 저으며 오늘도 운명이라는 '조건만남'이 만들어내는 인연의 현상을 알아내고자 관심을 두고 살아가고 있다.

자연을 구성하고 있는 음양오행의 요소와 이를 사용하는 마음의 개입으로 일명 '조건만남'이 곧 운명이며 인생사이다. 그래서 인생은 마음 사용하는 법에 따라서 자신이 원하는 대로 '안성맞춤'의 삶을 만들어 갈 수 있다는 희망이 확신으로 다가오며 입가에 미소를 머금게 한다.

「인연을 읽는 사주 명리학」과 만나시는 독자 여러분의 공부에 일취월장 있으시길 바라면서 앞날에 건강과 평온과 행복이 함께하시기를 기원드린다.

가을 반야선원에서 종학 합장

　정자와 난자의 수정체가 자궁벽에 착상하여 줄기세포가 되면 중음신
中陰身이 어머니의 자궁 안으로 들어온다고 한다. 생물학적으로 볼 때 3
억 마리나 되는 정자가 하나의 난자를 만나서 잉태하는 과정은 천문학
적인 경쟁을 뚫고 이루어지는 기적과도 같은 일이 아닐 수 없다. 잉태
되지 않는 수많은 정자는 그대로 죽음을 맞이하고 또 다른 기회를 기다
려야 하니 사람으로 잉태된다는 것은 부처님 말씀대로 백천만겁百千萬劫
난조우難遭遇가 아닐 수 없다. 그러한 어려운 관문을 뚫고 자궁에 착상하
여 10개월 동안 천백억으로 세포 분열을 하면서 백조의 세포로 형성된
태아가 만들어지는 것이다.

　하나의 씨알도 땅이라는 인연을 만나서 온갖 풍상을 겪으면서 뿌리를
내리고 줄기를 뻗어내고 가지를 치며 수많은 잎으로 장식을 한 후에 영
광의 결실을 만들어 내는 과정을 살아가는 것이다. 그러므로 존재하는
모든 생명은 쉽게 단순하게 살아 있는 것은 없으며 하나같이 귀하고 소
중한 존재들로 이 땅 위에 살아 숨 쉬고 있다.

　인생도 이 세상에 태어나서 수많은 경험을 하면서 삶의 실상을 배워
깨달음의 길을 가다 최종적으로는 삶의 전 과정을 압축한 영혼이라는
씨앗이 공중에 뜨면서 다시금 재생의 기회를 기다리게 되고 몸은 죽어
사라지는 과정을 겪으면서 해탈을 향해 나아가는 것이다.

태아가 10개월이라는 과정을 거쳐 하나의 생명이 만들어지듯이 마음의 공부나 명리학 공부도 맨 처음 '자연계라는 산'에 관심을 갖고 바라보기 시작한 후에 10번의 고개를 오르고 내리기를 이어가면서 비로소 정상에 발을 들여 놓을 수 있는 것이니, 이것이 강산이 변하고, 자연계가 변화고, 사람이 변하고, 세상이 변하는 법칙이다.

자연계에 존재하는 이상 자연계의 질서와 법칙을 벗어나서 존재하는 것은 있을 수 없다. 있다면 그것은 그 사람의 상상력의 세계일 뿐, 실재하는 현실은 아니다.

자연의 변화는 '갑을병정무기경신임계'라는 10수로 진행되는 것이니 모든 경험은 10가지 상황을 거치면서 이루어지고 경험의 해체 역시나 10가지 상황을 거슬러 돌아가는 과정을 거치게 된다. 이러한 변화 과정을 압축하고 있는 파일인 10개의 천간이 갖는 의미는 지극至極하고 심대深大하며 작게는 공기 중에 떠도는 하나의 먼지에서 크게는 밤하늘에 반짝이는 수많은 별에 이르기까지 존재하는 모든 생명체의 삶의 이유와 신비를 간직하고 있는 것이기도 하다.

명리학을 공부한다는 것은 명리학의 기본 개념인 천간 10개 속에 신학, 종교, 수행, 정치, 경영, 심리, 생리, 논리, 행동과 사유방식, 관계에 대한 이해(시간, 장소, 사람, 사물), 미래 예측, 취미, 진로, 적성, 최첨단 컴퓨터 원리, 유전 정보, 심령 과학 등 인간 세상 전 영역에 관련된 고급 정보에 접근하는 것이며 일체 삶의 의문을 해소하는 실마리를 손에 쥐는 것이 된다. 이렇게 소중한 학문을 일반 대중들이 접촉하기 쉽게 자연 현상에 견주고 실제 사례를 들어 설명하려고 나름 노력을 하였으나 눈 밝은 님들이 보실 때는 아직 부족한 부분이 많을 것으로 사료되니 넓으신 아량으로 살펴 주시면 감사하겠다.

저와 함께 '연인을 읽는 사주 명리학' 집필에 참여한 아정 박주연 님의 공부에 대한 열정에 감사를 표하며 수고하셨다는 감사의 마음을 전한다.

이 책자가 자연이 제시하는 길을 따라 나아가며 행복한 인생길을 살아가시려는 님들께 작으나마 도움이 되었으면 하는 바람을 가져 본다.

기해년 가을 반야 선원에서 종학 합장

자연의 길은 맨 처음 인간의 눈에 보이지 않는 미세한 움직임, 즉 고요한 상태(靜)에서 점차 인간의 눈에 보이게 되는 물질화의 과정을 따라 변화하게 되는 것이니 이를 움직인다는 동(動)의 상황이라 하는 것이다. 이러한 정과 동의 움직임은 한 번은 음하고 또 한 번은 양하여 서로 밀고 당기면서 물질화의 과정을 따라 변화를 해 나가는 것이다.

성인이 이를 알고 육십갑자를 만들어서 그 변화를 백성들로 하여금 이해하게 하셨으며 이를 따라 자연과 함께 흥하는 길을 열어 놓으신 것이니 이것이 우리가 공부하게 될 음양오행에 의한 사주팔자학이다.

사람은 자기 생각이라는 울타리 안에서 삶을 영위하고 있다. 그 울타리의 경계선은 자기 눈에 보이는 만큼 만들어진다. 작게 보면 작은 그림을 그리고, 크게 보면 큰 그림을 그리고, 어둡게 보면 어두운 그림을 그리고, 밝게 보면 밝은 그림을 그리며 인생사를 펼쳐 낸다. 마치 화가의 마음 따라 손끝에서 움직이는 대로 붓이 그림을 그려내는 것과 같다. 그래서 마음(씨)을 잘 사용하여야 한다.

궁전 뜰을 거닐던 태조 이성계에게 스승인 무학대사가 던진 한마디인 "부처의 눈에는 부처만 보이고 돼지의 눈에는 돼지만 보인다."라는 농담 속 진담은 바로 일체 현상은 마음의 조화이며, 생각의 힘이 영혼도 되고 물질도 되며 빈부귀천도 만들어낸다는 이치를 한마디로 표현해

준 것이다.

개인의 삶을 포함한 세상만사의 움직임은 마음의 작용이다. 그래서 사람됨의 그릇은 '무엇을 생각'하고 '어떻게 마음을 사용하는가?'로 정해지고 "나는 누구인가?"는 '어떤 생각'으로 '어떤 마음'으로 사느냐로 대답되는 것이다.

그동안 어떤 생각, 어떤 맘으로 살아왔는지는 현재 자기가 겪고 사는 일이며, 오늘 어떤 생각과 마음으로 살고 있는지가 앞으로 나타날 자기 모습의 밑그림을 만들어 내게 된다. 조물주의 한 생각이 한없는 시간으로 뻗치며 지금의 우주를 만들어 왔고, 나 또한 하나의 생각이 한없는 시간으로 뻗치며 지금의 나를 만들어 왔고 오늘도 내일의 나를 만들어 가고 있다. 오직 생각의 힘으로!

필자가 '인생이란 무엇이며 운명이란 존재하는가'라는 화두를 잡고 궁리하는 중에 사주 명리학에 입문하게 된 것은 어쩌면 내 인생에 있어서 최고의 행운이라고 할 것이다. 불교 공부를 통해서 인생이란 생각의 힘으로 만들어온 하나의 조립품이란 사실을 알았고, 맘에 안 들면 시간이야 걸리겠지만 뜯어고치는 수행을 하면 반드시 변화가 일어난다는 사실도 알게 되었다. 그리고 하나의 조립품이 만들어지고 사라져 가는 이치를 동양의 음양오행에 의한 사주 명리학을 통해서 밑그림처럼 읽어 볼 수 있게 되면서 부처님의 가르침인 인연의 일어남과 사라짐의 모습을 현실 속에서 구체적으로 확인할 수 있었다. 그동안 내 마음을 어지럽히고 힘들게 했던 마음에서 벗어나 자유로운 마음으로 거듭 태어날 수 있었다. 이에 자유로운 마음에 이르게 인도해 준 이치들을 일반 대중이 쉽게 접촉하여 이해할 수 있도록 하기 위해 자연이 보여주는 사시사철 변화하는 모습을 떠올리며 재미나게 공부해 보자는 취지에서 본서의 제목을 '인연을 읽는 사주 명리학'이라고 한 것이다.

사실 인생이란 자기식대로 작품을 만들어 가는 과정이기도 하다. 이 책자와 인연된 분들이 좀 더 자기를 이해할 수 있게 되어서 행복에 이르는 하나의 디딤돌로 삼을 수 있다면 책을 쓴 자로서의 영광이 아닐 수 없겠다.

끝으로 불교의 철학과 명리의 원리를 지도해주시고 행복한 인생길을 열어 주신 반야사의 종학 스님께 감사의 합장을 올립니다.

기해년 가을 아정 박주연

·차례·

1

●●●

우주宇宙와 만물萬物

우주宇宙와 만물萬物

  우주와 만물의 탄생을 이해하는데 점이나 씨 또는 스프링의 개념을 이해하는 게 도움이 될 것이다. 우주는 맨 처음 하나의 점으로 압축되어 있다가 스프링이 튀어 오르듯 무한대한 변화 과정을 거듭하고 있다. 그것은 인연(상호작용=조건)에 의하여 무수한 변화의 수를 가지고 나났다 사라졌다를 반복하고 있는 것이다. 우리가 보고 듣고 생각하는 모든 경험하는 사실은 확정된 것은 없으며 단지 일시적이며 가상적인 상태로만 존재할 뿐이다.

  이를 천수경에서는 "나자색선백羅字色鮮白 공점이엄지空點以嚴之"라고 하여 마치 빈 종이 위에 작가가 글을 쓰고 화가가 색으로 그림을 그리듯 펼쳐 놓아 뚜렷하게 보이고 있으며 본래 텅 비어 있는 속에 하나의 점으로 압축(空點)되어 있던 것이 펼쳐지면서 만상만물로 장엄을 이루었다고 하는 것이다.

  동양 철학은 제일의 개념인 태극이 음양으로 나뉘고 다시 사상, 팔괘, 64괘로 펼쳐지는 우주론이다. 태극의 태太 자는 하나의 점點과 큰 대大 자의 합성이다. 하나의 씨알적인 생명 에너지가 극소에서 극대로 확장하여 진행되는 변화를 나타내주는 의미이다. 극極 자에는 나무 목木

변이 들어 있는 것도 하나의 씨알적 생명 에너지의 자기 전개를 나무를 등장시켜서 그 의미를 함축하고 있는 것이다.

우주의 전개는 마치 압축된 파일을 더블클릭하면 내장된 정보가 풀리면서 나타나듯이 우주도 맨 처음에는 초극점으로 압축된 프로그램 상태로 있었다. 운동성이 거의 제로 지점으로 시공이 열리기 전의 상태이다. 압축 프로그램이 풀리면서 변화 곧 시공이 펼쳐지면서 천백억의 형형색색의 만물이 인연 따라 드러나게 된 것이다. 그러므로 존재하는 것은 한 생각이 일어나는 상대적인 조건에 의해서 만들어져 나오는데 그것은 임시적으로 진행되는 것일 뿐 결정된 것이 아니다.

우주는 이 시간에도 맨 처음의 핵점에서 출발하여 무한대하게 시공간을 확장해 나가면서 펼쳐지고 있는데 그 끝은 맨 처음 출발했던 핵점을 향해 가속하며 압축되어 시공간이 제로의 상태로 들어가고 있는 것이 신비로운 사실이다. 그래서 살아가는 것이 죽어가는 것이요, 죽어가는 것이 살아가는 것이라는 동시성을 가지고 있다. 즉 무한대한 확대와 동시에 압축이 진행되고 있으며 그 운동의 지향점은 출발점으로 돌아가는 과정이란 것을 알아야 한다. 그러므로 양적으로 아무리 팽창을 거듭하고 있어도 질적으로는 하나도 늘어나고 줄어든 것이 없는 부증불감不增不減이다.

자연계의 구성 물질은 분자이며 분자는 원자이며 원자는 원자핵과 전자로 이루어져 있고 원자핵을 구성하는 양성자와 중성자는 더욱 작은 알갱이인 초소립자인 쿼크로 이루어져 있으며 더욱 세분하면 텅 빈 공의 실상에 이른다. 각 단위를 이루는 원소는 99%가 빈 공간이며 단지 1%만이 물질로 되어 있는데 그 1%마저 최종적으로 들어가면 사라지고 존재하지 않는 100%의 공의 영역으로 되어 있으니 2563여 년 전의 붓다께서 명상 중에 깨달아 말씀하신 우주의 실상은 "색즉시공色卽是空 공즉

인연을 읽는 사주 명리학

시색_{空卽是色}” 그것이다.

그래서 물질이 공에서 나와서 다시 공으로 돌아가는 과정을 삶이라고 하는 것이니 인간의 삶은 보고 듣고 숨 쉬고 맛보고 느끼고 생각하는 것이 고작 1% 내에서 이루어지는 몸짓에 불과한 것이다. 99%의 내면에 숨어 있는 진실상에 눈을 뜨기 위해 공부하는 그것을 바로 수행이라 한다.

그러므로,

100%의 공의 영역에 사는 것이 부처요, 99% 공의 영역에 살면서 1%는 현실 속에 발을 걸쳐 놓은 것이 보살이며, 99%의 탐욕에 젖은 모습에 1%의 이상을 꿈꾸는 삶이 중생이다. 나를 포장하고 사는 육신(물질)의 즐거움과 괴로움이 아무리 크다 해도 고작 1%로, 안에서 일어나는 몸짓인 것을 알고 모두 내려놓고 빈 마음으로 살아가는 것이 평화롭고 행복한 것이다.

음양_{陰陽}

음양이란 자연계 전체에 해당하는 우주, 물질, 생명에 관한 발생, 변화 과정을 설명하는 포괄적인 개념이며 마음 법 차원에서는 '한 생각'을 의미하기도 한다. 그러나 우리가 실생활에서 쉽게 경험하고 이해할 수 있는 것으로는 지구가 태양을 중심으로 하여 하루 한 바퀴 자전하면서 생기는 빛(양:陽)과 그림자(음:陰)를 말하며 이러한 상대적 상황은 양이라는 목과 화, 음이라는 금과 수 하는 네 가지 국면을 조성하는데 이것은 일 년에 지구가 태양을 한 바퀴 공전하면서 만들어지는 사계절 운동으로도 나타난다. 또한 태극이 음양이라는 양의로 사상四象(오행)으로 전개되는 자연 변화의 시스템이다. 목화금수라는 사상四象의 끝자락에는 항상 기존의 국면을 닫고 새로운 국면을 여는 토가 자리하고 있는데 진술축미 토가 그것이다. 이를 중앙에 따로 배속시키면 오행이 되는 것이다.

이러한 오행을 음양의 두 성질로 나누면 사주학에서 천간을 구성하는 열 글자인 갑을병정무기경신임계가 된다. 천간의 변화가 진행되는 동안 달은 지구를 중심으로 하여 일 년에 12바퀴를 돌게 되니 이것이 바로 사주학에서 지지를 구성하는 열두 자인 자축인묘진사오미신유술해라는 12달이다.

천간은 갑목에서 시작하여 계수에서 끝을 맺고 계수는 록인 지지의 자수가 지지의 시작점이 되어 천간의 시작점인 갑목과 파트너가 되어 삶을 시작하니 이것이 60갑자의 시작이며, 그 마지막은 천간의 끝인 계수와 지지의 끝인 해수가 파트너로 만나 60갑자를 마무리하게 된다.

그러므로 인간은 누구나 태어나는 연월일시에 따라 천간 열 자와 지지 열두 자 중에서 여덟 자씩을 가지고 태어나게 되니 이것이 사주팔자를 구성하게 되고, 그 속에서 감정은 희로애락喜怒愛樂으로 흐르고 진행하는 일은 흥망성쇠興亡盛衰를 타고 흐르다가 죽음을 맞이하게 되는데 최종적으로 생명의 본원인 태극으로 돌아가는 것이다.

씨—(땅)—싹—줄기—가지—잎—꽃—열매
스프링 압축—압축 풀림 ————————— 무한 전개(동시에 무한 압축)
태극—음양—사상(오행)—10간, 12지—삶(생로병사)

인연을 읽는 사주 명리학

한 생각

　불교는 현실에서 겪는 모든 고통의 원인이 무명無明이라고 한다. 유학에서는 대학지도는 명명덕明明德이라 하여 밝은 근본을 드러나게 하는 것이 대학의 가르침이요, 실천(道行)이라고 하고 있다.

　우리가 사는 자연은 물질 세상으로 절대계인 태극이 상대계인 음과 양으로 분화되어 음은 어둠으로 양은 밝음으로 나뉘어 있고, 낮은 태양 빛으로 밤은 달빛으로 밝히며 순차적으로 돌아간다. 이것은 의식의 분열상을 필연적으로 발생시키며 시시비비의 원인이 되는 것이다.

　그러나 음과 양이 분화되기 전으로 복귀하고 해와 달이 분화되기 전을 회복하면 日＋月＝明이 되어 태극의 본성이 극명하게 드러나는 황홀경恍惚境이 펼쳐진다. 이 상태가 의식의 분화로 인한 근본 무지를 회복하여 유토피아가 펼쳐지는 하늘나라인 것이다.

　하늘나라를 대상화해서 감상적으로 바라보며 사색하는 것이 종교적인 신앙이며 제의식祭儀式이다. 그러나 도행道行은 감상과 사색의 활동을 멈추고 스스로 하늘나라가 자기 속으로 내려오고 동시에 자기는 하늘나라로 들어가는, 크게 통(地天泰)하는 역사를 만들어 내는 것이다. 그러려면 음양이 분화하는 운동성을 멈춰야 한다. 이것은 몸과 마음, 감성과 사유의 움직임을 중단시켜야 한다는 의미이다.

　생물학적인 죽음의 상태는 운동이 멈춰버리고 근본 무명으로 굴러떨어지는 것을 의미하나 수행으로서의 죽음은 자연 상태의 죽음과는 다르게 운동성이 제로에 가깝도록 상황을 만들어 내면서 의식을 깨어나게 하는 작업이다. 그것은 '죽음 가운데서 다시 부활'하여 하늘나라로 승천하는 것이기도 하다.

삶이란 실체가 없는 '한 생각'에서 시작되었으니 이를 일시무시일ㅡ始無始ㅡ이라 하고 그 실체가 없는 '한 생각'은 연기처럼 사라질 것이니 이를 일종무종일ㅡ終無終ㅡ이라고 한다.

형형색색形形色色하며 천백억으로 분화(化身)하는 수많은 현상은 알고 보면 '한 생각'의 분화에서 시작하여 음과 양의 구조 속에서 서로 의존하며 상대적 또는 순차적으로 움직인다. 붓다의 사색은 이러한 상호의존의 관계를 연기의 법칙으로 깨닫고 그 '한 생각'을 돌이키어 자성自性으로 돌아가는 길을 발견하게 되었다.

본래의 자기를 쫓아가는 도행道行은 마치 집을 나간 자식이 정신이 나가서 방탕한 짓을 하며 길거리를 배회하다가 정신을 차리고 자기 집으로 돌아와서 어머니와 상봉하는 한 편의 드라마 같은 이야기이다. 집에 돌아온 그는 그동안 길거리에서 방황했던 시간이 꿈만 같은 것을 알고 더 이상 꿈같은 세상이 자기 앞에 펼쳐져 있지만 관심 두지 않고 쫓지도 않게 된다.

눈이 있어도 보지 않고, 귀가 있어도 듣지 않고,
코가 있어도 냄새 맡지 않고, 입이 있어도 맛보지 않고,
입이 있어도 말하지 않고, 몸이 있어도 접촉하지 않고, 의식이 있어도 생각하지 않으니 이것을 세상에 대한 완전한 침묵沈默, 또는 영원한 안식安息(열반: 관심 끝!)이라고 한다.

지옥, 아귀, 축생, 수라, 인간, 천상이라는 여섯 갈래의 삶의 길도 '한 생각'의 움직임에 따라서 길이 열리기도 닫히기도 하는 것이다. 오직 이 '한 생각'이 천태만상, 곧 천백억으로 화신을 나타나게 하는 조물주이며

　　　　　　　인연을 읽는 사주 명리학

영혼이나 몸도 자기의 '한 생각'이 만들어낸 신기루와 같은 것이다.

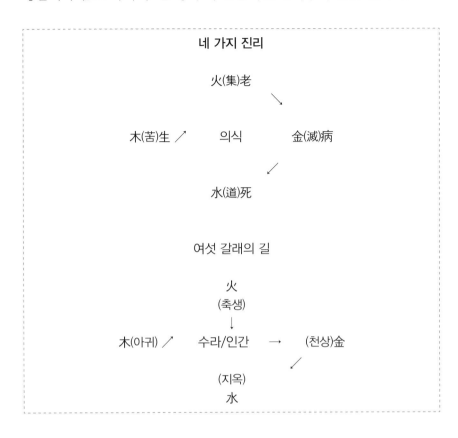

네 가지 진리

火(集)老

木(苦)生 ↗   의식   金(滅)病

水(道)死

여섯 갈래의 길

火
(축생)
↓
木(아귀) ↗   수라/인간 →   (천상)金

(지옥)
水

일장춘몽 一場春夢

하늘은 하늘이요
땅은 땅이요
사람은 사람이다.
태양은 태양이요, 달은 달이요, 산은 산이요, 물은 물이다.

별은 별이요, 꽃은 꽃이요, 구름은 구름이요,

바람은 바람이다.

하나하나 절대성이 몸(개체화)으로 자신을 나타낸 절대자의 화신이지만 하나하나가 서로 어울려지는 순간부터 절대성이 상대성으로 전환되어 일장춘몽의 쇼가 펼쳐지게 된다.

그래서 인연의 법칙(수레바퀴)이 작동하니

무상, 고, 무아로 흐른다.

이를 생사라 하며 확장하면 생로병사에서 12연기에까지 나아가는 일장춘몽의 한 편의 드라마가 펼쳐진다.

그러므로 하나하나와 만나고 헤어지는 것을 심각하게 받아들이지 마라. 그냥 구름과 물이 흐르듯이 흘러가라! 이것이 머무는 바 없이 마음을 사용하는 무위자연의 삶이다.

천명天命

공자님의 친손자인 자사가 쓴 중용에 보면 "천명지위성天命之謂性, 솔성지위도率性之謂道, 수도지위교修道之謂敎"라는 말씀이 있다. 이 세상에 태어날 때 하늘로부터 부여받은 것이 성이요, 그 성을 쫓아 살아가는 것이 도요, 도를 닦는 것이 교육이라는 뜻이다.

인간은 누구나 태어나는 순간에 하늘로부터 부여받은 천성이 있으나 세상에 탄생하는 시간적인 조건인 생년월일시와 공간적인 조건인 출생지역과 그리고 출생한 가문에 이어져 오는 고유한 에너지 파장과 부모님으로부터 받은 유전자 등에 의하여 본래 하늘로부터 받은 성품에 왜

곡 현상이 나타나게 된다. 마치 하나의 빛이 프리즘을 통과해서 나오면 일곱 가지 무지개 색깔로 나뉘듯이 이 현상계는 본래 규정할 수 없는 텅 빈 자성을 수없이 분열시키며 왜곡시키게 되는 구조로 되어 있다. 수행자는 이러한 이치를 알고 일곱 가지 무지개 색깔 중 어느 하나를 선택하고 나머지는 버리는 분열하는 삶의 태도를 멈추고 일곱까지 무지개 색깔을 본래 하나의 빛으로 환원하여 통합된 본래 자성의 상태를 마음으로부터 지켜내는 수행의 길을 쫓아서 살게 된다.

윤회의 굴레, 곧 색이라는 과학적 법칙에 따라 자연스럽게 살아가는 중생은 생각으로서 존재하는데 '천명지위성'을 깨달은 자는 공이라는 무의 질서 속에서 생각이 아닌 직관으로서 사물을 인식한다. 그 본래의 성품인 천성이 수도를 통해서 현실 속에 나타나게 될 때 이를 운명학에서는 인의예지신이라고 한다.

인이란 만 생명에 대하여 큰 사랑을 펼치는 대자대비의 마음이다. 이것은 자식을 품고 길러내는 모성이기도 하다. 예란 많이 배웠다고, 많이 가졌다고, 힘이 세다고 거드름 피우지 않고 스스로 높이려는 마음을 비우고 겸손하는 마음이요, 믿음이란 욕됨을 참아내며 오해로 주어지는 불이익도 감수해내는 마음과 끊임없이 일어나는 끌어모으려는 탐욕과 감정의 충동 등을 내려놓는 것이요, 의란 그로 인하여 주어지는 마음이 안정되고 평화로운 가운데 머무는 힘이요, 지혜란 움직임 없는 마음 가운데 스스로 밝히 알아지는 판단력이다.

그러므로 진인사대천명盡人事待天命이라는 것도 사실 알고 보면 자신이 그 원인을 만들고 그 결과를 받아들이는 숙명과 운명적인 삶 속에서 이루어지는 명命의 작용일 뿐이다.

인연을 읽는 사주 명리학

자연은 비움의 도

　모든 힘은 어느 선을 넘어가면 개인에서 공적인 개념으로 사고의 전환이 되어야 공생의 길이 열린다는 것을 말해 준다.

　전환이 이뤄지지 않는 힘은 자기의 몸을 향락이나 위험에 빠트리고 영혼을 오염시키며 가정의 질서를 흔들며 주변을 혼란으로 몰아가게 된다.

　지식과 정보가 많아질수록 그것은 자기의 힘이 아닌 공공의 이익을 위해 사용되어야 한다. 그래서 연구는 발표되어야 하고 교육되어서 많은 사람이 그 내용을 공유하여야 한다. 그렇지 않으면 그 아는 것에 매몰되고 지적 향상은 거기서 멈춰버리고 만다.

　자기 몸을 건강하게 지키고 약자를 보호한다는 마음에서 시작한 운동이 어느 정도의 힘의 축적이 이루어지면 봉사 활동으로 활용되어야 한다. 아니면 그 운동으로 만들어진 힘이 감각적 욕망 추구나 잘못된 곳에 사용될 가능성이 많아진다.

　재물이 많이 모이면 그것은 개인 소유를 넘어서서 대중의 유익을 위해 사용되어야 할 공적 재산으로 넘어가게 된다. 그렇지 않으면 그 소유로 인하여 자신의 삶이 황폐화되는 길로 빠져들 수 있다.

　권력이라는 것도 마찬가지로 힘을 모아준 주체를 위하여 힘을 사용하는 것이 아니라 자기를 위해서 그 권력을 이용하다가 결국은 권력에 자신이 죽어나게 되는 경우가 생기는 것을 역사는 말해주고 있다.

　항상 소유라는 것이 일정한 선을 넘어서면 자기 것이 아닌 공적인 것이라는 것을 알고 집착을 내려놓아야만 함께 상생의 길을 살아갈 수 있다.

물은 흘러야 하고 흐르는 물은 가둬 놓으면 썩어서 마실 수 없으며 머무는 주변을 다 썩게 하는 것이다. 물이란 흘러야만 나무를 키워내게 되니 바로 水生木의 이치이다.

나무는 태양의 빛을 받으면서 뻗어 나가야 한다. 가지로 뻗어 나가지 않는 나무는 더 이상 성장할 수가 없으며 결실을 기대할 수 없다. 그래서 태양 빛을 받으며 뻗어 나가야 하니 이것이 木生火의 이치이다.

태양은 대지 위를 매일매일 비추어 준다. 만약 대지를 위해서 빛을 비추지 않는다면 태양은 어찌 되겠는가? 빛은 마치 샘솟는 샘물마냥 끊임없이 빛을 쏟아내야 더욱 새로운 빛을 쏟아낼 수 있다. 그래서 대지를 비추어 흙으로 하여금 살아있게 하는 것이니 이것이 火生土의 이치이다.

대지는 태양의 빛을 머금고 사는 모든 생명체를 품고 살아 있다. 시간이 지나면서 생기를 머금은 결실을 이루도록 만들어 주니 안으로는 금, 은, 동, 철 같은 광물질과 석유나 가스 같은 자원이나 지난 시대의 생활 문화 유적들을 품고 있고, 밖으로는 오곡백과를 열리게 하고 견고한 바위나 돌들이 널려있게 하니 이것이 土生金의 이치이다.

금이라는 것은 자연 변화의 결실물들이다. 수행자는 정신인 화의 에너지가 몸의 에너지인 호르몬과 만나 사리가 결실로 만들어지고 각종 결실물(씨)들은 최종적으로 맨 처음의 출발 지점인 水로 돌아가서 봄이 오기를 기다리며 휴식을 취하게 된다. 그것은 모든 활동을 잠시 멈추고 활동으로 만들어진 결실을 저장, 보관하는 개념이다. 오행의 시작은 水로 시작하여 마지막은 그 시작점인 水로 다시 돌아옴으로써 변화를 마감하고 다시 시작하는 것이니 水는 시작점과 끝점이다.

우리 인생이 이렇게 오행이 자연스럽게 흐르면서 상생하는 모습을 따

인연을 읽는 사주 명리학

라 삶을 살아간다면 자유로운 인생을 살다 갈 수 있을 것이다. 마음의 스승들은 자신을 비워내서 자기와 주변을 살리는 상생의 이치를 따라 사는 것이 몸에 밴 분들이시다.

마음에 하나의 먼지도 머물러 있게 허용하지 않는 생활이 바로 수행자의 삶이다. 그것은 마음을 철저하게 창조적인 산실로 만들어 관리하며 매일매일 순간순간 살아서 움직이는 역동적인 마음이 되게 유지하는 것이다.

水生木, 木生火, 火生土, 土生金, 金生水는 다시 水生木으로 끊어지지 않게 계속 사고의 전환을 이루면서 자신을 계속 비워내어 상생하는 것이다. 그러므로 자기의 유익을 위해 상대에게 물리적인 폭력이나 강제를 할 수가 없으며 상대가 아파할 행동은 조금이라도 할 수 없는 것이다.

마음을 허공처럼 텅 비워내기에 생각과 싸우지 않고 감정과 갈등하지 않으며 휴식하는 마음이 되어 겸손하고 은은하게 평화의 향기를 느끼게 한다. 자연의 상생하는 삶이 바로 우리가 실천해야 할 길(道)이며 하늘로부터 부여받은 성품을 쫓아 천명을 받드는 삶이다.

삼현일장三顯一藏

셋은 나타나고 하나는 숨어 있다는 뜻이다. 불교에서는 우주는 성주괴공成住壞空한다고 하여 물체는 변화 과정을 거치다 끝에 가서는 해체되어 형체도 없이 자취를 감춰버린다고 한다.

지구는 춘하추동하는 네 계절로 움직이는데 봄, 여름, 가을까지는 씨 뿌리고 가꾸고 거둬들이는 과정이 적나라하게 드러나는데 겨울에 저장하는 것은 감춰지게 되니 보이지 않는다. 그러므로 우주 변화의 끝인 공空이나 사계절 운동의 끝인 겨울이나 하루의 끝인 저녁이나 인생의 끝인 죽음의 상황은 전 과정이 한 점으로 압축된 파일과 같은 것이다. 이 압축 파일을 水인 지혜라 하는 이유가 여기에 있다.

불교 수행자에게 공부의 주제로 주어지는 화두 중 '만법귀일萬法歸一, 일귀하처호一歸何處乎?'라는 것이 있다. 우주 만물이 한 자리로 돌아가는데 그 돌아간 자리는 어디냐는 물음이다.

바로 생명의 근원인 水이다. 자연계의 변화는 맨 처음 水에서 시작하여 그 마지막도 출발점인 水에 와서 끝이 나는 것이다. 그래서 살아 있는 모든 생명은 최종적으로 그 출발점으로 돌아가는 운명이다.

水 : 생명의 근원으로 압축 파일과 같은 상태인 한 점(씨)으로 되어 있다.

木 : 한 점으로 압축되어 있는 파일이 풀리면서 수많은 정보가 드러나기 시작한다.

火 : 드러난 정보들이 펼쳐지면서 새로운 정보들을 경험하여 더욱 업그레이드된다.

金 : 정보들을 취합하여 정리한다.

水 : 정리된 정보를 최극소最極小로 압축하여 한 점의 파일로 저장한다.

정靜과 동動

혈관 내벽에 이물질이 쌓이면 혈압이 상승하여 뇌압이 높아지면서 혈관 벽이 약해 터지게 되는데 이것이 뇌출혈이라는 중풍이다. 정상적인 혈액의 흐름이 장애를 만나면 원인이야 어떻든지 간에 몸에서는 비상 상황이 발생하여 병이 되니 이를 치료해야 한다.

몸이 아프면 스트레스가 발생하여 신경이 예민해지고 쉽게 짜증을 내게 되다가 상태가 더욱 악화하면 폭력적인 행동을 보이게 된다. 마찬가지로 마음이란 것도 고통스럽고 혼란스럽게 되면 스트레스로 인한 짜증이 일어나고 악화하면 폭력적인 행동 성향을 갖게 된다. 이것은 마치 흐르는 물줄기가 막히면 물이 차다가 둑을 무너뜨리고 큰 재난을 일으키는 것과 같은 것이다.

대체로 쉽게 짜증을 잘 내고 반항적이고 폭력적인 행동 성향을 보이는 사람들은 마음의 흐름이 자유롭지 못하고 막혀 있어서 화내는 것으로, 탈출구를 삼고 폭발시키거나 사람을 해코지하는 데서 해방의 쾌감을 느끼게 되는 기이한 변태 심리를 갖게 된다.

그것은 정상적인 흐름의 삶을 사는 사람에게 폭력을 가하여 자기처럼 마음의 문이 막혀있는 혼란스럽고 고통스러운 사람으로 만들어 버리기도 한다. 콩은 콩을 팥은 팥을 퍼트리고자 하는 종족 번식의 생리가 그것이다.

개체를 보존하고 종족을 번식하려는 성질은 생명체의 본능적인 움직임이다. 이것은 선과 악 사이의 행동에 있었어도 마찬가지여서 마음이 혼란 속에 휘말리게 되면 반사회적인 범죄 성향으로 발전하게도 되며 자기보다 약한 대상을 먹잇감 삼는 먹이의 사슬을 따라서 이뤄지게 되니 범죄자들의 행동이 그것이다. 그러므로 '마음의 씨'를 잘못 관리하면 시간이 흘러가면서 자기와 주변으로 왜곡된 행동으로 뻗어 나가 세상을 혼란 속에 빠트리게 된다.

육바라밀六波羅密과 오행五行

火
(持戒)

木 　　　　(+忍辱) 土 (−精進) 　　　　金
(布施) 　　　　　　　　　　　　　　(禪定)

水
(智慧)

木(보시):　원래 자리로 돌려보내는 회향回向하는 마음이다. 백성에게 권력을 돌려드리고, 재물을 돌려드리고, 힘을 돌려드리고, 지식을 돌려드리고, 지혜를 돌려드리는 것을 의미한다.

원래 내 것이란 존재하지 않음으로 무엇이든지 내게 들어온 것은 다시 그 주인에게 돌아가도록 철저히 관리해야 하는 책임만 있는 것이며 권리라는 것은 책임을 이행하는 속에만 존재할 뿐이다. 나에게 주어져 있는 일체를 내려놓는 과정이다.

火(지계):　모든 것을 원래 자리로 돌려보내는 것은 나와 세상을 함께 살려 나가는 길이기 때문이다. 그러므로 이 말씀을 하늘의 말씀으로 알고 반드시 지켜나가야 한다.

土(+인욕):　모든 것을 원래 자리로 돌려보내는 작업은 수시로 안팎에서 흔드는 일들이 발생할 수 있다. 그때마다 마음이 흔들리거나 유혹에 빠져들어서는 안 된다.

土(−정진):　모든 것을 원래 자리로 돌려보내는 작업을 지속해 나가는 과정으로 뜸을 들이듯 암탉이 새끼를 날개 아래 품듯 인고忍苦의 시간을 보내야 한다.

金(선정):　모든 것을 원래 자리로 돌려보내는 작업에 탄력이 생기면 내공이 강해져서 '마음 챙김'을 일시적으로 놓더라도 의식하지 않는 중에 지속되는 현상이 일어나며 마음이 맑아지고 집중력이 강해진다. 일종의 끌어당기는 인력引力 작용 같다.

水(지혜):　모든 것을 원래 자리로 돌려보내는 작업인 '마음 챙김'이 자동화되어 있다. 강한 집중력 속에서 마음은 맑고, 정신은 밝게 깨어 있게 된다.

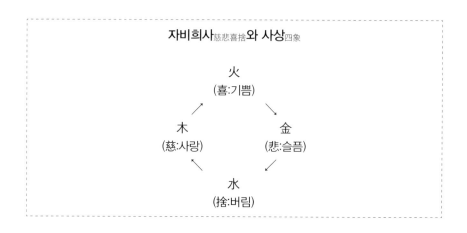

자비희사慈悲喜捨와 사상四象

火
(喜:기쁨)

木
(慈:사랑)

金
(悲:슬픔)

水
(捨:버림)

큰 사랑으로

중생을 보살피고

큰 슬픔으로

중생의 아픔을 나누고

기쁨 맘으로

중생의 필요한 바를 채워주고

내 것이라 집착할 것 없으니

다 버리고 평온한 마음을 유지한다.

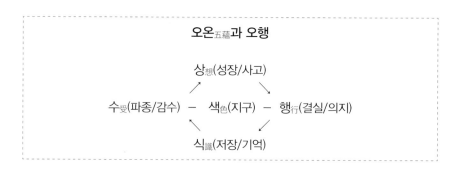

오온五蘊과 오행

상想(성장/사고)

수受(파종/감수) － 색色(지구) － 행行(결실/의지)

식識(저장/기억)

십성+星과 오행

財星(먹거리)

食傷(활동) － 肩劫(공유) － 官星(관리)

印星(저장)

2

• • •

사주四柱 뽑는 이야기

사주四柱

사주를 글자 그대로 해석하면 네 개의 기둥이란 뜻이다. 집을 지을 때 동서남북 사방에 기둥을 세워야 건물을 세워 올라갈 수 있듯이 인간 삶의 역사를 살펴보고 흥망성쇠를 추단하는데 있어서도 네 기둥을 세워야 비로소 운명 감정을 할 수 있다.

그렇다면 사주 네 기둥은 어디에 근거를 둔 것인가 하는 의문이 들 것이다. 이는 태양과 달과 지구의 삼박자 운동에서 비롯된다. 년은 태양이 지구에 미치는 영향이요, 월은 달이 지구를 공전하면서 지구에 미치는 영향이요, 일은 지구 자체가 자전하는 것이요, 시는 지구의 공전과 자전 속에서 태양과 지구의 위치에서 생기는 영향이다.

지구는 음체陰體임으로 월지를 기준으로 하여 양남음녀陽男陰女는 순행하고, 음남양녀陰男陽女는 역행의 자전 궤도를 그리게 된다. 연월일시의 운세 적용은 태양을 중심으로 한 지구의 공전 운동에서 그 공전 궤도상의 거리와 각도에서 오는 기운들 상호 간의 생극제화 형충회합에 따라 흥망성쇠가 나타나는 것이다. 이는 태양과 지구와 달의 운동 속에 우주 운동의 한 성원으로 참여하는 우주적 가치 지향을 하는 인간의 모습을 말한다.

소우주인 일간 자체는 우주의 축소판이다. 과히 우주 전체를 대표할 자격이 있는 것이다. 절대지존 태양의 아들이라고 할 수 있다. 그래서 일간日干이라고 한다. 또한 년간은 하늘과 연결되는 조상 줄이 되며 일간은 조상 줄을 통해 이 땅에 태어난 작은 하늘로, 년은 하늘, 일은 하늘의 아들인 천자天子가 되는 것이다.

하늘 아래 숨 쉬고 있는 모든 인간은 바로 천자인 작은 하늘들이다. 이러한 진리와 정신을 인식하는 인간이야말로 만물의 영장으로서 우주의 대표자라 할 수 있다.

사주학은 우주적 가치 지향의 학문이며 이를 수행의 지침으로 삼으면 성인지도학聖人之道學이요, 또한 현실의 고통에서 벗어나서 안심입명安心立命의 삶을 살아가게 하는 피난처로서 신앙이 되기도 한다.

(1) 생년을 정하는 법

지구가 자전하며 태양을 중심으로 하여 1회전 하는 것이 1년이다. 생년을 정할 때는 입춘立春이 들어서는 시각을 기준으로 하여 정한다. 만약 입춘 절입 시각이 안 되었으면 생년은 그전 해로 정한다.

실례: 음력 1960년 1월 7일 오후 8시 40분
　　만세력에서 살펴보면 己亥년 丁丑월 辛酉일 戊戌시생이 된다.
---

(2) 생월을 정하는 법

달은 지구를 중심으로 하여 도는데 한 달에 1회전 한다. 일 년이면 12회를 도는 것이다. 생월을 정할 때는 절입일을 기준으로 하여 태어난 달을 정한다. 월천간月天干을 정할 때 년주를 기준으로 하는 것은 달의 운동이 태양의 영향 아래에 있다는 의미이다.

실례: 1967년은 丁未년이다. 음력 3월 1일은 甲辰달이 되는데 이 甲은 어디에
서 온 것인가 하면 년간 丁火와 天干合인 壬水가 丁壬合하여 木이 된다.
이 木을 생하는 오행인 壬水가 正月과 만나서 壬寅(1월), 癸卯(2월), 甲辰
(3월), 乙巳(4월) 순서로 진행되는 것이다.

⑶ 생일을 정하는 법

만세력에 나오는 그대로 적용하면 된다. 1967년 음력 3월 1일은 만세력을 보면 甲辰일로 나와 있다. 연간은 하늘나라의 주인 천제로 만물만사를 발생케 하고 창조의 질서를 주재하는 유일 절대의 지존이다.

일간인 천자는 절대자 천재를 모시고 자기에게 부여된 책임을 완수한다는 의미로 일종의 연방제 아래의 제후와 같은 입장이다. 천제가 창조한 세상을 일간인 천자가 관할하여 통치 행사를 하게 된다. 그러므로 년간과 일간이 동일한 오행으로 자리하면 이는 천제와 천자가 패권을 다투는 형국이라 분란이 일어나게 되니 이는 반역 행위이다. 천제의 지위를 넘보고 천제의 권리를 침탈하려는 역모의 마음이 있다는 것이다.

또한 이러한 분란은 국가에서는 적의 침공으로 통치 행위가 중단되거나 하는 급변 사태를 조심하여야 하며 조직 직장에서는 자리를 내주어야 하는 수모를 겪기도 하며 가정에서는 부부간에 십중팔구 배우자를 배신하거나 부부 생이별을 당하게 된다. 하늘 아래 두 태양이 함께 할 수 없는 것처럼 하나는 사라져야 하는 비운을 맞이한다.

년간은 태양 그 자체이면 일간은 태양의 아들로서 태양의 나라를 상속하는 독생자獨生子가 된다. 천자인 일간은 지구호地球號를 타고 일 년에 한 번씩 그의 아버지인 태양을 배알拜謁하는 순례(公轉) 의식을 치르게 된다.

⑷ 생시를 정하는 법

사주학에서는 1일을 12시간으로 나누는데 이는 오늘날 시간 개념으로 보면 두 시간을 한 시간으로 사용한 것이다. 그래서 시간을 정할 때는 이를 고려해야 한다. 12지지의 하나가 바로 두 시간에 해당한다.

예로 오후 8시 40분이라면 戌時에 해당한다. 오후 7~9시까지 戌時이기 때문이다. 이 시간 안에 태어나면 戌時라고 정하게 된다.

시 천간은 일간과 합하는 오행을 극하는 오행의 양간陽干부터 시작한다. 甲辰일 태어났으므로 갑기합甲己合하면 土가 되는데 이 土를 극剋하는 오행인 甲木이 자시子時 위에 붙는다.

> 실례: 甲子시-乙丑시-丙寅시-丁卯시-戊辰시-己巳시-庚午시-辛未시-
> 壬申시-癸酉시-甲戌시-乙亥시 순서로 된다.

⑸ 시간 조정

계절에 따라 일조량의 차이가 크므로 이를 이용해서 시간을 조정함으로 에너지를 절약하는 경제적 이유와 신선한 공기를 마시고 햇볕을 장시간 쬐어 건강을 증진한다는 이유에서 섬머타임제와 같은 각종 시간 조정 기간이 있다. 그러므로 사주 구성 시 시간의 착오가 발생하지 않기 위해서는 아래와 같은 시간 조정의 기관과 시간을 알고 있어야 한다.

① 섬머타임summertime

아래 연도에 밤 11시를 다음날 0시로 1시간 앞당겨 적용하였다.

년	시작일	종료일
1949년(己丑년)	4월 1일	9월 23일
1950년(庚寅년)	4월 1일	9월 23일
1951년(辛卯년)	5월 6일	9월 8일

1955년(乙未년)	4월 6일	9월 21일
1956년(丙申년)	5월 20일	9월 29일
1957년(丁酉년)	5월 5일	9월 21일
1958년(戊戌년)	5월 4일	9월 21일
1959년(己亥년)	5월 4일	9월 19일
1960년(庚子년)	5월 1일	9월 17일

② 시간 조정

◇ 1954년(甲午년) 3월 1일부터 4월 5일까지

밤 11시 00분을 10시 30분으로 30분 늦추어 적용하였다.

③ 일광 절약제

◇ 1987년(丁卯년) 5월 10일부터 10월 11일까지

◇ 1988년(戊辰년) 5월 8일부터 10월 9일까지

밤 11시를 1시간 앞당겨 12시 00분으로 적용하였다.

④ 동경 표준시 조정

◇ 1961년(辛丑년) 8월 10일부터 2019년(기해년) 현재까지 30분 앞당겨 적용하였다.

(6) 대운大運을 정하는 법

지구는 태양과 달의 종횡 관계를 유지하고 있다. 이 삼자는 상호 인력 관계를 유지하면서 자기 궤도를 지켜나가고 있다. 지구와 달은 23.5도의 경사도를 유지하면서 사계절을 만들어 내고 천변만화한 삶의 변화를 일으킨다. 지구가 태양과의 거리, 각도, 위치에서 받는 빛의 영향으로 사계절이 발생하고 있지만 동시에 달의 작용력 또한 무시할 수 없

다. 그래서 월지는 달을 기준으로 한 기후 변화를 나타낸다.

대운을 결정하는 것은 달을 기준으로 한 월령의 변화에서 찾으며 일간이 나아갈 진로궤도로 삼게 된다.

양남음녀陽男陰女는 월건전月建前 일위一位까진 순행順行
음남양녀陰男陽女는 월건후月建後 일위一位까지 역행逆行

양남음녀, 음남양녀라는 것은 태어난 천간을 기준으로 하여 양간(陽干＝甲, 丙, 戊, 庚, 壬)과 음간(陰干＝乙, 丁, 己, 辛, 癸)을 구분하는 것이다. 남자인 양이 년천간에 양간을 만나면 순행하고, 여자인 음이 년천간에 음간을 만나면 역시 순행한다. 그러나 음과 양이 바뀌면 남자든 여자든 역행의 진행 궤도를 형성하게 된다.

실례: 1940년 6월 6일 해시생 남자
　　　乙甲癸庚 건명
　　　亥寅未辰

건명乾命은 남자를 의미하는데 년간年干이 庚金으로 양간陽干이다. 양陽을 상징하는 남자가 년간年干에 庚金을 양간陽干으로 만났으니 대운은 순행궤도順行軌道를 형성한다. 만약 이 사주가 여자라면 여자인 음陰이 년간年干에 양간陽干인 庚金을 만났으니 대운은 역행逆行으로 진행進行하는 궤도軌道를 형성한다.

① 대운수大運數 정하기

> 실례: 음력 1956년 12월 9일 자시생
>
>   戊辛辛丙 건명
>   子巳丑申

이 해의 만세력을 펼쳐 보고 계산해 보자. 태어난 날이 신사(辛巳)일이다. 남자인 陽이 년간에 丙火인 陽을 보았으니 앞으로 진행하게 되는데 태어난 날 신사辛巳일부터 다음 절기인 입춘(丁未)일까지 숫자를 세어보면 27일이 나온다. 이를 3으로 제하면 9로 나누어지므로 위의 대운 숫자는 9가 된다. 이 사주 주인공은 자기 나이 끝자리가 9수가 오는 해에 대운이 바뀐다. 즉 9세, 19세, 29세…에 대운이 오는 것이다.

만약 여자일 경우는 역행의 궤도를 설정하게 되므로 태어난 신사辛巳일에서 소한(丁丑) 날까지 세어간다. 숫자 5가 나온다. 이를 3으로 제하면 1로 나뉘고 2가 남으니 반올림하면 대운 숫자는 2가 되므로 2세, 12세, 22세… 순으로 진행된다.

② 대운大運의 간지영향력干支影響力

대운 산출의 기준점이 달의 영향 아래에 있는 월령月令을 기준으로 한 것이며 월은 음의 성질로 하강하고 응고, 장축 작용을 한다. 그러므로 대운은 천간보다 지지의 영향이 크다. 지상에 있는 만물의 천변만화의 변화도 달의 영향 아래에 있기 때문이다. 물론 개두蓋頭와 절각截脚, 그리고 간지동干支同 여부에 따라서 잘 살펴야 할 것이다.

또한 지지가 기구신으로 흘러도 천간이 용희신으로 흐를 경우에는 그런대로 자기 입장을 유지해 나가는 경우도 있다. 대운과 더불어 소운을 참고하는 경우도 있으나 소운 산출 기준이 일간을 기준으로 하여 시주에서 찾는데 자신의 태어난 시간을 정확히 모르는 경우도 많고 보면 이의 적용에 문제도 있거니와 세운 작용을 참고하면 되는 것을 굳이 소운을 참작할 필요가 있겠나 하는 생각이다.

절기節氣

사주학은 환경적 기후 조건의 영향이 크기 때문에 월령月令의 변화 흐름이 중시된다. 그래서 음양과 오행의 생극제화生剋制化와 합충회합合冲會合 작용을 판단함에 있어 절기節氣의 심천深淺을 간과할 수 없다.

월지지장간月支地藏干을 보면 여기餘氣, 중기中氣, 정기正氣로 나누어져 있다. 태어난 달과 날에 따라 사령신司令神이 다르며 예로부터 격국格局을 정하는데 있어서도 참고를 해왔다. 그렇지만 본서에서는 모든 격국은 오직 월지정기月支正氣=本氣로 정한다는 원칙을 고수한다.

사령신司令神이 여기餘氣나 중기中氣가 될 때는 그 사령신司令神의 영향력을 감안해서 살펴야 한다. 만약에 사령신司令神이 여기餘氣나 중기中氣가 된다면 마음의 흐름이 그 십성+星을 강하게 추구하고 있다고 볼 수 있다. 숨겨진 무의식적 작용으로 어디까지나 잠재적 작용으로 보며 현실적인 행동은 월지본기月支本氣에 해당하는 십성+星을 따른다.

㉠ 입춘立春
설, 입+봄, 춘=寅월이다.

인寅은 연演으로 만물이 펼쳐져 나온다는 의미다. 木氣가 생출하는 시기를 맞이하여 바깥은 추우나 서서히 따뜻한 온기를 확대해 나간다.

ⓛ 경칩驚蟄

놀랄, 경＋숨을, 칩＝卯월이다.

묘卯는 모冒로 땅을 뚫고 나타나 자신을 꾸며간다는 의미다. 개구리가 놀라서 밖으로 뛰쳐나오는 절기로 땅 위로 양기가 발랄하게 펼쳐나가게 되며 木氣가 갈수록 강해지게 된다.

ⓒ 청명淸明

맑을, 청＋밝을, 명＝辰월이다.

진辰은 신伸으로 만물이 기운차게 일어나서 성장해 나간다는 의미다. 청명한 봄의 날씨로 밖은 온기가 가득해 있다.

목의 기운이 대지 위에 가득 충만해 있는 시기로 대지는 촉촉이 젖어 있는 온토다. 3월 辰土의 지장 간에 乙癸戊가 있는 이유다. 이 시기에는 木氣가 火氣로 전환하는 시기이기도 하다.

ⓔ 입하立夏

설, 입＋여름, 하＝巳월이다.

사巳는 이已로 양기가 이미 극점에 이르렀다는 의미로 양기가 모두 남쪽으로 이동되었다는 의미다.

봄의 시작점인 立春에서 출발한 따뜻한 봄기운이 무더운 여름의 기운이 되어 양기가 분열, 확산하는 시기이다. 이제 서서히 대지 위는 뜨거워지고 가을 결실을 위한 오곡백과는 외형을 만들어 가기 시작한다. 그래서 巳火의 지장 간에 戊庚丙이 있는 것이다. 丙火 태양이 이를 위해 사령하고 있다.

ⓜ 망종亡種

가랑이, 망＋종자, 종＝午월이다.

오午는 오旿로 밝은 양기가 음기를 거역한다는 의미다. 목의 생명이 극단적으로 분열되며 성장을 하는 시기로서 火氣가 극성을 떨친다.

水에서 출발한 생명이 木氣를 거쳐서 火氣의 극한점에 이르면 시작점인 본래의 자리 水로 돌아가게 되는 것이니 반환점에 이른 것이다. 가장 火氣가 극왕할 때에 내부적으론 水로 돌아갈 준비를 하게 되니 하지夏至 때에 일음一陰이 발생하는 이치이다.

ⓗ 소서小暑

작을, 소＋더울, 서＝未월이다.

미未는 매昧로 낮인데도 어두워 방향을 찾지 못한다는 의미이며 만물인 목의 기운이 입묘되어 성장이 끝난 것을 의미한다. 찜통 속에서 음식물의 진액이 깊이 우려지고 있다. 목이 맛깔스럽게 변해가는 시기이다.

ⓢ 입추立秋

설, 입＋가을, 추＝申월이다.

신申은 신身으로 만물이 각각 자기 몸을 이룬 상태이다. 가을의 시작점으로 戊－壬－庚으로 기상이 변화해 간다. 초기에는 未土에서 넘어온 戊土라서 열기가 남아 있다.

그 후에 삼음三陰이 되어 壬水가 생출하게 되니 이제 水의 세상이 왔음을 알리는 것이다. 그 후에 庚金으로 오곡백과가 영글어간다.

인연을 읽는 사주 명리학

◎ 백로白露

흰, 백＋이슬, 로＝酉월이다.

유酉는 수秀로 만물이 모두 이루어진 대로 결실되어 모체에서 떨어져 분리된 것이다. 이슬이 맺히는 시기이다. 인생은 역사가 이루어진 것이며 자연은 결실이 된 것이다. 산업 현장에서는 완제품이 만들어져 나오고 인생은 땀 흘린 대가를 보상받는 시기이기도 하다.

유월의 초기에는 金氣가 왕성한 결실물을 추수하여 들인다. 그 이후에는 내외로 충만한 결실물이 떨어져 나온다. 추상같은 서리에 이별의 아픔을 실감하는 시기이다.

ⓩ 한로寒露

찰, 한＋이슬, 로＝戌월이다.

술戌은 양기는 멸滅하고 음기가 성盛해짐으로 만물이 쇠약해진다는 의미다. 결실된 辛金 완성물이 丁火의 온기를 받으며 土 속에 안식을 취하는 시기이다. 그래서 지장간이 辛－丁－戊로 되어 있다.

초기엔 酉월에서 넘어온 辛金이 왕기를 띠다가 이후엔 丁火가 기운을 이어받게 되는데 이유는 상강으로 찬 서리가 내리는 시기이니 辛金 종핵種核을 보호하기 위해 丁火 온기가 기운을 행사하게 되는 것이다.

ⓩ 입동立冬

설, 입＋겨울, 동＝亥월이다.

해亥는 핵核으로 만물을 수장收藏하여 양기의 본체인 태양이 몸을 감추니 주인 노릇을 하지 못한다는 의미다. 수의 세상이다. 온통 水氣로 충만해 있다. 추위를 견디려면 허리띠를 졸라매고 아랫배에 힘을 주어야 한다.

만물은 외투(껍질)를 두텁게 입고 차가운 陰氣로부터 자신을 지켜내야 한다. 그래서 밖은 추워도 속은 열정이 감돌게 된다. 근원으로 돌아간 태양의 정체를 쫓아서 탐색해 들어가는 수행자는 외부와 단절된 상황 속에서 오직 근원적인 인식을 위해 용맹하게 정진해 나가게 되는 것이니 해亥는 수행의 상징이기도 하다.

소설小雪이 되면 소춘小春이라고 한다. 이제 추운 水의 천하가 甲木인 생명나무가 싹 틔움을 준비하고 얌전히 숨죽이고 있으면서 봄을 기다리고 있다.

ㅋ 대설大雪

큰, 대+눈, 설=子월이다.

자子는 잉孕으로 양기가 시동하니 땅속에서 싹을 틔우기 시작하는 것으로 마치 자궁 안에서 양기가 황천黃泉에 씨를 뿌린다는 의미다.

水의 천하가 온통 천지를 꽁꽁 얼어붙게 하는 상태에서 하늘 문이 열린다. 천개어자天開於子하니 하늘은 자위子位에서 열린다고 한다. 水氣가 극왕하여 극성을 부리는 순간이다. 이제 水氣가 극성을 떠는 걸 보니 水氣의 생명도 얼마 남지 않은 상태이다.

ㅌ 소한小寒

작을, 소+찰, 한=丑월이다.

축丑은 유紐로 한기寒氣가 스스로 무릎을 꿇는다는 의미다. 癸-辛-己로 이어지는 흐름이다. 초기엔 水氣가 위세를 떨치다가 대한大寒 이후에는 辛金-己土로 金土 기운이 왕성해진다. 丑의 수축 작용이 한계점에 이른 것이다. 이제 생명의 종핵種核인 辛金이 未土의 대충對沖 작용으로 丑未沖이 일어나니 丑土 속으로 未土의 온기가 스며들어온다. 그래서

인연을 읽는 사주 명리학

丑土에 온기가 스며들어서 온토溫土가 된다. 마치 산모가 출산의 진통을 겪는 것과 같이 자궁이 수축과 팽창을 반복하면서 새 생명 출생을 위한 진통이 시작된 것이다.

사계四季의 역할

사계는 진술축미 고장지로 이루어져서 기운을 열기도 닫기도 한다. 동서남북 각 모퉁이에 위치하면서 한 계절을 마무리하고 새로운 계절을 여는 작용을 한다.

㉠ 축토丑土(丑寅艮土宮)

12월 동토로서 속은 따뜻하다. 현실은 보잘것없어도 내용 면에서 알찬 역사를 일구어내고 있다는 의미도 되며 미래를 위한 연구 개발이나 학업에 전념하는 모습도 된다. 연구실에서 근무하거나 고시원이나 독서실 또는 책상 앞에서 공부에 전념하는 모습 등이 축토에 해당한다.

또한 장차 미래의 꿈을 실현하기 위해서 저축을 해두는 것도 해당한다. 그래서 사주에 축토가 있으면 뭔가 끌어모으는 버릇이 있다.

㉡ 진토辰土(辰巳巽宮)

용은 물을 만나야 바람을 일으키고 구름을 움직여 비를 내리게 한다. 목의 의지에 찬 출발은 목을 마르게 할 정도로 위를 향해 전진을 해 나간다. 그래서 물이 필요하다. 머지않아서 여름이 되면 에너지를 총동원해서 전력 질주해야 하는 것이다. 충분히 물을 비축해 둬야 안으로 뿌리를 보호하고 밖으로 지엽을 보호할 수가 있다.

ⓒ 미토未土(未申坤宮)

이제 성장을 억제하여 내부적으로 맛이 나게 영글게 해야 한다. 아직
은 좀 더 뜸 들이는 시간이 필요하다. 마지막 정성스런 마음으로 부족
한 부분이 없나 살펴볼 필요가 있다. 결과는 꽃을 피우고 열매를 맺게
하는 데 있다.

ⓔ 술토戌土(戌亥乾宮)

결실된 열매가 술중 신금으로 들어와 있다. 겨울 동안 생명의 핵으로
살아남기 위한 조치가 필요하다. 술토 속에 정화의 열기와 함께 있는
것이다. 술토는 보온 역할을 하는 따뜻한 흙으로써 아무리 외부가 추워
도 걱정이 없다. 그래서 술토는 결과물을 저장하고 보온한다. 혹독한
추위가 몰아쳐도 구들방 안에 있으면 후끈거리는 방안 열기가 마냥 좋
아서 밖을 나가고 싶은 마음이 없어진다. 찜질방이나 시골 구들방을 생
각하면 되겠다.

십간十干의 계절적 의미

갑甲: 땅속 열기가 올라오고 봄 햇살을 받아 만물이 자신을 표출해 내는
　　것으로 마치 초목이 땅을 뚫고 줄기를 뻗어 올리는 상태와 같다.
을乙: 줄기에서 가지가 나오고 잎이 펼쳐져 나오는 것과 같이 세부적
　　으로 촘촘히 꾸며가는 상태다.

병丙: 빛나는 태양이 활활 타오르는 상태로 양기가 최대한 발산되어 만물이 불꽃처럼 밝고 열정적이 된다.

정丁: 어린 초목이 힘센 나무가 되듯 어린아이가 어른처럼 튼튼해지듯 만물에 에너지가 가득 찬 상태다.

무戊: 양기의 팽창이 극성을 이룬 포만 상태로 무성해진 상태다.

기己: 양기가 만물의 속성을 펼쳐내어 뻗어 나가던 것을 중단시키고 음기를 일으키어 양기를 압축하여 들이는 것이다.

경庚: 펼쳐지는 양기의 시기를 멈추고 수렴하는 음기의 시기로 전환되어 만물이 결실되는 상태다.

신辛: 만물이 새롭게 결실되어 모체로부터 분리되는 결산의 상태다.

임壬: 양기가 원래 출발했던 모태, 곧 생명의 자리로 돌아온 상태로서 거듭남의 시기를 기다리는 저장의 상태다.

계癸: 극한점까지 압축되어있는 핵으로 자리하며 봄기운이 일어날 때까지 생명의 종자로 머무는 상태로 내부적으로 압축되어 있는 생명의 종자 상태다.

지지암장간 地支暗藏干

12地支	子	丑	寅	卯	辰	巳	午	未	申	酉	戌	亥
地藏干 餘氣		癸	戊		乙	戊		丁	戊		辛	戊
中氣		辛	寅		癸	庚	己	乙	壬		丁	甲
正氣	癸	己	甲	乙	戊	丙	丁	己	庚	辛	戊	壬

십간十干, 즉 천간은 양陽으로 나타나 있는 상태로 한눈에 보이지만 그 감춰져 간직된 지지의 암장간暗藏干은 보이지 않기에 노출시켜 육친법六親法이나 신살법神殺法 등에 활용한다. 그러므로 비밀 속에 감춰진 지지의 암장간暗藏干을 알아야만이 사주추명의 오묘한 통변이 가능하다.

천간을 천원天元, 지지를 지원地元, 지지암장간을 인원人元이라고 한다.

우주 만물이 천지인天地人 삼재三才의 원리에 의해서 운행되듯이 인생도 이의 질서에 합류하여 삶을 이어가고 있으므로 사주학의 조직도 우주 만물의 운행 원리와 맥脈을 같이 하고 있다.

천간은 정신이요, 지지는 몸통이요, 지장간은 몸 안에 내장된 오장육부라고 이해하면 된다. 어느 하나도 빠져서는 생명을 유지할 수 없다. 몸통 안에 있는 장부와 조직들은 눈에 보이지 않지만 생명 활동에 있어 주요한 부분들을 내장하고 있다. 이렇듯이 인생사 흥망성쇠와 희로애락을 이해하는 데 지장간이 밀접한 관계 속에 놓여 있다.

특히나 개인의 비밀스러운 사생활의 모습이 이 속에 감춰져 있기도 하며 감춰져 있다는 것은 드러내서는 안 되고 보호되어야 할 개인의 사정이라고도 말할 수 있으므로 안다고 해서 함부로 이야기해서는 안 되는 부분이다. 보인다 해서, 안다고 해서 말로 뱉어내게 되면 그것도 업을 짓는 악행의 하나가 된다.

병화丙火 태양신과 구세주 이야기

丙火 태양의 정신과 진리를 통해 세상을 구제하기 위해 이 땅에 다녀 간 구세주 이야기를 해보기로 하겠다. 주제는 예수님의 죽음과 부활,

그리고 승천에 관련한 신화 이야기이다.

丙火 태양의 생장수장生長收藏 하는 운동에 따라 丙火는 유위(酉位= 死宮)에 오면 일락서산(日落西山, 일명 해골산인 골고다)하여 '돌무덤'인 戌土(戌中辛金屍身)에 장사葬事지내게 된다.

이러한 丙火가 자위子位에 오면 천문天門이 열려(天開於子), 일양一陽이 시생始生되어 죽은 자 가운데서 만 3일(戌土葬地에서 一陽始生하는 子位까지)만에 부활하게 된다.

자위子位에서 일양一陽이 출발하여 입춘인 인위寅位에 오면 丙火 태양은 드디어 하늘을 향해 힘차게 솟구치며 火의 하늘 공중空中으로 승천하게 된다. 예수님의 죽음과 부활, 그리고 승천의 신화 구조가 만물의 변화 원리에서 벗어나 있지 않다.

이러한 명리 원리가 태양신을 숭배하는 이집트, 그리스, 인도, 페르시아, 이스라엘 등의 구세주 신화에 보이는 구세주들의 잉태-출생-활동-죽음-부활-승천에 나타나 있는 신화 구조를 이해할 수 있는 바탕이 된다.

◇ 기원전 3000년경 이집트 태양신 '호루스'
◇ 기원전 1200년경 그리스 '아티스'
◇ 기원전 1200년경 페르시아 '미트라'
◇ 기원전 900년경 인디아 '크리슈나'
◇ 기원전 500년경 그리스 '디오니소스' 등

태양을 신성시하던 당시 이들 나라에는 천문학과 점성술이 발달되어 있었으며 동일한 문화적 구조를 가지고 있다. 이들 구세주의 공통점은 다음과 같다.

처녀 잉태 – 12월 25일 출생 – 12 제자 거느림 – 신통력 발휘 – 죽임을 당함 – 3일 만에 부활 – 승천이다. 로마는 다신교를 숭배하는 나라였는데 그중 가장 세력이 강한 종교가 태양신 미트라였다. 미트라의 탄생일이 12월 25일 동짓날이었는데 서기 313년에 로마의 콘스탄티누스 황제가 이날을 예수의 탄생일로 정하고 일요일은 쉬게 하고 미트라의 제삿날인 일요일을 예배일로 결정하였다. 실제 예수의 생일은 BC 7년 3월 1일로 알려져 있다.

오늘날 기독교의 구세주인 예수님에 대한 탄생과 죽음에 이르는 중요한 대목들이 위의 구세주들과 내용을 함께한다는 것은 많은 것을 시사해 주고 있으며 앞으로 명리학 이론이 세계의 모든 종교의 발생과 가르침을 이해하는 데 많은 참고가 될 것이다.

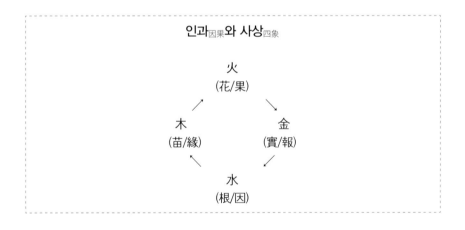

인과因果와 사상四象

火
(花/果)

木
(苗/緣)

金
(實/報)

水
(根/因)

근묘화실 根苗花實

꽃은 피고 시간이 지나면 시들고 사람은 태어나서 살다 결국은 죽는다. 원인은 어떠한 조건이 마련되면 그 조건에 응하여 결과로 나타나게 된다. 하나의 행동이 전세–현세–내세까지 관계를 형성하고 있으며 한 생각의 파장이 과거, 현재, 미래까지 연결되어 작용한다는 것이다. 그래서 불교에서는 하나의 파장이 만 가지 파장을 일으키며 더 나아가서는 시간적으로 삼세를 관통하여 한량없는 파장을 일으킨다고 하였다. 이러한 가르침은 윤리적, 도적적으로 무결하고 남을 배려하고 챙기면서 복덕을 쌓는 삶을 살아야겠다는 생각을 하게 한다.

그러나 세상사를 살다 보면 그게 쉽게 실천할 수 있는 것은 아니다. 그렇다고 마냥 기분대로 살 수 없는 것은 인생사 모든 것이 다 자기 자신이 지은 대로 주어지는 업보라는 데 있다.

사주학에서는 한 그루 나무의 일생을 통해서 조상, 부모 형제, 자신과 배우자, 자손으로 연결되는 인연과보를 각 궁성(宮星: 년, 월, 일, 시)마다 의미를 부여하여 근묘화실론으로 설명하고 있다.

㉠ 년年

근根인 년年은 전생前生에서 현생現生으로 이어진 어떻게 보면 태어나서 보니 이미 결정되어 있는 부분에 해당한다. 출생 국가出生國家, 조상祖上, 가문家門이 이에 해당한다. 유년기로서 아직 육체적, 정신적으로 미성숙의 시기이며 보호와 양육이 필요한 시기로 십성十星으로 인성印星에 해당한다.

ⓛ 월月

묘苗인 월月은 부모 아래서 형제들과 함께 사회성을 익히며 정신적, 육체적으로 홀로서기를 준비하며 자아독립自我獨立과 입신양명立身揚名을 이뤄내는 시기이다. 청년기로서 학문과 기술을 익히며 직장을 확보하는 시기로써 십성十星으로 관성官星에 해당한다.

ⓒ 일日

화花인 일日은 부모 형제의 그늘에서 완전히 독립하여 입신양명立身揚名을 이룬 시기로서 가정을 이뤄서 자손을 낳아 양육하며 한 사람의 사회인으로 자신의 입지立志를 구축한 상태이다. 재화財貨를 스스로 벌어들여서 배우자와 자식을 양육하며 가정을 경영하는 시기로 십성十星으로 재성財星에 해당한다.

ⓔ 시時

실實인 시時는 자신만이 활용하는 극히 개인적인 영역이다. 타의 간섭을 배제하고 자신이 좋아하는 적성, 취미 활동의 공간이다. 자신의 마음이 흘러가는 지향점이며 꿈과 희망을 펼치는 마당이다.

그런가 하면 자식의 자리요, 자신의 노년의 자리이기도 하다. 몇십년 전만 해도 노년의 행복과 불행이 자식에 달려 있으나 지금은 자식에 의존치 않고 스스로 자신이 노후를 설계하고 준비해 나가는 시기이다. 자식이 자신의 꿈과 희망이라는 꿈에서 깨어나서 스스로 자신의 행복을 만들어 나가는 시대에 살고 있다. 또한 시는 이생의 마지막 시간인 노후에 머물지 않고 다음 생을 결정하는 중요한 시간이기도 하다.

시時를 잘 살피면 다음 생 자신의 실체를 그릴 수 있다. 십성十星으로 식상食傷에 해당한다.

實	花	苗	根
時柱	日柱	月柱	年柱
貞	利	亨	元
冬	秋	夏	春
밤	저녁	낮	아침
노년기	장년기	청년기	유년기
46~60세	31~45세	16~30세	1~15세
침실	안방	거실	대문
부하	동료	상사	사장
제후	천자	통치구역	천제
미래의식	현재의식	전의식	잠재의식
취미적성	주체성	생활환경	선대가풍
미래	지금여기	현재	과거
來生	인근隣近	現生	前生
식상食傷	재성財星	관성官星	인성印星

근묘화실根苗花實 **정리표**

3

오행五行 강약强弱 이야기

오행五行 강약强弱

(1) 통근通根

통근이라 함은 천간이 지지에 뿌리를 박아 일정한 활동 공간을 확보했음을 말한다. 즉 甲일간의 경우 지지에 亥, 子, 寅, 卯, 辰, 未의 지지를 본 것을 말한다. 만약 갑일간이 지지에 인성이나 비견, 겁재를 보면 세력의 강성함을 얻은 것이며 십이운성으로 강왕한 기세에 통기됨을 의미한다.

자고로 신강신약이란 오행의 다과에 의한 상생상극의 세력을 보는 것이다. 신왕신쇠身旺身衰는 12운성의 생장수장하는 기세氣勢로 살펴보는 이론이다. 사주추명에는 오행 세력의 강약과 기세의 왕쇠를 함께 다루어야 현실에 맞는 통변이 이루어진다.

오행 세력은 약하나 장생득지長生得地함으로 성공한 사례를 볼 수 있기 때문이다. 세력은 참고하고 기세의 왕세로 판단함이 더욱 현실에 부합한다.

오행五行	통근通根
木의 통근	亥子寅卯辰未
火의 통근	寅卯巳午未戌

오행五行	통근通根
土의 통근	辰戌丑未巳午
金의 통근	辰巳未申酉戌丑
水의 통근	申酉亥子丑辰

(2) 왕약기세旺弱氣勢 절기심천節氣深淺

월률분야도月律分野圖은 일간이 어느 절기의 월령이 지배하는 가운데 태어났는지 살피는 법으로 일간의 기세 강약과 나아갈 방향타를 결정하는 중요한 기준이 된다. 월령은 운명을 총괄하는 사령부이며 격국과 용신을 정하는 기준이 되기 때문이다.

(3) 월률분야도月律分野圖

月支	寅	卯	辰	巳	午	未	申	酉	戌	亥	子	丑
初氣	戊	甲	乙	戊	丙	丁	戊	庚	辛	戊	壬	癸
中氣	丙		癸	庚		乙	壬		丁	甲		辛
正氣	甲	乙	戊	丙	己丁	己	庚	辛	戊	壬	癸	己

(4) 오행장간五行藏干의 사령일수司令日數

寅申巳亥월	初氣(7일)	中氣(7일)	正氣(16일)
子午卯酉월	初氣(10일)		正氣(20일)
辰戌丑未월	初氣(9일)	中氣(3일)	正氣(18일)

(5) 왕상휴수사법旺相休囚死法

일간 대비 월지로 세력의 강약을 판단하는 기준으로 월령에서 세력을 얻으면 왕상旺相이라 하고 상실하면 휴수사休囚死라고 한다.

木일간	겨울(相)	봄(旺)	여름(休)	사계(囚)	가을(死)
火일간	봄(相)	여름(旺)	사계(休)	가을(囚)	겨울(死)
土일간	여름(相)	사계(旺)	가을(休)	겨울(囚)	봄(死)
金일간	사계(相)	가을(旺)	겨울(休)	봄(囚)	여름(死)
水일간	가을(相)	겨울(旺)	봄(休)	여름(囚)	사계(死)

⑹ 오행五行의 생극生剋과 희기喜忌

① 생조과다生助過多의 병폐病弊

- 木多火息: 목생화하나 목다하면 불이 꺼진다.
- 火土重濁: 화생토하나 화다하면 황무지가 된다.
- 土多金埋: 토생금하나 토다하면 금이 매몰된다.
- 金多水濁: 금생수하나 금다하면 수질이 탁해진다.
- 水多木浮: 수생목하나 수다하면 흐르는 물에 떠내려간다.

② 설기과다洩氣過多의 병폐病弊

- 木生火하나 설이 과하면 목이 타서 재가 된다.
- 火生土하나 설이 과하면 회기무광으로 빛과 열을 잃는다.
- 土生金하나 설이 과하면 황무지가 되어 버려진 땅이 된다.
- 金生水하나 설이 과하면 금이 침수한다.
- 水生木하나 설이 과하면 수가 메말라 바닥을 드러낸다.

③ 극왕剋旺의 병폐病弊

- 목극토하나 토가 극왕이면 목이 부러진다.
- 화극금하나 금이 극왕이면 불이 꺼진다.
- 토극수하나 수가 극왕이면 흙이 떠내려간다.
- 금극목하나 목이 극왕이면 금이 마모된다.

– 수극화하나 화가 극왕이면 물이 증발한다.

④ **극쇠**剋衰**의 병폐**病弊
– 목약인데 금왕이면 나무가 쓰러진다.
– 화약인데 수왕이면 불이 꺼진다.
– 토약인데 목왕이면 흙이 무너진다.
– 금약인데 화왕이면 금이 녹아내린다.
– 수약인데 토왕이면 수가 흡수되어 버린다.

⑤ **왕자희설**旺者喜洩
– 왕목을 설하면 목화통명木火通明으로 총명을 설한다.
– 왕화를 설하면 땅이 생기를 머금는다.
– 왕토를 설하면 성물成物을 만든다.
– 왕금을 설하면 금수쌍청金水双清으로 지혜를 설한다.
– 왕수를 설하면 청수清水가 되어 생기를 설한다.

⑥ **왕신희극**旺身喜剋
– 왕목이 금의 극제를 당하면 동량목棟梁木이 된다.
– 왕화가 수의 극제를 당하면 기제旣濟의 공功을 이룬다.
– 왕토가 목의 극제를 당하면 가색지공稼穡之功을 이룬다.
– 왕금이 화의 극제를 당하면 용금성기鎔金成器를 한다.
– 왕수가 토의 극제를 당하면 댐이 되어 유용한 물이 된다.

희신喜身

(1) 희신喜神의 개념

희신이란 사주추명에 있어 어느 일방으로 음양과 오행이 치우쳐 있어 상호 소통에 장애가 발생했을 때 이를 중화시켜 상호 관계를 정상화시키는 작용을 말한다.

  – 일간이 강왕하면 식상의 설기를 원한다.
  – 일간이 강약에 따라서 억부를 원한다.
  – 한난조습이 심하면 조후를 마쳐줘야 한다.

- 다자에 의해 힘이 극단으로 기울면 병으로 여겨 다스려라.
- 두 세력이 대립하면 중간에서 소통시켜야 한다.
- 사흉신은 반드시 제화해서 사용해야 한다.

(2) 오행五行 병약病弱

특정한 오행이 많아서 상대적으로 힘의 균형이 어느 일방으로 치우쳐 있을 때는 (中)을 상실하여 나머지 오행 세력 사이에 어울림(和)이 깨지는 것이다. 이 경우에는 외부와 단절, 고립되어 독선, 독행으로 삶이 진행되어 병이 되는 것이다.

그래서 연해자평오언독보에 병 있음을 귀히 여겼고 도리어 병 없음을 귀하다 보지 않았다. 병을 제거만 할 수 있다면 그로 인해서 귀하게 되고 복록이 항상 따른다 한 것이며 병 없음을 평범하다 한 것이다.

병은 반가울 바 없는 것이지만 이미 병이 있다면 발본색원해서 건강을 회복해 내야 한다. 그대로 두면 건강, 수명, 재물, 명예 등이 무용지물이 된다. 이를 해소만 할 수 있다면 부귀영화를 얻을 수 있다.

대병대약이며 대부대귀하고 소병소약이면 소부소귀하고 무병무약이면 평범한 사람이며 유병무약이면 요수빈천할 사람으로 구름따라 바람따라 흘러다니는 유랑객일 뿐이다.

4

합충合沖 이야기

합合

합이란 태양과 지구와 달과 별들의 상호 작용 속에서 이루어지는 인력引力 관계로서 보수적인 성격을 띤다. 개인으로부터 가정, 그리고 국가, 사회 나아가서는 자연계 전체가 상호 연대로 합작용을 하면서 삶을 영위한다. 합은 각각의 개체들이 상호 결성하여 함께 힘을 행사하기 때문에 작용력이 강력하며 창조적인 활동으로 큰 변화를 주도하게 된다.

합이란 인연으로 나름의 조건 속에서 이루어진 것임으로 그에 따른 성격적 특징을 갖게 된다. 같은 방향에서 인연된 방합方合, 각기 다른 방향에서 인연된 삼합三合, 지구의 자전축인 23.5도 기울기 선상에서 만나지는 육합六合이 있고, 천간에서는 여섯 번째 해당하는 자와 합하는 천간합이 있다.

이외에도 방합方合의 두 자가 만났을 때의 류합類合, 삼합의 두 자가 만났을 때의 준합準合, 주역 팔괘상의 합인 속합屬合, 지장 간끼리 이뤄지는 지장간합地藏干合도 있다. 그리고 같은 두 자가 있을 때 없어도 작용하는 인합引合 등이 있다. 이렇게 다양한 합 종류 속에서 주로 많이 사용되는 합을 꼽으라면 당연히 방합과 삼합일 것이다.

방합의 구성: 지지에서 세 자가 있을 때 성립
해자축(水局), 인묘진(木局), 사오미(火局), 신유술(金局)

방합의 특징은 같은 장소에 몸을 두고 바로 보는 방향이 같은 것으로 이해타산을 따지지 않고 무조건적인 힘 작용으로 나타난다. 혈연 중심의 가족 관계처럼 강력한 결속력을 보이며 목숨을 바쳐서라도 명분을 지키려는 정신이 강하다.

시종일관하는 정신은 변화하는 상황을 무시하고 자기가 생각하는 원칙과 소신만을 주장하는, 타협이 불가능한 외고집으로 비치기도 한다. 그래서 운로가 좋고 나쁨에 따라서 고집으로 흥하고 망하기도 하는 양극단의 삶을 사는 경우가 많다.

일명 전문가의 별이라고도 할 수 있으므로 공부벌레 소리를 들을 만큼 향학열을 불태우거나 남들이 걷지 않는 자기만의 길을 개척하는 개척자로서 외로움을 벗 삼으며 한 길로 나아가는 특별한 자존심의 소유자들에게서 많이 보게 된다.

삼합의 구성: 지지에서 세 자가 있을 때 성립
신자진(水局), 해묘미(木局), 인오술(火局), 사유축(金局)

삼합의 특징은 같은 장소에 몸을 두고 바로 보는 방향을 같이 하고 있지만 이해타산을 따지니 자기 이익에 부합되면 함께 작용하나 아니면 발을 빼려고 한다. 서로 다른 사람들이 이해관계로 모였기에 결속력은 사정에 따라 달라지는 것이다. 명분을 지키려고 목숨을 바치는 경우는 없으며 오직 자기의 이익에 따라 움직이게 된다.

임기응변하는 정신은 변화하는 상황에 민감하게 반응하며 자기가 생각하는 원칙과 소신이 일정하지 않기에 타협이 가능하여 때론 주관이 없는 사람으로 보이기도 한다.

운로가 좋고 나쁨에 따라서 처세가 달라지므로 불순한 운로에도 뛰어난 처세술로 살아남는 경우가 많다. 이러한 삼합은 조직 사교 능력이 좋고 언변이 뛰어나며 주변의 관심을 자기에게 집중하는 능란한 처세술로서 조직의 핵심 역할을 수행하는 책임자들이 많다.

육합의 구성: 지지에서 두 자가 있을 때 성립
자축(土)−인해(木)−묘술(火)−진유(金)−사신(水)−오미(火)

육합이란 지구가 23.5도 기울어서 자전하기 때문에 그 중심을 잡으려는 가운데 발생하는 힘 작용이라 할 수 있다. 즉 사람이 바로 서 있다가 발은 그대로 두고 몸만 옆으로 23.5도 기울이면 우리 몸은 중심을 잡으려고 할 것이다.

육합은 몸의 중심을 잡고 지구에 착근하려고 하기에 자축토子丑土를 배치하였으며, 토에 착근하여 중심을 잡고 위로 뻗어 올라야 하므로 생출하는 인해목寅亥木을 배치하였으며, 휴식(戌土火庫)하고 있는 태양이 묘시卯時가 되면 일출문日出門이 되어 지평선상에 모습을 드러내게 되니 묘술화卯戌火를 배치하였으며, 비옥한 대지에 뿌리박은 나무(辰中乙木)가 결실을 하여 내부를 보호하기 위해 껍질을 견고하게 하여 영양물질을 보호하고 있으므로 진유합금辰酉合金이 되며, 영양물질이 충만한 결실물은 본체에서 분리하게 되므로 사신합수巳申合水가 된다는 생장수장生長收藏의 사계절 운동의 과정을 설명하고 있는 것이 지지육합이다. 통변에 있어서는 육합이 되는 신살이 길흉 간에 그 작용력이 강해진다.

하루로는 아침−낮−저녁−밤으로, 계절로는 봄−여름−가을−겨울로, 인생으로는 生−老−病−死로 일어나는 변화 순서대로 구성되어 있다. 그리고 자축子丑에서는 음기陰氣가 극성을 부리는 중에 양기陽氣를 보호하기 위해서 자수子水에서 생한 일양1陽을 축토丑土로 초극점까지 압축하게 되고 양기陽氣가 극성을 부리는 중에 음기陰氣를 보호하기 위해서 오화午火에서 생한 일음1陰을 미토未土로 초극점까지 압축을 하게 되는 것이다.

주역에서는 자축子丑을 일양1陽, 일양2陽이라고 하여 맨 처음 생한 양기陽氣가 성장 중에 있다고 하며 오미午未를 일음1陰, 이음2陰이라고 하여 맨 처음 생한 음기陰氣가 성장 중에 있는 것으로 표현하고 있다. 음양의 원리는 극한점에 오면 음陰은 양陽으로, 양陽은 음陰으로, 정靜은 동動으로, 동動은 정靜으로 변화하는 성질을 말해주는 것이다.

子丑(토) – 양기 응축 시작

寅亥(목) – 양기 발생

卯戌(화) – 태양이 왕기를 발산

辰酉(금) – 옥토에 결실물이 주렁주렁

巳申(수) – 결실물 속 영양물질이 가득

午未(화) – 음기 압축 시작

• 辰(庫地+桃花=金)酉

한가위 보름달처럼 결실물들이 형형색색으로 둥근 모습을 하고 있다. 마치 달이 생기를 머금고 은은한 빛을 발산하고 있는 모습이기도 하다.

술잔, 커피잔, 유기그릇, 백화점, 과일가게, 보석방, 칵테일 바, 룸살롱, 홍등가, 유리공예, 금속 공예, 금관 악기, 보검, 불교 상회, 불구佛具, 신구神具, 다구 세트, 수석 전시, 휴대폰, 카메라, 촬영기, 촬영장, 전시관, 접대부, 치과, 약국, 치료약, 의료기구, 성형외과, 은행, 금고, 지갑, 카드, 발효식품, 닭장, 계란 케이스, 휴대폰 케이스, 전자제품 창고, 통조림 공장, 부두 컨테이너, 해양 경찰, 해병대 상륙정, 교도소, 유치장, 변기, 세수대

인연을 읽는 사주 명리학

• 卯(桃花+庫地=火)戌

태양이 죽어 혼불만 남긴 채 휴식하거나 태양이 죽었다가 다시 대지 위에 떠오르는 일출 광경이기에 찬란한 빛을 품어내는 것이기도 하며 호환으로 도화살과 고지가 되어 화를 만들어 낸다.

촛불, 향불, 다비식, 화롯불, 일출, 화려한 비단, 그림, 광고, 예술, 미용, 장식, 사진첩, 명품 가방, 명품 지갑, 손 장갑, 양말, 구두, 전시관, 화랑, 러브모텔, 성인 만화, 컴퓨터그래픽, 섬유회사, 필방, 이미용용품, 골프장, 표지판, 문양, 서양화, 화원, 문신, 여행, 화투, 포카, 카지노, 섹스, 춘추문필春秋文筆

충沖

빌 충으로 속이 비다, 그래서 공허하다는 뜻으로 심리적으로는 외로운 상태이다. 수행자는 인욕 속에서 기다림 끝에 지혜를 얻는다. 텅 빔 속에서도 홀로 당당히 서 있을 수 있는 사람을 부동불不動佛, 곧 부처라고 하는 것이다. 그래서 부처님은 자신을 천상천하유아독존이라고 선언한 것이다.

충沖 자는 원래 충沖 자의 속俗 字이다. 그러나 명리에서 사용하는 원래 자는 충衝 자이다. 찌르다, 부딪치다의 뜻으로 상처를 주고 상황을 깨트려버리는 파괴적인 의미로 기존의 상황을 종료시킨다는 뜻으로 쓰인다.

충이란 사물에 충격을 가하여 변화를 주고 분리를 시키고 독립을 하게 하는 개혁적인 성격을 띤다. 충은 일곱 번째의 글자와 이뤄지므로 칠충七冲, 칠살七殺이라고 하며 신속하게 작용된다.

그동안 쌓여온 문제가 한순간에 폭발되어 나오면서 이를 해결하느라 엄청 힘든 시간을 보내기도 하고 예상치 않았던 충격적인 일이 갑자기 발생할 수도 있다. 그러므로 합은 만남으로 창조적인 발전, 충은 헤어짐으로 파괴적인 상태를 조성한다. 사계절의 순환도 상생의 합과 상극의 충 작용이 있으므로 만물이 발생(木＝發生) － 성장(火＝成長) － 수렴(金＝收斂) － 저장(水＝貯藏)하는 기능이 가능하게 된다.

합合	충冲
친화, 공감	불화 대립
연애, 평화	이별, 전쟁
음	양
정적 변화, 더딤	동적 변화, 빠름
비밀, 암행	폭로, 공개
모임의 성질	흩어짐의 성질
창조의 역사, 보수적	파괴의 역사, 개혁적

합이란 연합하여 조직 형태를 이룬 것이다. 물건으로 말하면 완성품이 된 것이다. 지지의 여섯 번째는 합이요, 일곱 번째는 충이 들어온다. 이는 합은 충으로 충은 합으로 계속 반전을 꾀하며 변화, 발전해 나가는 자연과 문명과 인간 사회의 질서이기도 하다. 충이란 합한 구성원들이 분리되거나 해체된 것이다.

새로운 형태의 연합을 위해서 이별의 아픔을 겪는 것이다. 충은 타격을 가하는 정도에 의하여 긴장을 조성해서 더욱 내부 결속을 시키기도 하고 분리, 이별, 해체를 시키기도 한다. 적정선을 넘어선 타격이 가해지면 재생 불능의 결과를 불러오게 된다.

사생지충四生地冲

삼합의 첫 자인 인신사해가 장생지에 해당한다. 무엇이든 새로운 시작을 알리는 의미를 지니고 있다. 첫 시작에 충이 들어오면 시작부터 장애가 발생한 것이다. 충을 맞아서 출발 지점에서 앞으로 나가지 못하고 멈춰 버린다.

어떤 이유로 문제가 되었는지 원점에서부터 다시 숙고가 필요하다. 식상이 충극을 받으면 진행상에 문제가 발생한다. 생산에 차질이 생기고 거래처에서 물품 수납을 거부당할 수도 있다.

산모는 젖이 안 나와서 아기에게 젖을 먹일 수가 없다. 공급에 문제가 발생한 것이다. 없어서는 안 되고 있어도 줄 수가 없는 경우가 생긴다. 이것이 장생지가 충을 만난 의미다.

사맹지충四孟地冲

자오묘유는 삼합, 방합이 중심 기운인 제왕지임으로 조직의 핵심이요, 리더이다. 이 중심이 충을 맞으면 조직이 깨져 조직원들이 흩어져 버린다. 가정을 이끌어가던 가장이 쓰러져 버린 경우이니 구심점을 상실한 가족들이 동서 사방으로 흩어진 것이다.

국가에 있어서는 갑작스러운 대통령의 유고가 발생하여 국가 비상 체제에 돌입하게 된다. 일이 완성되는 시기에 사단이 벌어져서 깨어져 버린 경우이다.

사고지충四庫地冲

진술축미는 고장지라고 한다. 보이지 않는 상태에서 살아 움직이고 있는 은밀한 이야기이기도 하다. 인체 내의 오장육부의 활동처럼 보이지는 않지만 의식과 몸이 휴식하고 있는 동안에도 그 움직임이 진행되고 있는 것이기도 하다. 일에 있어서는 마무리 단계에서 깨어져 버리는 상태이다. 일명 다 된 밥에 재가 뿌려진 상태라고 할 것이다. 그런가 하면 은밀한 부분이 밖으로 노출되기도 한다.

궁성宮星의 충冲 작용

- 년지 충: 족보 편찬, 조상의 묘지 이전, 비석이나 상석을 세움, 조상 천도재 및 기도 등으로 재물이 지출되게 된다.

- 월지 충: 부모나 형제들의 변동 및 거주지나 활동 무대의 변화가 일어나서 이사, 이직이나 활동상의 불리한 상황이 갑작스럽게 일어나 신속하게 진행된다.

- 일지 충: 자기 신상의 변화가 찾아들고 배우자에게도 갑작스러운 불리한 일이 발생할 수 있다. 또한 부부간에 언쟁이 많아지고 불화하게 되는데 때에 따라서는 직업 활동상 멀리 떨어져 지내게 되는 경우도 생긴다. 그리고 거주지의 리모델

링이나 가구나 쇼파 등 생활용품을 바꾸거나 재배치하는
등의 일이 생길 수도 있다.

- 시지 충: 자식에게 변화가 일어나고 자신의 진로 수정이나 새로운
  계획 등으로 고민이 많아지며 안방의 리모델링이나 침대,
  화장대 등 생활용품들을 재배치하거나 새것으로 교체하기
  도 한다.

하심 下心

하심이란 마음을 아래로 내려놓는다는 뜻으로 일어나고 사라지는 마음에 끄달리지 않는 자유로운 마음이다. 한 점의 티끌도 머무는 것을 허용치 않으니 이를 본성을 쫓아 사는 도인이요, 수행자라고 하는 것이다. 마치 연잎에 떨어진 빗물을 연잎이 빗물을 담지 않고 잎을 아래로 수그리며 빗물을 떨어뜨리는 것과 같다. 우리가 경험하는 일체의 현상은 조건(木火土金水)에 의한 일시적인 현상에 불과한 가상의 현실이다. 그러므로 이에 집착하는 것은 사라질 것을 붙들고 있는 것이 되어 그만큼 고통을 불러온다. 수행자는 이를 알고 경험되는 것을 '바라보면서' 지금 자기에게 일어나고 있는 현상은 실체가 없고 자신과 상관없는 것으로 여기며 '즉시 놓아버린다'는 이러한 태도가 바로 '하심'의 의미이다.

'즉시 놓아버림'의 생활을 꾸준히 이어가게 되면 내공이 생겨서 안팎에서 일어나는 현상을 바라보는 즉시 자동으로 놓아버리게 되므로 이것을 정진에 의한 선정의 힘이라고 한다.

삶은 한 폭의 그림

화가의 손끝 가는 대로

그림이 그려지듯

자기 인생도

마음 사용하는 대로 펼쳐집니다.

화창한 봄날

그림 속의 자기는

어떤 모습을 하고 있습니까?

오늘은

또

어떤 그림을 그리시겠습니까?

오늘 그리는 그림이

훗날에 일어나게 될

밑그림을

그리는 것이랍니다.

두 손 합장하며

경건히 기도하는 모습으로

시작해 보세요.

태극太極의 정신 곧 언행일치言行一致

세상에는 말들의 잔치라 할 정도로 수많은 말이 자신들을 뽐내며 춤을 추고 있다. 철학의 논리와 종교의 교리와 도덕군자들의 가르침과 정치인의 공약들이 그러하며 텔레비전을 켜면 각종 제품을 소개하는 광고들이 그러하며 개인 간에도 자기를 포장해서 소개하는 말들이 그러하다.

그러다가 때론 성난 파도가 되어 휩쓸기도 하고, 불벼락을 퍼붓기도 하고, 몽둥이로 후려갈기듯 폭력을 행사하기도 하고, 쇠창살로 찌르기도 하고, 한 마을을 송두리째 쑥대밭으로 만들기도 하는 등 세상은 요지경 속이 아닐 수 없다.

요즘은 "나도 당했다!"라는 '#MeToo' 운동이 일어나서 지난 수십 년 전에 있었던 성추행, 성폭행 사건으로 한순간에 한평생 쌓아온 명예가 하룻밤 사이에 사라지고 얼굴 둘 면목이 없어서 스스로 목숨을 끊기도 하는 비극이 여기저기서 일어나고 있다. 유명 시인, 영화감독, 교수, 정치인은 물론 성직자들까지 연루되어 그야말로 '#MeToo' 강풍이 한국 사회를 휩쓸고 있다. 왜 이런 일이 일어나는 것일까? 그것은 부와 권력과 지식을 많이 소유한 자들이 여자들의 명줄을 쥐고 성을 농락해 온 적폐가 아닐 수 없다.

가진 자들이 부르짖어 온 '선진 조국 창조', '자유와 평등, 평화, 행복한 세상', '평등과 인권이 살아 숨 쉬는 사람 사는 세상', '수고하고 무거운 삶의 짐을 내려놓고 영혼이 구원받은 자의 세상', '삶의 고통에서 벗어나서 영원한 기쁨, 평화, 자유로운 마음을 얻은 자들의 세상'이라는 등의 구호가 부끄러울 정도로 세상은 혼탁하고 여전히 어지럽다. 그만큼 구호에 맞는 몸에 밴 생활자들을 찾기가 어렵다는 것이다.

가진 자는 자신의 소유를 개인에서 공적 개념으로 전환하지 않으면 그 소유가 권력이 되어 언제든지 자신의 욕망 충족을 위해서 충동을 행동으로 옮길 수 있다는 위험에 노출되게 된다. 이러한 마음의 움직임을 이해하고 있는 마음의 스승들은 마음공부를 통해서 얻어진 정신적 소유 개념을 과감히 버림으로써 그 깨달음이 자칫 권력이 되어 자신을 위험에 빠트리는 것을 사전에 제거시켜 버리는 것이다.

그런 점에서 서양의 재벌들 중 자신의 큰 재산을 과감히 사회에 기부하는 것도 일종의 개인의 소유 개념을 공적으로 전환한 위대한 인간 승리라고 칭찬할 일이다. 진정한 대의를 위한 삶은 구호에만 그치는 것이 아니라 스스로 세상적인 소유는 최소화하고 자기에게 주어지는 모든 물질적, 정신적인 소유를 공적으로 전환하고 그 속에서도 평화롭고 자유롭게 살아가는 생활이 몸에 배도록 생활하는 사람이다.

대의를 부르짖으면서 세상의 소유를 가능한 많이 쥐겠다고 하는 것은 자기와 세상 사람을 속이는 죄짓는 짓이다. 그러므로 현재 한국 사회에 일고 있는 '#MeToo' 열풍은 이 사회의 지도층들에게 언행일치를 위한 정신 개조 운동을 촉구하는 강력한 시대 정신이라는 것을 알아야 한다. 그것은 지도층은 더 이상 일개 개인이 아닌 자기와 세상을 동시에 살리는 공적인 용도로서 자신의 정신적, 물질적 소유를 사용하며 공적인 무거운 책임감 속에서 살아야 한다는 것을 말한다.

마음을 정화하는 소리

오행의 소리는 궁상각치우宮商角徵羽로 나뉜다. 이 다섯 가지 소리의 배합 비율에 따라서 천태만상이 나타나는 것이며 세상 사는 소리의 조화경이라고 해도 과언이 아니다. '말씀이 천지만물을 만들었다', '소리가 곧 실제 현상이다', '참된 말씀이 일체 현상과 동일하다'는 등의 표현이 나오는 것이다.

천지만물이 현상으로 드러나기 전의 원음原音은 무엇일까? 마치 인간이 세상에 모습을 드러내기 전의 부모미생전父母未生前의 나의 소리는 무엇일까? 바로 '엄마'라고 불리는 옴의 소리가 그것이다.

요가 행자들은 이 옴 소리 명상을 수천 년 동안 실시해 오면서 몸과 마음의 때를 정화하여 탐진치貪嗔痴라는 삼독三毒을 해독解毒시켜왔다. 이 소리는 엄마의 태중에 있을 때 심장의 고동 소리이기도 하며 그것은 일체 살아있는 생명체들의 생명 리듬이기도 하다.

나는 수시로 이 옴 자 명상을 해 나오고 있다. 때와 장소에 따라 크게도 작게도 높게도 낮게도 부드럽게도 강력하게도 외부적 상황과 나의 심신의 컨디션을 고려하여 발성하면 마음이 금방 위안되고 평화가 찾아든다. 여러분들도 한 번 실천해 보시길 권한다.

인연을 읽는 사주 명리학

5

● ● ●

12신살神殺 이야기

AD 3~7세기경에 인도에서 불교가 중국으로 전래되면서 고대 인도의 천문학과 점성술이 함께 들어오게 되었는데 이것이 바로 칠정사여, 오성술이라고 불리게 되었다. 명리학의 모태인 '이허중명서'는 이에 영향을 많이 받았으므로 인간 운명의 길흉을 해석할 때 별로 운명을 해석한다고 할 정도로 신살을 많이 참고하고 있음을 알 수 있다. 그리고 기문둔갑, 자미두수, 육임, 태을신수, 풍수지리 등 실로 운명학 전반에 두루 사용되고 있음은 이 신살의 중요성을 확인시켜주고 있다.

　땅에 농사農事를 짓거나 사람 농사農事를 짓는 임신姙娠에 별에 해당하는 진辰 자가 들어 있고 어르신들의 태어난 날을 생신生辰이라고 표현해 온 것을 봐서도 별과 인간의 운명은 밀접한 연관이 있음을 알 수가 있다. 그래서 선조들은 땅 농사나 사람 농사는 하늘 아래 가장 큰일인 근본根本에 해당하는 일이라고 여겨 왔다. 그러므로 사주팔자의 길과 흉을 판단하는데 알아 두어야 할 술법이며 어떤 의미에서는 신살은 사주통변의 꽃이라 할 정도로 중요한 부분이다.

천살 天殺

구성	삼합三合의 첫 자 바로 앞 자 (예: 寅午戌의 丑)

천살은 상제로서 임금이라는 뜻이 있다. 하늘에 나의 간절한 소망을 호소하며 이루어 주시길 간구하는 것이다. 그래서 영적인 작용으로 선몽을 받기도 하며 앞으로 일어날 일에 대한 예감이 일어난다. 그러므로 천살, 곧 상제를 충하게 되면 조상님과 집안 어른, 직장 상사나 윗사람과 충돌하며 불화하게 되므로 이때는 신불 앞에 나아가 기도나 고사를 지내는 것이 좋다.

천살은 일명 천형살天刑殺이라고도 하는데 충을 맞으면 예측할 수 없고 미스터리한 사건·사고 또는 질병이 발생하여 형벌을 당하거나 상해를 입기도 하니 조심할 일이다.

천살이 격국, 용신, 희신에 해당하면 신불과 조상님이 자신과 함께하는 형국이 되어 보살핌을 받고 수행자나 기도자는 신통의 길이 열리기도 한다. 그러나 기신, 구신에 해당하면 길 작용 대신 하늘의 노여움을 사서 뒤집어지는 변고가 생기며 신벌을 받거나 조상의 침범으로 인한 고통을 당하기도 하며 가뭄, 수해, 지진, 벼락 등 자연재해로 화를 당하기도 한다. 천살은 상제의 기운이니 자존심이 강하고 기가 강해서 친화보다는 불화가 많고 구설 시비에 소송을 불러오기도 한다.

년지 천살	고향을 일찍 떠난다
월지 천살	부모 형제와 멀리 떨어져 지낸다
일지 천살	부부 풍파(비행기가 이착륙할 때 먼지가 많이 인다)
시지 천살	자식이나 부인의 질병이나 근심, 고통

인연을 읽는 사주 명리학

지살 地殺

구성	삼합三合의 첫 자 (예: 寅午戌의 寅)

거주지의 이전이나 큰일을 구상, 계획하고 작은 일을 진행하는 등의 변화가 따르는데 해당 궁성에 따라 그 시기의 집중적인 변화, 변동이 발생하게 된다.

지살은 일명 가변살家變殺이니 평생을 통해서 이사와 변동을 많이 하게 되고 '쉬지 않고 돌아다녀야 하는 살'이니 집을 들락날락하는 경우가 많으며 이곳저곳 누비고 다니며 하는 일들에 인연이 많다. 그래서 일정한 곳에 오래 머물며 일을 하기보다는 일거리를 찾아 밖으로 돌아다니는 것이 적성에 맞다. 영업사원, 호별 방문 행상, 여행 가이드, 학습지 교사, 과외 교사, 해외 비즈니스, 외교관 등을 많이 본다.

지살운이 들면 해당 십성에 변화가 일어나게 되는데 인성 지살은 모친, 학문, 문서상 변동이요, 견겁 지살은 형제자매나 동료의 변화요, 식상 지살은 자식이나 아랫사람의 변화요, 재성 지살은 부친, 부인, 재산상 변동이요, 관성 지살은 직업상 변화에 따른 변동이 일어나게 된다.

년지 지살	기구신이면 고향 이별
월지 지살	흉신이면 조업 불승계
일지 지살	모친과 조별
시지 지살	각처에 인연을 맺는다

도화살 桃花殺

구성	삼합三合의 첫 자 바로 뒤 자 (예: 寅午戌의 卯)

호주, 호색기가 있어 이성을 좋아하고 풍류를 즐기게 되는데 심하면 방탕기로 흐르게 되고 몸을 상하고 재산까지 소모하게 된다.

여자는 얼굴에 화색이 돌고 애교기가 있어 남성들의 마음을 흔드는 매력이 넘친다. 남녀 모두 이성의 육체에서 품어 나오는 기운을 탐하고 즐기는 체질이니 바람기가 있으며 부적절한 관계에 이르게 되는 경향도 있다. 그러나 길성이 임하여 용신, 희신에 해당하면 정조 관념이 강하고 적절하게 자기를 억제할 수 있으니 그냥 주변으로부터 인기 많은 사람으로 살아간다.

도화는 일명 주색잡기살이 되니 술, 이성, 도박, 오락 또는 취미에 과도하게 빠져드는 집착이 강하다. 그런가 하면 복숭아밭에 꽃이 만발하듯 그 모습이 너무 예쁘고 그 빛깔에 자연스럽게 대중의 이목을 집중시킬 수 있는 매력을 지니고 있다.

문화, 예술, 방송, 정보통신, 백화점, 극장, 화려한 거리 등이 모두 도화의 기운을 사용하고 있다. 미용, 화장품, 피부관리, 네일아트, 유흥업소, 도박장, 러브모텔 등도 도화 기운을 활용한 것이다.

도화가 흉성과 함께 있고 일간이 감당치 못하면 도화로 인한 불미스러운 일이 크게 일어난다. 기신에 흉성이 임하고 삼합까지 되었다면 강제적인 정조 유린이 발생하고 아니면 자신이 흐트러지는 생활 속에 몸을 더럽히는 삶을 살기도 한다.

도화살은 남녀 모두 인기살이 되어 남의 관심을 많이 받고 살며 또한

인연을 읽는 사주 명리학

남의 이목을 집중시킬 수 있는 매력이 있다고 여기기 때문에 자신이 우선해야 하고 돌보여야 하는 왕자병, 공주병 심리가 있어서 자연히 주변인들로부터 시기와 질투를 받게 한다.

　애정사가 복잡한데 사주에 도화살이 없는 경우도 있다. 그런 경우에는 합이 많아서 그러하다. 합이 많으니 여기저기 얽히고설키는 인연이 많다 보니 애정사가 발생하기 쉬운 것이다.

　도화살 중에서도 년간을 극하는 경우에는 주색잡기로 부모나 조상의 재산을 탕진하게 되는데, 반대로 년간에서 도화살을 극하면 도리어 귀하게 되는 경우도 있다.

년지 도화살	성적 조숙, (남)연상 여인, (여)연하 또는 늙은 사랑
월지 도화살	출생 환경 불미, 서자, 불륜
일지 도화살	의부의처, 이성 구설, 배우자 불륜, 이성 망신
시지 도화살	늦바람, 기생 향락, 업소 취향, 소녀(년)외정

• **형살도화:** 성병 조심, 애정으로 관재 송사, 주색잡기 패가망신 수
• **갑합도화:** 미혼은 결혼, 기혼은 이성의 유혹으로 망신
• **간합지형:** 매너맨으로 보이나 알고 보면 색정이 강하고 수치심이 전혀 없으며 이성의 협박이나 저주를 조심해야 한다.
• **도화공망:** 성적 자제력이 강한 수행자 스타일
• **도화형충:** 음욕이 충동되어 자제력이 풀린 상태
• **도화양인:** 호색가로 과도한 설기로 명을 재촉
• **도화귀인:** 기부금을 받는 활동이나 유흥업이나 여성을 활용하는 업에 적합
• **도화길신:** 온화한 성품, 수려한 용모, 문무예능에 탁월

역마살 驛馬殺

구성	삼합三合의 첫 자를 충 하는 자 (예: 寅午戌의 申)

달리는 본능을 타고났으므로 용희신에 해당하면 입신양명의 길로 달리고 기구신에 해당하면 실속 없이 분주할 뿐이다.

분주하게 움직이는데 충을 맞으면 이미 진행되고 있는 모종의 움직임에 충격이 가해지니 변화인 이사, 이동을 포함해서 움직이는 상황을 조정하는 작업이 일어나게 된다. 진로 수정, 계획 수정을 하게 되며 그 결과는 용희신은 성공, 기구신은 실패로 규정한다.

역마에 장생, 건록, 제왕이 임하면 천 리를 단숨에 주파하는 천리마千里馬가 되어 길성 작용을 하는데 공망이나 사, 묘, 절지에 해당하면 원기가 고갈되어 힘을 못 쓰는 병약한 말이 되어 쉬어야 하는 휴마休馬라고 한다. 이런 경우에는 물질로 승부를 보기보다는 전문 분야를 개척하여 자격증을 가지고 활동하거나 예체능 분야로 계발하는 것이 좋다.

용신이나 희신, 그리고 길성이 임하여 있으면 그 특성을 활용하여 전문화하는 것이 좋은데 기신에 해당하면 발전할 수 없다.

역마살의 육합은 전쟁 상황을 의미하는 망신살인데 이것은 생사를 가늠하는 위험천만한 상황에 내몰리게 되니 예측할 수 없는 큰 사건 사고에 연루되어 피해를 당할 수 있으니 조심할 일이다.

원국 해석은 물론 행운 통변에서도 대세운 및 월운에 적용하여 역마와 망신이 육합하는 시기에는 각별하게 조심해야 한다.

망신살 亡身殺

구성	삼합三合의 가운데 자 바로 앞 자 (예: 寅午戌의 巳)

명실공히 존귀한 제왕 앞에서 섣불리 처신하다가는 망신을 당하기 십상이니 항상 조심해야 한다. 지위가 높아 봐야 제왕 아래요, 재물이 많다 한들 천하의 주인인 제왕보다 더할 수가 없다. 스스로 잘난 체하다가는 망신을 불러올 수가 있으니 마음을 겸손하게 가지고 하심해야 한다.

망신살은 적장敵將(劫煞)이 아장我將(將星殺) 앞에 나타나니 아장我將을 보호하기 위해서 싸움이 일어나게 된다. 그래서 망신살은 전쟁터로 작게는 구설 시비, 송사로부터 크게는 사건 사고로 살상의 피해까지 발생하게 되는 흉악살이다.

원국에 망신살이 있는데 충을 하면 겁살과 싸우는 형국이 항상 전쟁터를 방불케 하는 혼란을 몰고 다닌다. 유년流年에서 겁살이 들어와 충을 때리면 망신살에 해당하는 장부에 건강상 문제가 크게 발생하거나 해당 궁성이나 육친 그리고 십성에 문제가 발생하니 세심하게 살펴야 한다.

망신살이 격국과 용신이나 희신에 해당하면 인기살이 되어 한순간에 대중의 이목을 집중시켜 영웅이나 스타가 되기도 한다. 난세의 영웅들이 이러한 망신살을 타고 출몰하기도 하는 것이다.

또한 망신스러운 성질을 활용한 분야를 직업으로 삼을 수도 있다. 예로 배우나 모델이 망신을 각오하고 발가벗는 경우다. 망신살로 먹고사는 연예인들이 행사장에 입장할 때 보면 과다 노출이 많이 보인다. 팬들은 그걸 보고 그 연예인이 예쁘다고 환호하며 난리를 친다. 벗으면 상품성이 올라가기 때문일 것이다.

재성이 망신인데 용신이나 희신이면 망신살로 재물을 얻고 명성도 없을 수 있다. 그러나 기구신이면 실물, 손재, 도둑, 사기, 성추행, 성폭행 등을 당할 수 있으니 조심하여야 한다. 그러나 어떻든 망신은 전쟁을 치르는 상황임으로 그 마음에는 근심이 따르는 것이다.

망신은 호언장담을 잘하는데 길신이면 잠시 유행을 주도하게 된다. 그러나 기구신에 해당하면 주색잡기, 음탕, 시비, 신경질, 오만하며 전쟁터에서 살상을 주도하기 때문에 성정이 냉혹한 사람이다.

· 富庫亡身財:	년간의 오행이 망신 오행을 극하면 큰 부가 된다.
· 歲剋亡身:	망신오행이 년간의 오행을 극하면 망언, 저주, 허언장담을 일삼는 사람으로 사기꾼이나 사이비 종교인, 술사, 무당 등에서 많이 본다.
· 亡身六合:	흉작용이 더욱 심해진다. 망신은 일종의 충돌이니 낙상, 봉변 등을 조심하라.

一亡身	원시적인 야성을 갖고 있다.
二亡身	처자식을 극하고 성폭행도 불사한다.
三亡身	야수와 같다. 흉악한 사람으로 사이코패스 심리자다.

　　　　　　　인연을 읽는 사주 명리학

- 월지 망신은 삶의 무대가 전쟁터이니 구설 시빗거리가 많아 바람 잘 날이 없다. 전쟁이 나면 피난을 떠나야 하니 부모 형제를 가까이하지 말고 거리를 두고 살아야 그로 인한 구설과 피해를 예방할 수가 있다.

- 일지에 망신은 자길 좋아하지 않는 배우자를 만나서 지내다 보니 배우자의 외도 우려가 있으며 배우자의 불행한 죽음도 많이 목격하게 된다.

- 시지의 망신은 자손으로 인하여 전쟁 상황이 발생할 수 있으니 인간의 정리나 효행을 따지지 말고 각자 하는 일에 전념하며 열심히 사는 걸로 만족해야 한다. 전쟁 중인데 무슨 정리를 따지고 사랑놀이를 할 수 있겠는가?

- 망신은 전쟁 상황인데 일주와 합신合身하면 잠시 전쟁을 쉬는 중에 적군과 손을 잡고 화해의 술잔을 기울이는 형국이니 적의를 무너트리고 자기편이 되게 하는 교묘한 수완을 지닌 자이다. 이런 사람이 사주가 청하면 복록이 출중하고 연예인이 되면 1급 스타가 될 수 있고 사주가 탁하면 일개 무희舞姬로 연예인 가운데서도 뒷전에서 활동하는 사람이다.

망신살과 건강 이상 및 수술	
寅	머리, 간, 담, 팔다리, 신경통, 척추
申	폐, 대장, 관절, 치아
巳	얼굴, 눈, 화상, 심장병, 소장
亥	신장, 방광, 전립선, 자궁, 유방, 유산, 하혈

망신살과 건강 이상 및 수술	
寅	버스, 전봇대, 나무, 주먹질, 방망이, 風災
申	차 사고, 총, 칼, 수술칼, 쇠몽치, 중장비, 기계
巳	비행기, 번개, 가스, 불, 연탄, 전기, 舌戰
亥	水害, 물놀이, 선박 사고

장성살將星殺

구성	삼합三合의 가운데 자 (예: 寅午戌에 午)

세상의 중심인 제왕의 표시로 양인보검을 높이 치켜들어 천하를 호령하니 따르는 장수와 병사들이 그의 명을 받들어 따른다.

장성은 삼합의 중앙으로 권력의 핵심인 총사령관이요, 조직에서는 대표를 의미한다. 문무를 겸비한 지도력으로 만백성을 다스리며 백성들의 생활 향상을 위해 애를 쓰며 자기 소신과 주관이 뚜렷한 사람이다. 그래서 남과 타협하기보다는 자기주장을 관철시키며 묵묵히 자기 길을 가려 한다. 그래서 용신이나 희신에 해당하면 공권력 집행기관, 감사, 정보, 의약, 종교, 정치, 군인, 전문기술을 사용하는 직종, 목숨을 담보하며 수행하는 위험 직종, 가축의 생살권을 행사하는 직업 등이 적합하다.

그러나 장성이 기구신에 해당하면 범죄 단체의 우두머리도 되고 적군의 괴수에 해당한다. 장성이란 비단 사람에 한정한 개념이 아니며 건물 중에 우뚝 솟은 중심 건물이다. 차량으로는 힘깨나 쓰는 사람들이 타고 다니는 고급 승용차에 해당하며 집으로는 고급 빌라나 명품 아파트나 조용한 야외에 폼 나게 자리한 전원주택도 되며 대회에서는 대상을 수

상한 사람이라고 할 수 있다.

장군, 사장, 팀장, 단체장, 계주, 주장, 통반장, 고가 브랜드, 대표적인 명물, 대상 수상자, 장인, 중심가, 센터, 핵심

반안살 攀鞍殺

| 구성 | 삼합三合의 가운데 자 바로 뒤 자 (예: 寅午戌에 未) |

'말안장에 앉다'라는 뜻이다. 장군이 앉는 말 위에 좌석이요, 왕이 행차 때 타고 가는 가마를 말하기도 한다. 국가 통수권자가 타는 1호차가 되며 장군이 별을 달고 달리는 장군차도 된다. 또한 사람이 뒷심이 없으면 바로 서고 앉지를 못한다.

허리에서 받쳐주는 뒷심이 있어야 하듯이 인간 사회도 뒷심이 필요하다. 믿는 구석이 있어야 든든하게 세상을 살아갈 수 있다. 특히나 조직 사회에서 최첨단을 달려 나온 사람이 하루아침에 믿을 곳이 없이 뒷심 없는 신세가 되어 뒷방에서 소일하는 힘없는 사람이 되어서는 안 된다. 인생도 이와 같이 자기를 이해하고 챙겨줄 수 있는 사람이 있다면 든든할 것이다. 그래서 반안살이 있는 사람은 기대기를 좋아하고 기댈 언덕이 있기도 하다. 앉고 기대기를 좋아하는 심리 때문에 자가용을 좋아하고 없으면 택시라도 타고 다니길 좋아한다.

옛날 같으면 가마를 즐겨 타고 다니던 지체 높은 가문의 사람들이라 할 것이니 걸어서 다니는 것을 싫어한다. 반안살이 있는 사람은 출세 의지가 강하여 비록 제왕의 자리에서 한발 물러나 있는 시기이지만 아

직은 어떤 형태라도 자기 능력을 사용할 수 있는 기회는 있다.

반안이란 자기가 앉을 의자가 되니 항상 주변에 기댈 언덕이 있다는 것이 되며 어딜 가나 앉을 자리가 있으니 귀인으로 여겨지며 대접을 받는 입장이 된다. 또한 자기가 언제든 믿고 의지하고 기댈 수 있는 자리로 남다른 능력과 재주를 확보하고 있는 전문가의 별이기도 하다.

그러나 기구신에 해당하면 자신의 힘으로 살아가지 못하고 주변 사람에게 신세를 지며 살아가려고 할 수도 있다. 그렇지만 자신의 버팀목이 있다는 것은 인생에 큰 힘이라 할 것이다. 또한 반안살은 말 등을 꾸며 앉기 좋게 기구를 설치하는 의미로 요즘 말로는 자가용 좌석을 화려하게 꾸미는 소품이 된다. 꾸미기를 좋아하고 자기를 드러내는 현시욕이 강하다. 그래서 인테리어 감각이 뛰어나서 집안이나 사무실 또는 건물을 꾸미는 소품을 취급하기도 한다.

그런가 하면 장군이 출병할 때 입는 갑옷(甲衣)처럼 한 몸으로 움직이는 경호원이나 장군에게 필요한 것을 챙겨주고 조언하는 비서秘書도 된다. 그러므로 장성將星이 역마驛馬와 반안攀鞍과 함께하면 장군이 말을 타고 경호원과 비서를 대동하고 출정하는 형국이니 위풍이 당당해지고 아무나 함부로 접근하지 못하는 지체 높은 사람이 되는 것이다. 여기에 육해六害(육해: 驛, 가마꾼)를 보게 되면 가마꾼, 운전기사를 대동하는 것이 된다.

또한 화개살인 참모와는 파살破殺 관계임으로 서로 갈등을 빚는 사이가 된다. 왜냐면 참모 그룹에 속한 사람들이라도 장군 바로 옆에서 잡심부름을 하는 비서나 가정부, 집사라도 함부로 대하지 못하는 현실 때문이다. 주인 배경을 믿고 자기가 대단한 힘이라도 있는 것처럼 으스대는 것이 사람의 마음이기 때문이다. 그래서 사주간명을 할 때에는 반안살에 해당하는 육신성이 무엇이냐에 따라서 보필을 살펴볼 수가 있다.

예로 인성이 반안살이면 모친이나 윗사람, 후견인, 선생님, 믿고 의지하는 지인 등이 자신을 보살펴주는 작용을 하게 된다. 관성이 반안이면 관공서, 신분이 높은 사람, 직장 등에서의 보필(보좌, 도움) 작용이 있다고 해석하며 남자는 자녀, 여자는 남편이나 애인을 추가해서 보면 된다.

역마+장성+반안이면 대격이요, 반안(경호원)과 화개(참모장)는 서로 갈등한다.

재살災殺(수옥살囚獄殺)

구성	삼합三合의 가운데 자를 충 하는 자 (예: 寅午戌의 子)

재살은 수옥살로 재산, 재물을 탈취하고 구설 시비와 형액을 불러오는 재앙의 기운이다. 삼합의 지휘자인 제왕을 충격하러 달려드는 적의 병사로서 습격자요, 강도이다. 신약자는 피해가 크므로 적병에 굴복하고 그의 요구를 들어주어야 하니 재산상 피해가 일어난다.

년지, 월지가 충을 당하면 밖에서 해가 일어나고 일지, 시지가 충을 당하면 가정 문제로 재산상 상실이 일어나기도 하니 잘 분별하여야 한다. 또한 적병 노릇을 누가 하는가에 따라 구분이 있어야 하니 예로 겁이면 형제와 친구와 동료로 인한 손실이요, 식상이면 자식이나 부하 직원 또는 아랫사람으로 인한 손실이요, 재성이면 아버지나 처첩, 여자는 시어머니 등으로 인한 손실이요, 관성이면 직장관계나 자식으로 인한 것이며 여자는 남편이나 시집 형제로 인한 재물 손실이요, 인성이면 모친이나 서류상 사기로 재물 손실이 일어나게 되니 조심할 일이다.

모든 신살을 살필 때는 일간 위주로 살펴야 하지만 해당 육친이 재살의 피해를 당할 수도 있으니 폭넓게 살피도록 해야 한다.

예를 들어서 子水가 장성살인데 午火가 비견으로 재살되어 충을 때릴 때에는 형제, 자매, 친구, 동료나 이웃으로 인하여 나의 재물의 손실이 발생할 수 있으며 子水 편관성이 午火 수옥살의 충을 당하였으니 관성에 해당하는 직장 관계에서 또는 자식으로 여자는 남편으로 재산상 손실이 발생할 수가 있다는 것을 알아야 한다. 그리고 장성을 충하는 재살의 오행에 따라 일이 발생하는 시점(년, 월, 일, 시)을 읽어볼 수 있으니 참고 있으시길 바란다.

재살은 어디까지나 출처가 적의 우두머리인 겁살을 수호하는 적의 병사이다. 그러므로 언제든지 적의를 드러내서 혼란을 일으킬 수가 있다. 원국에 재살이 기신이며 흉살이 가중하는 가운데 운로마저 불길하면 적살賊殺의 난동으로 흉사를 일으키며 범법자나 비극적인 참사로 죽임을 당하기도 한다.

육해살六害殺

> **구성**   삼합三合의 끝 자 바로 앞에 오는 자 (예: 寅午戌의 酉)

말이 마구간에 매여 있다는 뜻으로 죽음을 인도하는 지옥 사자가 문 앞에 당도하여 묶어서 끌고 가려고 하고 이에 저항하면서 한판 싸움이 일어나는 것과 같다.

가을바람에 잎이 떨어지고 서리가 내려 알곡은 추수하고 쭉정이는 죽임을 당하는 시기이다. 잘못 살아나온 것에 대한 반성이 촉구되는 순간이다. 또한 육해살은 춤추는 무당격인 도화살과 상전하는 살이 되어 귀신과 싸우는 형국에 해당한다. 몸이 피로감에 쌓여있기 쉽고 이유 없이 골골하며 병치레로 몸이 허약하다. 의욕 없이 무기력한 생활을 하고 신경이 날카로워 상대하기가 쉽지가 않다.

신약 사주에 흉악살이 겹쳐 있으면 더욱 증세가 심해진다. 에너지가 고갈되어 체력 소모가 심한 일을 하고 나면 맥을 못 추린다. 기운 회복이 되려면 시간이 오래 걸리므로 먼 거리 여행, 힘든 일, 성관계 등을 삼가야 한다. 운동을 하더라도 체력 소모가 적게 들어가는 가벼운 체조나 걷기 운동이 좋다.

육해년이 들어오면 병으로 신음하거나 매사 답답하고 지겹게 느껴지는 한 해가 될 것이다. 마음을 편하게 갖고 기도나 명상 등 마음 수련을 하는 것도 육해살을 극복해 내는 데 도움이 된다.

해당 육친이 관성에 해당하면 조상과 자식, 인성에 해당하면 모친, 재성에 해당하면 부친과 처, 상식에 해당하면 자식과 아랫사람, 견겁에 해당하면 형제에게 오는데 누구에게 오던지 자신에게 해당함을 알아야 한다.

木 육해	風疾로 인한 신경과민, 신경통
火 육해	기관지, 천식, 망령기
金 육해	風疾로 인한 뼛속, 척추의 질환
水 육해	공황장애, 정신이상

이처럼 육해살은 질병을 일으키며 신약한 중에 살성이 강하면 의학상 규명이 어렵고 치유가 어려운 고질적인 증세를 보이게 된다. 살성을 극복하는 방법은 욕망을 절제하며 참회와 기도, 명상 생활이 효과적이다.

화개살華蓋殺

생로병사의 과정에서 죽음을 맞이하여 묘지에 묻히게 되는 것이다. 활동이 정지되거나 잠시 휴식의 시간을 의미하며 결과물을 수확하여 저장하고 보관하게 되는 기능이다.

화개살은 고지庫地 또는 장지葬地라고 하는데 잠시 보관하거나 저장하는 것은 창고가 되고 용도 폐기된 것을 처리하는 것은 장지라고 한다. 그래서 고지는 화폐를 보관하는 금고, 물건을 넣어두는 창고나 가방, 돈을 넣어두는 지갑, 의식 활동으로 얻어진 지식과 정보를 저장하는 두뇌의 기억 장치가 된다.

장지는 영안실, 무덤이나 납골당, 화장터, 쓰레기 처리장이나 집안에서는 음식물 쓰레기통, 휴지통이 된다. 물건을 보관하는 창고라 해도 책을 모아 보관하면 책꽂이나 도서관이 되겠고, 음식을 보관하면 냉장고가 되며 서류를 보관하면 서류함이 되며 보석을 보관하면 보석함이 되며 물건을 진열하면 진열장이 된다.

지살은 일에 대한 구상과 계획이며 제왕은 일을 주도하는 자요, 화개살은 일을 마무리하는 기능임으로 화개살이 형충파해를 당하면 일에 대한 마무리를 이루지 못할 가능성이 많아진다. 특히나 화개를 충하는 월살(장애살)을 보면 일이 성사 직전에 어긋나게 됨을 경계해야 한다.

화개살은 은둔 심리를 가지고 있어서 스스로 고독을 즐기고 종종 혼자서 잠적하여 힐링의 시간을 갖기도 하며 일을 하거나 남을 도울 때에도 자신을 드러내지 않고 숨어서 하는 경향이 있다. 그래서 연구직, 수행 분야, 예술가로서 한 가지 분야에 몰두하며 조용히 은거하는 경우가 많다.

화개살은 춘하추동의 변화를 주도하여 만물을 드러나게 하고 거둬들이고 저장도 하는 것이니 인성이 화개면 정신세계의 폭이 넓고 깊은 사람이다. 많은 정보와 지식을 소유한 사람으로 봐야 한다. 그 정신 속에 수만 권의 책들이 모여 있는 도서관을 소유하고 있다고 보면 된다.

또한 만물의 소유권이 자신에게 있는 것에 해당함으로 부동산이나 동산에 관한 알짜배기 문서를 지니고 있을 수도 있다. 문필, 학문 연구, 교육 지도, 문화예술 활동 등에 인연이 있다. 마음이 청고하여 안빈낙도를 즐기며 구도 수행에 전념하기도 한다.

정인이 화개살이면 지혜 명철하고 문장이나 예술에 뛰어난 사람이지만 관성이 없으면 평범한 사람이다. 고독을 주재하는 화개살이지만 격국과 용신이 잘 갖추어지고 운로가 좋으면 길하게 되고 평범한 사주자는 형제의 인연이 박하고 일에 장애를 많이 만나며 고독함을 면하기 어렵다. 그러나 욕심을 부리지 않고 구도 수행을 하면 청고한 인품으로 살게 되며 필요한 복은 저절로 오게 되는 이치가 있다.

화개살이 형충을 맞으면 전문 분야의 특기를 지닌 기술인, 예능인이 되어 동분서주하며 바쁘지만 의식 자족한 복은 누린다.

화개살이 공망을 맞으면 총명하여 공空의 도리나 하늘의 천리天理를 쫓아서 출가도인이나 신부의 길을 가게 되며 운로에서 들 때는 잠시 잠깐이라도 구도 수행의 삶에 몰두하기도 한다.

운로에서 화개살이 길신으로 작용하면 중간에 사람이 끼어들어서 진행하는 일의 마무리를 잘 지을 수가 있게 된다.

- 화개의 물상: 학교, 예술 공간, 박물관, 웨딩홀, 아파트, 종교단체, 수행 공간, 백화점, 공장, 시장, 병원, 요양원, 힐링 장소, 주색의 공간 등이며 조직을 떠받치는 하부 조직, 나무의 뿌리, 건물의 기초석이다.

겁살劫煞

구성	삼합三合이 끝 자 다음 자 (예: 寅午戌에 亥)

죽어 무덤에 장사지낸 뒤에 그 시신에 남아 있는 마지막 온기마저 사라진 상태이다. 죽어 몸을 벗고 그 뼛가루마저 바람결에 휘날려 사라져 버린 뒤 영혼은 고향으로 돌아간 상태이다.

겁살은 뺏고 빼앗기는 작용이라서 인정사정없이 진행된다. 우리가 화가 나서 욕하는 것 중에 "저 겁살 맞아 뒈질 놈"이란 욕이 있다. 이것저것 다 빼앗기고 한 번 죽어보라는 저주이다.

그렇다고 겁살이 나쁜 작용만 하는 것은 아니다. 격국, 용신, 희신에 해당하고 길성이 임하면 도리어 영웅적인 용맹으로 승부수를 띄워서 재물과 명예를 걸머지는 횡재, 입상, 영전 등이 일어나는 인기살이 되기도 한다.

문제는 기신이나 구신에 해당하고 흉성이 임하는 경우에는 문제가 크다. 자기는 물론 주변 사람까지도 해악을 끼치는 사회악적인 존재가 되기 때문이다. 그래서 흉하게 작용하면 살생, 상해하는 폭력성이 습관적으로 발휘되게 된다. 이런 경우에는 교도소에 들락날락하는 경우나 경찰서를 자기 집 드나들듯 하는 경우에도 해당한다. 천한 직업으로는 돈을 벌 수 있지만 고급 직업으로는 돈을 벌 수 없다.

부부간에는 남편이 손버릇이 안 좋아 후회를 거듭하면서도 화가 나기만 하면 부인에게 손찌검을 하는 것도 흉작용으로 나타나는 경우이다. 쉽게 타고난 천성을 다스리기 어렵다는 의미이다. 또한 도살업이나 무당(극단적인 언사를 많이 사용한다. 자식이 죽네 사네, 내 손에 장을 지진다는 등), 사냥, 고기잡이를 업으로 하든지 취미생활을 하는 경우도 많다. 그러나 살기殺氣는 또 다른 살기殺氣를 부르니 살생을 취미로 하는 것은 권장할 만한 것이 못 된다. 무엇을 직업으로 삼든지 겁살이 흉흉하게 날뛰는 사주는 성질이 거칠고 난폭, 흉악하여 언제 흉악한 짓을 할지 모르니 조심해야 한다.

甲申, 庚寅은 절지絶地에 해당하여 겁살 작용이 일어난다. 절각截脚으로 다리가 부러진 경우에도 해당하니 뭔가 두 동강이가 난 경우를 생각해 볼 수 있다. 국가적으로는 정변政變이나 전쟁戰爭이 일어날 소지가 많고 일주에 임하면 부부간에 파란 많은 세상사를 살아가는 데 의지가 되어주지 못하고 적과 대치하는 것처럼 힘들게 살게 된다.

겁살이 길하게 작용하면 외과의사, 정치, 경찰, 검찰, 법관, 군인, 감사, 운동선수 등 목숨을 담보하는 직업으로 나아갈 수 있다.

· 겁살이 길신(장생, 녹, 제왕, 귀인, 격국, 용신, 희신)이면 智略, 計略으로 大成大財하고 해당 궁의 육친의 도움으로 得財, 得名을 하게 된다.
· 주식, 노름, 부동산, 투자로 득재 또는 물건의 판로가 크게 열려서 횡재수. 저 작물이 크게 판매되어 橫財. 해당 육친의 得名, 得財.

一劫煞	일간이 감당하면 부귀가 스스로 온다.
二劫煞	폭력적인 성정으로 범죄 행위 가능성 많다. 경계하라!
三劫煞	인간성이 짐승과 같으니 가까이 지내면 절대 안 된다. 주변에 있으면 각별하게 경계하고 가까이 말라! 겁살, 망신살이 살성을 뛰면 대흉하다.

월살月殺(고초살枯草殺)

구성	삼합三合의 끝 자를 충 하는 자 (예: 寅午戌의 辰)

월살은 진행하는 일을 가로막는 장애물이며 소통을 중간에서 가로막는 장벽과 같아 앞으로 나아갈 수 없이 멈춰있는 상황이 발생하게 된다. 물이 흐르지 못하고 갇혀있는 물은 썩은 물로 쓸모가 없다.

삼합의 첫 자는 지살로 계획을 실천하는 시초가 되며 월살은 출정하는 제왕을 성안에 가둬놓고 움직이지 못하게 하는 격각살隔角殺이 된다. 또한 삼합의 끝 자인 화개살은 제왕의 출정이나 정사를 지원하는 참모며 지원 그룹인데 이곳을 충파하여 제왕을 고립시키고 다 된 일도 무너지게 한다. 그래서 월살을 '장애살', '중단벽', '침체' 등으로 표현한다. (예: 寅 - 午 - 戌 삼합의 실례)

寅木에서 午火까지 한 자를 건너뛰면 辰土로서 격각살이 되어 화개인 戌土를 충파시킨다. 이것은 寅木의 계획안이 辰土의 격각 작용으로 제왕(지휘부)에게 전달되지 못하게 하면서 후방인 화개를 타격하여 기능을 무력화시키는 것이다.

원국에서 월살이 기신 작용을 하면 해당 부위가 고질병 되어 두고두

인연을 읽는 사주 명리학

고 아프게 되고 세운에서 기신으로 작용하거나 월운으로 작용해도 원하는 성과를 기대할 수 없고 진행하는 일에 대한 중단이나 침체 상태의 늪에 빠져 고통을 당하기도 한다. 월살이 기신으로 작용하면 매사 불성하고 정신이 혼탁하고 부정(빙의)이 낀 듯이 재수가 없는 사람이 되며 광신적 몰입으로 망령에 붙들려서 삶이 망가지기도 한다. 고초살에 흉악살이 가중하면 자식 보기 어려운데 일시에 놓이면 장자長子가 다리를 절거나 아니면 손이 끊어질 수가 있다.

12신살神殺 신수身數 보기

① 천살天殺: 중음으로 떠돎

불안 심리, 분리, 독립, 여행, 기도, 신세 한탄, 조상망령, 천재지변(태풍, 홍수, 가뭄, 벼락, 전염병, 지진), 쇼크 사건(불, 전기, 가스, 폭약, 심장마비, 뇌출혈), 마비, 언어장애, 정신이상

② 지살地殺: 둥지 찾아 새로운 삶 시작

분주다망, 직장 이동, 업무 변동, 이사, 거주지 변경, 여행

③ 도화살桃花殺: 살림 시작, 색상의 조합

호기심 강, 모험, 교제 활발, 인기 만발, 색정 사고, 주색잡기(유흥, 오락, 투기)

④ 역마살驛馬殺: 보다 넓은 세상으로 나아감

속전속결, 분주다망, 신규사 발생, 자신감, 모험, 개발 개척, 선봉, 창의, 여행, 교통수단과의 희기 발생

⑤ 망신살亡身殺: 험난한 삶의 과정

위기 상황, 불측재난, 사건 사고, 망신, 도난, 실물, 사기, 주색잡기, 자만, 과신, 시끄러운 일

⑥ 장성살將星殺: 나를 따르라

발전적 행보, 진취, 직장 승진, 명예 성취, 사업 번창, 조직 통솔, 자존심 강

⑦ 반안살攀鞍殺: 기반 확보, 믿는 구석이 있다

진학, 합격, 취업, 승진, 번영, 대접, 이완, 꾸밈(화장, 포장, 위장, 치장)

⑧ 재살災殺(수옥살囚獄殺): 강하면 부러진다

구속, 납치, 감금, 입원, 송사, 사고, 불측재난, 불법, 탈선, 무례, 만용

⑨ 육해살六害殺: 세월 이기는 장사 없다

심신다곤, 무기력증, 물질 결핍, 정신 고통, 환경 부적응, 한탄, 신음, 장애, 고독, 지병

⑩ 화개살華蓋殺: 휴식과 힐링

고독, 휴식, 은둔, 기도, 구류, 구도 수행, 학문 연구, 재생 의지, 주색잡기, 위로받고 위로해주고

⑪ 겁살劫煞: 살벌한 죽음의 환경

전쟁터, 천재지변, 사건 사고, 겁탈, 강탈, 살상, 협박, 강제 조치, 급성 질환

⑫ 월살月煞(고초살枯草煞): 묘지에 안장

조상 망령, 잡귀신, 우울증, 과대망상, 불안 공포, 짜증, 이탈, 단절, 신경마비, 노이로제, 사업 부진, 현금 융통 차단, 투자 실패, 불화, 분리, 단절, 고독

6

• • •

12운성運星 이야기

태양과 지구와 달의 운동 속에서 춘하추동 사계절의 기후 변화가 일어나고 이 변화를 따라서 만물은 왕상휴수사旺相休囚死라는 과정의 삶을 살게 된다. 인간도 이러한 질서 속에서 움직이고 있는 것임으로 이를 12운성이라고 하며 줄여서 생로병사生老病死라고 하고 더 줄이면 생사生死라고 하는 것이다. 이 12 과정의 삶의 변화 과정을 살피게 되면 인간 삶의 흥망성쇠와 희로애락의 흐름이 구체적으로 드러나게 되어 있다.

절絶

식물은 본체에서 분리되어 씨앗으로 남아 있는 시기이며 사람은 육체에서 분리되어 허공 중에 영혼으로 떠도는 시간에서 남녀가 육체적으로 포옹하며 음양 교접을 할 때 여자의 자궁에 들어서는 시점까지를 의미한다.

- 마음이 산란하고 겁이 많다. 신약자는 피해 의식이 강하여 우울증이나 조울증을 앓고 성격 조절 장애를 겪기도 한다. 상대를 이해하고 포용할 여유가 없어 냉정하게 내친다. '나부터 살고 보자'는 주의다.

- 상처를 많이 준다. 자기가 짊어질 짐이 무겁다. 감정 조절이 힘들고 예민하여 외부의 작은 자극에도 과도하게 대응하여 문제를 확대시킨다. 정서 불안증이 있으므로 마음 수행을 통하여 자기 성찰의 시간이 필요하다. 심적인 기복이 커서 비양심, 불량아가 되기도 한다.

- 절처봉생絶處逢生하니 생명이 죽어 기운이 멸절된 최극점에 가면 다시 생기가 발생하게 되니 궁즉통窮則通하는 순환의 원리가 그것이며 사람에게는 중음신中陰身이 정자와 난자가 뭉친 물질 세포 덩어리에 들어오는 과정을 말하기도 한다. 그래서 포胞라고도 한다.

- 허공 중에 중음신中陰身으로 떠 있다가 부모를 찾아 들어오는 과정임으로 아직은 영혼이 그 육신이라는 터전을 잡기 전이며 이동하고 떠도는 과정이라서 현실적으로 힘을 쓸 수가 없는 무력한 상태이다.

- 변화를 좋아하고 새로운 것에 대한 호기심이 강하여 진득하니 한 곳에 오래도록 정착하지 못하고 떠도는 여행자 심리가 강하게 나타난다. 그러므로 즉흥적이며 감상적이 되어 그 순간의 감정이 최고점을 찍고 얼마 안 가서 식어버리기도 하니 책임감이 부족하게

　　　　　　　　인연을 읽는 사주 명리학

나타난다.

- 기분에 들면 달려들고 아니면 돌아서 버리는 철없는 아이의 변덕 스러움이 있다. 그래서 사랑을 하더라도 금방 달아올랐다가 식어 버리고 하니 깊은 사랑을 나누기가 어렵다.

- 판단력이 약하고 즉흥적, 감상적이 되다 보니 순간의 감정에 따라 쉽게 마음의 변덕이 일어나고 사람을 사귀다가도 비교우위 상대가 나타나면 사귀는 사람을 팽개치고 떠나버리는 무책임성이 있다.

- 대체적으로 어린이들은 단순하고 맑은 마음의 소유자들이지만 절絶의 성분은 자기 위주며 자기 방어기제가 과잉 작동하고 인정머리 라고는 없는 냉혹한 면을 가지고 있는데 이것은 그의 마음 깊은 곳에 피해 의식이 자리하고 있다는 뜻이다. 그러므로 겉모습은 착하고 유약하게 보여서 모성애를 자극하여 동정심을 일으키는 면이 있어서 자기보다 나이가 많은 연상과 인연됨이 많다.
터전을 잡지 못하고 바람 따라 움직이는 구름 같은 나그네 심리와 현실 안정이라는 필요성이 만나게 되면 자기에게 일방적으로 희생하며 챙겨줄 수 있는 사람이 아니면 관계가 성립되기 어렵다.

- 어느 궁성에 있는가에 따라서 해당 육친의 인연의 친소를 알 수가 있다. 월지에 있으면 부모와 형제의 인연이 끊어진 것이요, 일지에 있으면 배우자와 인연에 문제가 생길 것이요, 시지에 있으면 자식을 갖기 어렵고 가져도 키우기 어렵고 키워도 인연이 없는 것이다.

– 죽음이란 육신을 물질적인 요소인 지수화풍 사대로 돌아가고 정신 활동의 주체인 영혼은 허공 중에 떠돌며 이리저리 흐르는 몸과 맘이 분리된 상태를 절絶이라고 하므로 기가 허약하고 마음이 몹시 여려서 주변의 말에 쉽게 속기도 하며 손해를 보기도 한다. 그래서 어려서부터 이런 사람은 "넌, 귀가 얇아 탈이야!"라는 말을 자주 듣게 된다.

– 여명은 사랑하는 사람에 대한 독점욕이 대단한데, 이것은 어린아이가 보호자인 어머니가 눈에서 벗어나면 울어대는 불안 심리와 같다.

– 마음의 기복이 매우 심하고 끈기 있게 한 가지 일을 이어가거나 한 사람을 마음 깊이 사랑하기가 어려운 사람이기에 마음 수행을 통해서 자기 마음의 변덕을 관찰하는 힘을 길러서 행동거지를 무겁게 가져가도록 노력할 필요가 많은 사람이다.

– 좋게 말하면 유행 따라 멋을 부리면서 인생을 즐길 줄 아는 멋쟁이라고 할 수 있다. 마치 배우가 한평생 영화 대본에 따라서 여러 역할을 선보이며 변화무쌍한 인생을 살아가는 것과 같다. 배우는 배역에 따라서 의상과 액세서리를 바꿔야 하고 파트너도 달라진다. 그래서 절絶의 인생은 일명 광대와 같은 심리를 가진 자라 할 것이다.

– 종묘원, 명상, 요가, 기도원, 연구, 교육, 종교, 철학, 심리, 신학, 퇴마, 생명공학, 물리학

태胎

지적인 활동은 순조로우나 외부적인 교섭에는 약하다. 사람이나 식물이나 어리고 여리고 약한 것을 상대로 보호하고 기르고 가꾸고 하는 분야가 좋다. 음양이 만나서 포용하는 것이니 미완의 숙제가 해결되기도 하고 발전이 따르기도 한다.

허공 중에 떠돌던 영혼이 연이 된 여자의 자궁 안에서 착상한 상태로 임신한 것을 의미한다. 새로운 인연을 만나고 도움을 줄 보호자와 기댈 언덕이 생기고 혼자인 사람은 함께할 사람을 만나기도 한다.

– 절처봉생絶處逢生하는 자연의 도리에 따라서 아버지의 정자와 어머니의 난자가 만난 수정체가 자궁에 수태되어 태아가 형성되니 온실 속의 화초처럼 든든한 보호자가 필요한 시기로서 순수하지만 홀로서기 할 수 있는 힘이 부족하며 겁이 많고 초조하다.

– 자궁 안에서 지내면서 태어날 미래에 대한 꿈과 희망을 먹고 지내는 상황이며 또한 유산되지 않고 살아남아야 하는 불안 심리와 어떻게든지 살아남아야 한다는 생존 욕구가 강하다. 그래서 외부와 부딪힘을 싫어하고 평화로운 환경에서 안정하며 살기를 원한다. 일명 '비폭력주의자', '평화주의자'이며 외부와 격리된 공간에서 연구, 실험, 기도, 수행, 요양 등에 특성을 갖기도 한다.

– 자궁 안에서 탯줄에 의지해서 자라는 상황임으로 독립 정신이 부족하고 의존 심리가 강하고 겁이 많다. 이성보다 감정이 우선하고 계

획에 없는 즉흥적인 행동을 하며 성실함이나 책임감이 부족하다.

- 월지나 일지에 있으면 심성이 맑고 착하고 순수한 사람으로서 상
대방의 부탁을 거절치 못하고 쉽게 받아들임으로써 나중에 감당할
수 없는 처지에 몰려서 피해를 당하기도 하는 등 '선택 장애', '판단
장애'가 있다. 영혼이 태중에 갇혀서 자라는 기간이니 세상 돌아가
는 물정을 모르기에 누군가의 제안을 뿌리치지 못하고 받아들여서
피해를 당하는 경우가 생긴다.

- 외부적인 상황을 감당해야 하는 준비가 안 되어 있어서 자기에게
힘이 되어주는 형제나 친구는 좋아하고 이성 간의 관계는 감당할
마음이 되지 못하여 두려워서 뒷걸음질한다.

- 절絶이나 태胎는 부모의 안전한 보호망 속에서 태아로서 길러지는
과정이므로 이성을 사귀면 자기하고만 눈을 맞추고 자기만 위해주
기를 원하는 강한 집착증을 보이며 한 번 좋아하는 상대가 정해지
면 쉽게 마음이 바뀌지 않고 꾸준히 이어 나간다. 그래서 첫 만남,
첫 정을 중시한다.

- 숙박업, 시험관 시술, 웨딩, 중개, 중매, 상담, 영업, 무역상, 외교,
성인용품, 속옷장사, 잠자리 소품

양養

　모체 안에 있는 태아가 길러지는 과정으로 세상 무대에 태어날 날을 차분하게 기다리는 시기이다. 만삭인 산모는 배를 남산만큼 내밀며 아무리 바쁜 일이 생기고 걱정거리가 생겨도 뛰지 않고 느긋하게 걷는다. 그것은 자기보다 태아를 우선적으로 보호하려는 심리가 작용하기 때문이다.

　'꿈을 품고 소처럼 어슬렁어슬렁 걷는다', '느긋하게 기다림', '나보다 상대가 우선' 어머니의 뱃속에서 영양물질을 끌어모아서 영혼이 거처할 몸을 만들어 내니 부모나 세상으로부터 물려받을 것이 많은 상속의 별이 되기도 한다.

　그리고 길러지는 과정을 마치면 모체로부터 분리되어 고독한 순간을 맞이해야 하고 부모 형제와 떨어져 자라거나 지내거나 하는 경우가 많이 생기니 육친 간의 정을 충분히 나누고 지내기 어렵다. 그래서 태어나서 자란 고향과 집과는 인연이 없으니 멀리 떨어져 지내는 것이 더욱 자기 발전에 도움이 된다.

　－ 월지나 일지에 있으면 자신이 양자로 가서 길러짐을 받고 상속자가 되기도 하며 부모 이외 부모를 만나서 재산을 물려받는 횡재도 생기기도 한다. 양은 물려받는 상속의 별이기도 하니 부모 재산을 물려받을 장남이 많으며 차남이나 여자라도 이 별이 있으면 상속자가 되는 것을 많이 본다.

　－ 낯선 새로운 환경에 적응해 나오는 가운데서 자연스럽게 생존을

위한 둥글둥글한 처세를 익히게 되고 원만하고 온화한 신사숙녀 기질에 융통자재한 처세술이 익혀지게 된다.

- 일지에 있으면 중년에 생리사별의 위기가 있으니 조심하여야 한다.

- 시지에 있으면 내 자식이 양자로 갈 가능성이 있고 남의 자식을 양 자로 들여 함께할 수 있게 된다.

- 만삭이 되어 이제 태어날 날만 손꼽아 기다리게 되니 그동안 기르 면서 힘들었던 불안하고 초조한 시간은 지나가고 기뻐할 시간을 느긋하게 기다린다.

- 양육, 대학 진학, 취업, 결혼 생활 등을 자기가 태어난 집과 형제들 과 떨어져 먼 지역에서 하는 경우들이 생긴다. 그래서 자식의 사주 에 양이 있으면 일찌감치 멀리 보내서 공부시킬 준비를 하는 것이 좋다.

- 장학 사업, 꿈나무 재능 육성, 보육원, 산후조리원, 어린이집, 유치 원, 요양원, 영양사, 조리사, 식당, 식품, 건강 보조 식품, 양식업, 농축수산업, 건강 체조, 봉사 활동, 교육, 꽃 재배

생生

세상에 태어나 젖을 먹는 갓난아이 시절이다. 모태에서 독립하여 이 세상에 모습을 선보이는 甲木의 시간이 되었다.

압축된 스프링이 풀리면서 뻗어 나가듯 나무 넝쿨이 거침없이 전진하듯 생동감 넘치게 자기 뜻을 펼쳐나가게 된다. 물질과 정신 모두 나날이 발전이 있다.

세상에 갓 태어난 아이이니 천진난만하고 모든 것이 예쁘게 보이며 어머니와 가족의 관심 속에서 온갖 사랑을 독차지하고 성장하는 데 필요한 것을 다 제공받으며 부족함이 없다. 그래서 새로운 일을 시작할 때는 자신을 돕는 귀인의 도움 없이 혼자서 하면 안 된다. 그러므로 장생長生은 독자적으로 일을 펼치기에는 부적합함으로 지원자를 만나지 못하면 창업을 하면 안 되며 차라리 직장생활이나 학문 연구 및 기술 개발 분야로 나아감이 안정된 생활이 될 것이다.

- 모태 속에서의 꿈을 본격적으로 펼쳐낼 기회를 만났으니 희망에 부풀어 있으며 성취에 대한 기대감 때문에 매우 긍정적인 마인드를 가지고 있다.

- 장생長生이란 도우며 필요한 것을 제공한다는 의미도 있으므로 제왕처럼 앞서서 나가기보다는 측면에서 비서나 참모가 되어 2인자로서의 길을 가는 것이 적합하다.

- 장생長生은 갓 태어난 아이이기에 성정이 부드럽고 온순하고 재기

발랄하고 모임에 있었어도 빠지면 안 되는 분위기 메이커 같은 존재이다. 그래서 장생長生은 시비에 참여하지 않고 자기를 과시하려고도 않으며 원만한 처세를 위주로 하므로 주변으로부터 평판이 좋다.

– 남녀 모두 장생은 좋은 성분인데 여자에겐 다시없이 좋고 남자에게는 좀 유약하여 주도적으로 상황을 차고 나가기에는 부족하여 록이나 제왕을 만나야 강유를 겸비한 지도자가 된다.

– 어떠한 고난과 역경이 와도 좌절을 모르며 오늘은 험난하여도 반드시 내일은 좋은 일이 일어날 것이라는 희망이 가슴 속에 가득하다.

– 아이디어 뱅크라 할 정도로 창조적인 사고의 소유자로 새로운 상황에 잘 적응해 내며 새로운 상황을 만들어 내기도 하는 등의 창의성이 뛰어나고 연출적인 능력도 탁월하다.

– 월지나 일지가 장생이면 부모 형제, 윗사람, 배우자의 덕이 있으며 심성이 맑고 착하고 원만한 처세를 함으로 주변의 신뢰가 따른다.

– 생명공학, 연출, 연구, 개발, 개척, 신규 사업, 생산, 기획, 기업 컨설팅, 생수, 교육, 문화, 출판, 창작, 방송, 홍보, 날 것, 살아 있는 것

인연을 읽는 사주 명리학

욕浴

 5~7세 무렵 젖을 떼고 스스로 밥을 먹을 수 있는 유아기 시기이다. 세상에 대한 호기심과 세상 물정을 모르는 천지난만의 시기로 감성이 살아 숨 쉬고 감상이 최고조로 발휘되는 시기임으로 그의 눈에 들어오는 세상은 신비로 가득 차 있다. 세상 돌아가는 현실을 모르고 사리 분별력이 부족하니 감정이 앞서서 겁 없이 덤벼드는 무모함이 있고 어린 아이라서 반성적 사고가 없으니 시행착오를 반복하게 된다.

 – 기찻길에서 놀다가 마주 오는 기차를 보고도 무서워 않고 도리어 달려드는 무모함이 있다. 그래서 일명 '천방지축, 철부지'라고 하는 것이다. 또한 발가벗은 몸으로 길거리를 쏘다녀도 부끄럼을 모르고. 지나가는 모르는 사람이 사탕을 주며 유혹하면 받아먹고 쫓아가는 위험천만함이 있다.

 – 어린아이처럼 주변을 어지럽히고 정리정돈이 안 되며 호기심 따라 움직이지만 좋아하고 싫어하는 감정이 순간순간 일어나서 종잡을 수가 없으며 무언가에 홀린 듯이 빠져들어 옆에서 누가 말을 해도 들으려고 하질 않는다.

 – 사주가 맑으면 사교 능력이 뛰어나고 모임에서 빠지면 안 되는 꼭 필요한 분위기 메이커이며 호감을 갖게 하는 매력이 있다. 그러나 사주가 탁하면 어두운 환경에서 발가벗은 성분이 나타나게 되니 천하게 멋을 내면서 화류계 생활을 하거나 유흥적인 분위기에 심

취하는 생활을 하게 된다.

‒ 일명 '공주병, 왕자병'으로 불리며 자기가 튀어야 사는 기분이 들고 하니 주변의 시선을 자기에게 집중하게 하려고 멋을 부리는데 돈을 물 쓰듯 하고 과도한 몸짓으로 상대의 마음을 현혹하려고 하는 등 변화무쌍하다.

‒ 어린아이는 한군데 가만히 있지를 못한다. 초지일관을 못 하고 변화를 좇아서 움직임 속에서 일하는 직업을 갖는 것이 좋다. 내근보다는 외근이 좋고 장소를 옮겨 다니면서 하는 일이 적성에 맞다.

‒ 어린아이는 장난감을 좋아하며 가지고 놀다가 싫증 나면 또 다른 장난감으로 교체해야 한다. 남이 재밌게 놀면 금방 따라서 하듯이 남이 돈을 벌었다든지 하면 혹해서 일을 쉽게 저지르다 낭패를 당하기도 한다. 유행에 민감해서 치장도 때때로 바뀌니 한두 번 사용하고 싫증 나서 보관하는 옷, 보석, 신발이 일명 백화점 진열장과 같다.

‒ 유행에 민감하고 체질이 예민해서 변화를 자주 타니 연애든 친구든 한 사람을 꾸준히 사귀지 못하고 직장이나 이용하는 가게도 이곳저곳으로 자주 바뀌고 그것을 멋으로 여기고 즐긴다.

‒ 세상 물정에 어두워서 사리 분별력이 약하고 사람을 알아보는 안목이 부족하니 감언이설에 넘어가 사기를 당하여 험난한 경우를 당하기도 하니 조심해야 할 부분이다.

– 주색잡기살에 해당하여 유흥을 즐기고 도박, 오락, 투기성 있는 게임 등에 취미를 가지기도 하며 풍부한 풍류심을 계발하여 노래, 춤, 악기 연주 쪽으로 직업을 갖기도 한다.

– 욕이 기신으로 작용하면 입이 거칠어 상대의 가슴에 큰 상처를 남길 정도의 막말도 예사로 하고 협박, 폭언, 저주도 서슴지 않는다. 남에게 구정물을 뿌리며 더러운 인생을 살기도 한다. 그러나 희신이면 정반대의 작용이 일어나서 묻은 때나 먼지를 씻어내는 직업 활동을 하면서 오염된 세상을 맑히는 향기 나는 연꽃 같은 삶을 살기도 하는 등 그 선악 간의 차이가 크다.

– 흥신소, 감사, 검사, 수사, 세신사, 세차장, 마음 수행(세심), 운명학자, 해독 전문가, 세탁업, 청소업, 주방 근무, 깡패, 도둑, 술집, 접대부, 제비, 꽃뱀, 오폐수 처리, 미화원, 성추행범, 모텔, 성인용품, 속옷 장사, 속옷 모델, 화장품, 보석, 명품 가구

대带

허리띠를 두르고 제복을 입으며 포부도 당당하게 자신의 실력을 갈고 닦는 학습과 기술 숙련의 과정으로서 나날이 향상 일로를 걷는 시기로 인생에 있어 고등학교 정도의 시기로서 무례하고 관재구설(월살)을 일으킬 소지가 다분한 시기이다.

허리와 어깨에 힘이 강하게 맺히고 두 주먹에는 불끈 힘이 들어가는

자신만만의 시기이다. 예의범절을 익히고 마음 씀씀이와 행동거지를 조절해 내는 시기이다. 육체적으로는 어른이 다 되어 있지만 정신적으로는 아직 세상 물정을 다 깨닫지 못한 미성숙한 상태이므로 여러모로 실수도 따르기도 하는 시기이다.

- 씨름판에 장사가 샅바를 허리에 매고 힘을 써 보는 당당한 모습이니 싸움에서는 반드시 이겨야 한다는 호승 기질이 강하다. "누구든 나를 건들면 가만두지 않겠어!"라고 하듯 강함을 느끼게 한다.

- 허우대는 힘이 꽉 찬 당찬 모습에 정신은 살아있고 몸을 날렵하게 움직일 수 있으니 이런 친구 한 명 정도 보디가드로 데리고 다니면 든든할 것이다.

- 월지나 일지에 관대가 놓이면 "나는 나야!"라는 아집과 독선이 대단하다. 몸은 어른이 다 되었으나 정신적으론 미성숙의 단계이니 방어기제가 작동하여 과잉 대응을 하게 되므로 자신의 부족한 점을 지적하면 '욱!' 하는 성질을 부리게 된다.

- 남의 약점에는 거침없이 공격을 퍼붓기도 한다. 생각은 짧고 용기는 넘치니 마치 쭉정이처럼 뻣뻣하게 고개를 하늘 높이 치켜드는 거만함이 있고 호승 기질이 강하여 지고는 못 사니 수단 방법을 가리지 않고 반드시 이기려고 달려드는 찰거머리 성질이 있다.

- 인정머리가 없고 배려심이 없어 주변에 적들을 만들고 사는 편이니 하늘은 높고 세상은 넓다는 것을 알아 겸손을 배워야 하며 더

많이 세상 물정을 배워서 부족함을 채우도록 노력해야 한다.

관冠

대帶에서 혁띠를 두르고 관冠에서 갓을 썼으니 이제 정규 과정의 공부를 마치고 전문 분야의 자격증을 따고 결혼해서 일가도 이루고 직장을 얻어서 생업에 종사도 하고 사회 조직에도 인연을 맺어 활발하게 사회 활동하는 시기가 된 것이다.

그래서 관은 독립된 가정을 이루어 성인으로서 '홀로서기'를 하고 돈을 벌기 시작하여 가정을 꾸려갈 수 있다는 의미이며 직업인으로서 돈을 벌기 시작했다는 '록'의 의미를 지녔다.

- 록은 육체와 정신 모두 성숙 단계에 진입한 것으로 자기 주체를 확립하고 전문 분야와 세상 물정에 밝으며 홀로서기를 한 상태가 된다.

- 월지에 록이 있으면 부친을 극하고 재물을 놓고 형제가 쟁재爭財 함으로 부친과 형제의 덕이 약하니 일찍부터 독립정신이 강하다. 그래서 월지록은 자립심과 독립정신을 상징한다.

- 여명이 일지에 록이 있으면 배우자 덕이 박하여 생활 전선에 나서야 하는 직업여성일 경우가 많은데 남편성이 잘 짜여 있으면 그 남편이 록을 먹고 출세하여 부귀영화를 누릴 사람일 수 있다. 아니면 남편 덕이 없어 스스로 활동해서 먹고 살아야 한다.

- 자주독립의 정신을 상징하는 록이 월지나 일지에 있으면 일찍부터 부모의 지원을 멀리하고 자기가 노력해서 자수성가의 길을 개척하며 출세를 위해서 나아간다.

- 책임감이 강하여 자신의 맡은 바는 철저하게 잘 처리하지만 융통성이 부족하고 답답하기 짝이 없다. 그러므로 남 좋은 일은 많이 시키나 자기 실속을 챙기는 것은 부족하다.

왕旺

태양처럼 스스로 지존이라는 자존심이 특별나다. 천하를 호령하는 제왕처럼 넘치는 기세는 꺾일 줄 모르고 강한 기운을 뿜어내니 그 누구에게도 굽힐 줄 모른다.

자기 분야에서 최고의 자리를 확보하여 지도적인 활동을 하고 싶어 능력 배양을 위해 전력투구를 하게 되니 장長 소리를 듣게 된다. 그러나 강한 기세에 맞게 자신의 능력을 발휘할 자리가 확보되어 있지 않으면 극성을 부리다가 결국은 부러지는 불상사를 초래하게 된다.

- 여자가 왕일 경우에는 독신이 아니라면 부부가 죽기 살기로 한 치의 양보 없이 부딪치니 불행이 계속된다.

- 그러므로 제왕이 되려면 먼저 인격 수양과 사회적 책임을 감당할 만한 전문성을 확보해서 이해와 포용과 덕망있는 사람이 되어 지

도자의 길로 나아가야 한다. 그러나 자기 준비가 되어 있지 않은 사람은 가는 곳마다 천덕꾸러기가 되어 외면당하니 정상적인 사회 적응이 어렵게 되고 그러다 보니 남의 것을 빼앗기도 또는 자기 것을 빼앗기기도 하는 등 인생사 풍파가 많다.

– 건록은 밥솥 안에서 밥알이 다 익어 뜸들이는 과정이라면 제왕은 밥이 다 되어 이제 먹을 수 있는 단계로 인생사에 대하여 완숙의 경지에 이른 사람이다.

– 건록이 주어진 일을 자기 책임하에서 철저히 수행하는 것이라면 제왕은 살아나온 경험이 풍부하여 사실 위주와 능률 위주로 일을 처리해 내는 융통자재하고 능수능란한 능력자이다.

– 일지와 월지가 제왕이면 남녀 모두 장부 소리를 들으며 포부가 크고 당당하며 수완이 뛰어나다. 건록이 원칙주의자로서 틀 안에서 자기에게 주어진 일을 열심히 하는 사람이라면 제왕은 틀에 얽매이지 않고 효율성 위주로 과감하게 일을 처리해 나간다.

– 일지가 제왕이면 부부의 금실을 논하기 어렵다. 제왕을 상징하는 보검 위에 엉덩이를 대고 앉아 있으니 가시방석일 수밖에 없어 좌불안석이며 서로 보면 죽기 살기로 싸우게 된다.

– 건록은 틀 안에서 능력을 발휘하는 자이며 제왕은 틀을 넘나들면서 능력을 크게 발휘하여 자수성가를 한다. 마음에 칼을 지닌 자이니 아무리 험난한 인생사를 겪어도 칠전팔기의 오뚝이 인생을 살

면서 성공을 향해 나아간다.

– 전문 지식인, 전문 기술인, 공권력 집행자, 외과의사, 군인, 스포
츠맨, 요리사, 도축업자, 성직자, 명리학자, 조직 대표, 책임자, 두
목, 사장

쇠衰

이제 왕성한 기운을 발산하여 뭔가 이루려고 시도를 할 때는 지나가고
있다. 제왕으로서 적극적 개혁의 시기가 지나가고 보신 위주로 안정된
삶을 계획해야 한다. 제왕이 열정이 식으면서 온화함으로 바뀐 것이다.

왕성한 기운을 발산하여 기운이 빠지면서 중심이 한쪽으로 기울게 되
어 미래에 대한 안정된 설계를 하게 되고 노후를 보장받을 수 있는 준
비에 관심을 갖게 된다. 현실에 맞서서 뭔가를 이루려 하기보다는 정신
방면에서 조용한 업무에 충실함이 적합하다.

패기로 밀어붙이던 젊은 날이 지나가고 이제는 원만하고 노련함으로
무엇이든지 감당할 수 있는 능력은 있다. 한 발 뒤로 물러서서 뒷짐을
지고 차분하게 상황을 읽어내고 온순하게 대응하는 온화한 처세를 하게
된다. 그 속에 삶의 여유와 노련함이 배어있고 속이 꽉 찬 실속이 있다.

상황을 능동적으로 주도하기보다는 주어진 일을 성실하게 꾸준히 처
리해내니 안정감을 느끼게 한다. 자기의 주장을 내세우기보다는 상대
의 말을 경청하며 가능한 한 수용해서 응대하는 여유가 있고 기다림의
미덕을 알아서 언제까지나 참고 견딜 수 있는 여유를 가졌다.

자기 색깔을 드러내지 않으므로 상대와 의견 충돌로 다투지 않으며 가능한 적을 만들지 않는다. 그러므로 월지와 일지가 쇠궁에 놓여있으면 여성성이 강하여 소극적이라 나서길 꺼리며 경쟁을 멀리하여 유약한 면을 갖는다.

– 정신적인 성숙을 거쳤으므로 요령 피우지 않고 성실함으로 꾸준히 상황에 임하게 되니 믿음이 가는 사람이다. 그래서 여명에 해당하면 집안일에 열중하여 어른 봉양하고 남편에게 내조하며 자녀 교육에 신경을 쓰니 어질고 현명하며 살림 잘하는 사람으로 평가를 받게 된다.

– 관대왕과 쇠는 강유로 비교되는 상대적인 성질을 서로 보충해주는 한 쌍의 아름다운 궁합이 된다.

– 인생의 황금기인 관왕의 시기를 지나 몸이 쇠하여 한 발 뒤로 물러서 있는 쇠는 일명 '애늙은이'라 불리는데 이것은 어릴 적에도 똑같이 불렸던 것이기도 하다.

– 월지와 일지에 쇠궁을 보면 남명은 소심하고 결단력이 부족하여 유약하게 보이고 여명은 소심은 하지만 착하고 순종적이며 자기일 스스로 알아서 말없이 처리하는 모범 인생이요, 현모양처이다.

– 다도, 요가, 기공, 명상, 종교 신앙, 문화생활, 노후 설계, 보험, 어린이집 보모, 유치원 교사, 요양보호사

병病

기운이 많이 쇠락하여 몸의 여기저기에 이상이 생기고 정신 기능도 약화하여 정상적인 거동이 어렵게 되니 병의원을 내 집 드나들듯 하는 시기이다.

글이나 쓰고, 가르치고, 보살피는 일이 적합하다. 주도적인 일보다는 보좌적인 업무가 좋으니 비서나 참모직이 좋으며 전문직도 괜찮다. 소일거리로 민간요법을 배워서 봉사 활동을 해도 보람될 것이다.

- 몸이 불편하면 움직이기도 싫고 누가 간섭하는 것도 짜증 나고 만사가 귀찮은 법이다. 우울하기도 하고 감상적이 되어 사소한 변화에도 감정 기복이 심하게 일어나기도 한다.

- 가능한 조용한 곳을 좋아하며 누군가 믿을만한 사람을 옆에 두고 기대고 싶은 마음이 강하다. 같이 먹고 같이 걷고 같이 돌아다닐 사람을 선호하게 된다.

- 인연법으로 병궁病宮에 해당하는 상대를 만나면 세심한 배려심으로 자신을 돌봐주게 되니 좋고 대궁帶宮을 만나게 되면 거칠고 불친절한 사람을 만나게 되니 좋지가 않다.

- 월지나 일지에 병궁病宮을 보면 병과 인연이 많은데 건강과 의료 관련 일을 하면 돈도 벌고 자기 몸 관리도 되어 좋다. 아니면 종합병원 소릴 들어가며 병원 문턱이 닳도록 드나들거나 배우자나 식구

중에 누군가를 병간호하며 지내야 하는 경우를 겪을 수도 있다.

– 병문안을 자주 가게 되거나 어려운 사람들을 보살피는 봉사 활동
을 하거나 베푸는 일과 많이 연관되는 시간이 많다고 할 수 있다.

– 늙어 병이 들어 병석에 누워 있다 보니 마음이 쓸쓸한데 누군가가
찾아와서 손이라도 잡아주고 따뜻한 말 한마디라도 건네주면 얼마
나 기뻐하겠는가? 그래서 병궁病宮을 가진 사람은 어려운 사람을 보
면 지나치지 못하고 눈물을 흘리며 챙겨주고 싶어 하며 그와 함께
해주고 싶어 하기도 한다. 한마디로 인정머리가 많은 사람이다. 자
기가 관심받고 싶은 마음이 어려운 사람을 보면 그에게 그대로 나
타나게 되는 것이다.

– 근심 걱정이 많은 편이며 비현실적인 생각, 공상, 상상을 많이 하
는 편이 되니 감동을 잘하고 눈물을 자주 흘리게 된다.

– 병의원, 간호, 간병, 약초 재배 및 판매, 건강식품, 건강 밥상, 제
약 회사, 치료 기공, 민간요법, 약수, 수지침 봉사

사死

몸의 기능이 정지되어 영혼이 분리되어 죽음을 맞이했으니 그동안 이
어온 삶은 멈추게 된다. '삶과 죽음에 대한 의미가 무엇인지?' 몸의 기

능이 멈춰진 뒤에도 '영혼은 또 다른 삶으로 이어지는지?' 궁금하지 않을 수 없다.

몸은 비록 죽어 사라져서 물질에 대한 관심(인연)은 멀어졌지만, 정신은 살아 더욱 왕성한 활동성을 발휘하게 되니 그동안 좋아하고 싫어하는 자기 생각과 기분 위주의 삶이 허망함을 느끼게 된다.

- 물질적인 욕망에서는 자유로워져 있고 정신적인 가치를 더욱 중요시하며 정신과학이나 심리, 철학, 종교, 명리 철학, 점술, 생명공학, 의학, 예술 등에 관심을 갖게 된다. 그래서 사궁을 본 사람은 육체적인 활동성은 부족하지만 정신 활동은 왕성하게 하는 것으로 나타나고 있다.

- 정치 경제나 현실과 현물을 다루는데 적합하지 않고 정신을 계발하여 자기만의 노하우를 확보하는 것이 적합하고 운이 아무리 따르지 않는다 하여 육체적인 힘을 사용하는 막일은 성미에 맞지가 않다.

- 세상에 나가 힘을 쏟으며 부귀영화를 얻으려고 하기보다는 죽어 몸을 벗어난 영혼이 이곳저곳 떠돌아다니듯이 산천경계를 여행하며 유유자적한 생활을 즐기며 인생 그 자체를 음미하며 즐기는 생활을 좋아한다.

- 장생궁은 새로운 신세계를 개척하고 신기술을 개발하는데 적합하여 아이디어 뱅크와 같은 사람인 반면에 그 정반대의 사궁은 몸은 현실에 담고 있지만 현실 너머 본질적이고 근원적이며 전통적인

인연을 읽는 사주 명리학

것을 알아가는 데 관심이 있다.

- 월지나 일지에 있으면 뜻이 깊고 사유 능력이 뛰어나다. "배부른 돼지가 되기보다는 배고픈 소크라테스가 되겠다."는 정신의 소유 자이기도 하다.

- 감각적 욕망을 성취하기 위해서 사는 것이 아닌 정신적인 가치를 우선하는 사고를 하고 인간 본연의 생명 본래의 진실을 알고 싶은 욕구가 강하기 때문에 아이의 진로나 적성을 지도할 때 현실적인 방향으로 내몰면 흥미를 잃고 능력 발휘를 제대로 못 한다.

- 몸을 버린 영혼을 상징하기 때문에 마음 깊은 곳에서 영혼의 불꽃이 튀고 반짝이는 빛의 흐름이 있기 때문에 그 흐름(리듬감각)을 표현해내는 예술, 음악, 미술. 시詩 분야의 적성으로 나타나기도 한다.

- 우주와 물질과 생명에 대한 본질적인 의문을 갖고 연구 활동, 구도 수행, 창작 작업에 몰두하는 타고난 적성이 있다. 운명학자, 철학자, 종교인, 도인, 구급차, 장례지도사, 의사, 예술가, 시인

묘墓

만물이 활동을 마치고 이제 휴식을 취해야 할 시기이다. 수고로 얻어진 결과물을 저장해 둔다. 사용하다 남겨진 음식물은 냉장고로, 찌꺼기

는 쓰레기통으로, 곡식은 창고로, 돈은 금고로, 살아온 내력은 기억 속에 저장된다.

- 사람의 몸은 묘지에 묻히거나 납골당에 안장하고 영혼은 중음신中陰身이 되어 허공 중에서 환생의 시간을 기다리게 된다.

- 가장 큰 양을 가장 작은 질로 압축하여 보관한 상태로 죽음은 잠시 휴식 속에 에너지를 재충전하며 새로운 시작을 기다리는 상태

- 지갑이나 호주머니 속에 들어있는 소중한 물건을 저장해둔 상태로 끌어모으는 저축성이 강하다. 묘가 있으면 어릴 때부터 저축 심리가 강하여 통장을 몇 개씩 가지고 있는 경우가 많으며 부동산으로 생각지도 않는 큰 이익을 남기는 재주가 있다.

- 폐기물은 폐기 처분하고 재활용품은 정리하여 보관하는 개념

- 묘는 만물을 품고 있는 대지의 여신과 같은 것이다. 그래서 끌어모으고 틀어쥐고 있는 것을 즐거움으로 삼기 때문에 절약 정신이 강하며 돈을 쉽게 내놓지 않아 구두쇠 소리를 듣기도 한다.

- 묘는 자신을 화려하게 포장하고 그래서 재물을 낭비하며 사치하는 목욕과 비교되는 성분임으로 돈이 아까워서라도 쓰지 못하고 움켜쥐고 있고 돈 쓰기가 싫어서 연애를 하거나 사람을 사귀는 것도 꺼리며 자신에게 투자도 못하므로 행색이 밝지 못하다.

- 돈을 좇아서 움직이고 일을 하며 계산을 바탕에 깔고 계획적으로 움직이는 사람으로 자기에게 이익이 되지 않으면 움직이지도 않는다. 그러므로 이런 사람을 부릴 때는 대우를 해주면 돈맛에 신이 나서 열정적으로 일을 한다.

- 금덩어리를 끌어 앉고 잘 간직하듯이 일단 자기에게 주어진 일에 대하여 성실함이 강하기에 돈이나 물건에 손을 대거나 부정한 짓을 하지 않는다.

- 록과 왕은 사회적으로 독립하려 하고 묘는 경제적으로 독립하려는 성분이다. 그래서 여자는 "사랑이 먼저냐, 돈이 먼저냐?" 묻는다면 "남자는 없어도 돈은 꼭 있어야 된다."고 할 정도로 돈과 재물에 대한 애착이 남다르다. 그래서 반드시 직업을 가지고 돈을 벌려고 뛴다. 일이 없으면 무덤에 갇힌 듯 답답하고 우울해지며 병이 생기게 된다.

- 재정 관리, 경리, 은행, 대부업, 창고업, 보관업, 냉동업, 냉장고, 서랍장, 책장, 주차장, 납골당, 지갑, 가방, 통조림, 종교인, 장례지도사, 비석 제작, 천도 의식, 풍수, 퇴마사, 부동산 관련업, 경비, 상가나 아파트 관리, 운명학자, 무당 및 영통 보살, 귀신 빙의, 기복 신앙, 철학자, 심리학자, 고고학자, 극락세계, 하늘나라 등 물상과 직업이 다양하다.

7

• • •

형살刑殺 이야기

합이 인연(조직)을 의미한다면 충은 그 인연(조직)을 붕괴시키는 작용을 하고 형은 그 인연(조직)을 상황에 맞게 재정립하여 관계를 유지하게 하는 물리적인 작용을 말한다.

　인연(조직)이란 생물학적인 생태계나 인간 사회 조직이나 최첨단, 초정밀 과학 기술 세계에도 해당한다. 그러므로 몸이 병균에 감염되었다면 이를 박멸해서 건강을 지켜내는 일이나 공권력을 집행하여 사회악을 일소하여 법질서를 유지하는 것이나 낡은 건물이나 집 또는 고장 난 기계와 장비를 수리하는 것도 형 작용이다.

　자연계나 인간계는 합을 통해 건설되고 형을 통해 상황에 맞게 조정하고 충을 통해서 인연(조직)이 해체되는 것이니 형 작용이 없다면 세상은 중구난방으로 무질서가 생기게 되니 때에 맞게 형 작용이 가해져야 원하는 형태의 인연(조직)을 유지해 갈 수가 있다.

　강제적 수단이라는 물리력을 통해 상황을 조정해내는 형은 성격적으로 자기라는 상(相: 에고, 즉 주관)이 강하여 주변을 따르기보다는 주변으로 하여금 자기를 따르도록 강제하는 태도가 강하여 오만하고 독선적으로 비칠 때가 많다.

이처럼 형을 사용하는 사람은 상살傷殺을 주재하기 때문에 본심에 잔혹성이 있고 냉정하다. 그러나 약자를 보면 동정하며 눈물도 흘리는 여린 면도 있다.

인사신寅巳申 지세지형持勢之刑

세력을 믿고 자만하여 무례하게 행동하는 것이다. 비상시에 총기 같은 무기를 사용하여 공권력을 집행하는 분야나 국방, 의약, 정치, 운동선수, 감사, 조사, 수사, 검사를 집행하는 분야로 진출하여 부와 명예를 누리기도 한다.

산업현장에서는 부품을 깎고, 조립, 생산하는 작용이 되고 사주가 혼탁하면 생명을 죽이는 천한 일에 종사하며 더욱 불길하면 범죄 인생이 되기도 한다.

丁戊戊壬 건명	壬戊壬己 건명	庚丙己乙 건명
巳申申辰	子寅申卯	寅申丑丑
국무총리	도지사	국무총리

축술미丑戌未 무은지형無恩之刑

토가 많으면 넓은 강토가 되며 산이 되기도 한다. 넓은 무대를 활동하

인연을 읽는 사주 명리학

다 보면 제때에 챙겨야 할 바를 놓치는 경우가 생길 수도 있다. 그러다 보면 은혜를 몰라보는 무뢰한으로 여겨질 수도 있을 것이다.

또는 깊은 오지 마을이나 산중으로 들어가 살다 보면 사회에 있는 권속을 챙기기 어렵게 되니 남겨진 가족에게는 무례한 사람으로 여겨질 것이며 공부 뒷바라지를 해왔던 시주자에게는 은혜를 몰라보는 무례한 사람으로 여겨질 수 있다. 또한 자신이 그 반대의 입장이 될 수도 있다.

甲己辛辛 건명 　　戊丁甲己 건명 　　庚戊己癸 건명

戌未丑丑 　　　　申未戌巳 　　　　申戌未未

승려 　　　　　　교통부 장관 　　　그룹 회장

자묘子卯 무례지형無禮之刑

일종의 도화桃花의 형刑이다. 자수子水라는 정력이 묘목卯木이라는 식신食神에 설기泄氣하는 형刑 작용은 에너지를 강력하게 발산하게 되는 것이다.

뭐든지 자극이 강해지면 그쪽으로 기혈이 몰리며 순간적으로 기력이 강화된다. 그래서 자신의 왕성한 기력을 조절하기 어렵게 되어 무례한 짓을 저지르기 쉽게 된다. 또 목木에서 자수子水는 욕패지浴敗地가 되어 목木은 자식이요, 자수子水는 목木의 어머니가 되어 자식이 어머니를 강제로 겁탈하는 것이라고도 한다. 그래서 패륜, 불륜, 무례 등으로 간통 사건, 성폭행, 성추행으로 형액刑厄을 당하기도 한다. 설사 자묘형살子卯刑殺을 직업으로 활용한다 해도 바람기 때문에 고생하는 경우가 우려되기도 한다.

예의범절을 잃었으니 마음이 산란하고 행동거지가 무질서할 수밖에 없다. 형살 작용刑殺作用으로 변화 욕구가 충만한 상태이니 자제력을 잃고 행동할 수 있다.

성병, 성범죄, 마약 중독, 예술가로서 엉클어질 머리 스타일이나 옷차림이나 화장, 그리고 괴기한 액세서리 등을 하는 경우가 많다. 목욕업, 모텔, 안마시술소, 술집, 매춘, 성 상품 취급, 산부인과, 비뇨기과, 형벌권刑罰權을 행사하는 직, 외과적 수술 전문의에 직업 적성을 가진다.

乙乙甲癸 건명	丁庚戊乙 건명	癸丁乙庚 건명
酉酉子卯	亥戌子卯	卯酉酉子
육군 장성	미국 골퍼	영화 감독

자형살自刑殺

지지에 진진辰辰, 오오午午, 유유酉酉, 해해亥亥 두 자가 있으면 성립되는데 S-S, N-N의 극성끼리는 서로 밀치고 S-N, N-S의 극성끼리는 서로 당기듯이 같은 두 자끼리 갈등하다 손상을 주고받으면서 일으키는 형벌 작용이다.

乙乙庚乙 곤명	己丁壬壬 건명	甲丙乙辛 곤명
酉酉辰亥	酉酉寅寅	午午未丑
가정주부	치과 의사	가정주부

천간	정신, 선천적, 드러난 모습, 외부 생활(사회성)
지지	물질, 후천적, 감춰진 모습, 사생활

관심關心 (빗장, 관+마음, 심)

빗장이란 잠그는 역할을 한다. 빗장을 질렀다는 것은 문을 잠그고 왕래를 막아 버렸다는 뜻이다. 그러나 이에 마음 심心 자를 더하면 마음이 개입하여 빛을 발하며 소통이 시작된다. 즉 사물이나 사람에게 마음이 다가가 닿으면 빛이 발광하여 밝게 비추게 된다. 그러나 사물이나 사람에게 관심을 거둬들이면 빛은 더 이상 밖으로 발광하지 않고 자기 자신과 상대를 어둠 속에 가둬버리는 빗장이 채워지게 된다. 그러므로 마음이 곧 빛이다. 한 생각을 일으키면 빛이 빛나고 한 생각 거둬들이면 빛이 거둬진다.

"자광조처慈光照處 연화출蓮花出, 혜안관시慧眼觀時 지옥공地獄空"이라는 불교의 말씀이 있다. 자비로운 빛이 비치는 곳에 연꽃이 피어나고 지혜로운 마음으로 바라보면 지옥이 텅 비게 된다는 뜻이다. 보살이란 보리살타의 준말로 지혜를 구하고 자비를 실천하는 사람이란 뜻이다. 출가 수행자나 재가불자나 어두운 마음을 밝히고 어두운 세상을 밝혀서 행복한 '하늘나라'를 만들어가려면 지혜를 계발하는 한편으로 자비를 베풀 줄 알아야 한다. 멀리 나아갈 필요도 없이 자신이 머무는 공간 안에서 보이고 들리고 느껴지는 것에 대한 관심으로부터 시작하여야 한다.

보이는 모습에, 들리는 소리에, 느끼는 감정에 관심을 가져보자. 그러면 몸과 맘이 빛이 나는 사람이 될 것이다. 그래서 관심關心은 관심觀心

이 되어 명明인 밝음의 길이 열린다.

지옥 같은 고통에서 벗어나고 싶다면, 아귀 같은 배고픔에서 벗어나고 싶다면, 수라 같은 시끄러움에서 벗어나고 싶다면, 짐승 같은 어리석은 짓에서 벗어나고 싶다면 마주하는 것에 대하여 대충이 아닌 세세한 관심을 가지고 살피는 습관을 길러야 한다. 무관심으로 대충 바라보고 지나쳐 버리면 빛은 숨어버린다. 관심을 가져 빛이 드러나는 속에서 현실적으로 겪는 숱한 인생사의 문제를 해결해내는 길이 열린다.

신출귀몰神出鬼沒하는 우주는 한 번은 음하고 한 번은 양하며 상대성 세계를 가변적으로 운동하는 현상을 보여주고 있다. 즉 한 번은 밖으로 관심하며 방광하고 한 번은 안으로 관심을 거두고 빛을 가둬버리고 다시 한 번은 밖으로 관심하며 방광하고를 되풀이하는 것이다.

이것은 극미한 원자의 세계와 극대한 천체의 세계를 관통하는 원리이며 천지 간에 살아있는 모든 생명체의 생리, 심리, 사고의 흐름이 이의 작용하는 원리 속에서 이뤄지고 있다. 그러나 관심이 하나의 대상에 머물게 되면 변화의 흐름이 멈춰지고 빛과 어둠을 넘어서서 영원히 평화로운 가운데서 휴식하게 된다.

인연을 읽는 사주 명리학

8

길신吉神과 흉살凶殺 이야기

정록正祿

구성	일간 대비 지지		
	일간	甲乙丙丁戊己庚辛壬癸	
	정록	寅卯巳午巳午申酉亥子	

정록이란 천간의 기운이 지지에 착근한 것으로 천간이 직무를 수행하는 사람이라면 지지는 직무를 수행하는 자리를 확보한 것이 된다. 그래서 정당한 권리 행사를 할 수 있는 자리이기 때문에 정사 선악이 분명하고 공평무사한 바른길을 실천한다. 이를 국가 사회에서 주는 봉급을 받는다 하여 국록지객國祿之客이라고 한다.

① 년지에 있으면 세록歲祿
② 월지에 있으면 건록建祿
③ 일지에 있으면 전록專祿
④ 시지에 있으면 귀록歸祿이라고 칭하며 그 의미는 궁성에 따라서 차이가 있다. 록의 자리가 어디에 위치하던지 자기의 록이면서 해당 궁성에 해당하는 육친도 록과 관련되어 있다고 봐야 한다.

戊戌己甲 곤명

午戌巳戌

월지 건록에 년상갑목 편관이 국가 사회 자리에 자리하였고, 월상기토와 갑기 합으로 매씨합살妹氏合殺을 하였으며 시지오화 양인과는 양인합살羊刀合殺을 하였으므로 격조있는 명조가 되었다. 서울 음대를 졸업하고 경찰청 고위직 출신의 남편에 부친은 변호사이다.

금여록金輿綠

구성	일간의 정록으로부터 세 번째 지지		
	일간	甲 乙 丙 丁 戊 己 庚 辛 壬 癸	
	금여록	辰 巳 未 申 未 申 戌 亥 丑 寅	

금으로 치장한 마차馬車로서 고관대작이나 그의 가족이 타는 것으로 큰 명예와 부를 상징한다. 관용차나 고급 승용차를 타고 살면서 편안하고 여유로운 생활을 하는 경우의 길신이다.

여자는 남편의 복덕으로 사모님의 호칭을 들으면서 귀부인 복부인의 서비스를 받게도 된다. 자신의 지위에 상관없이 교류하는 사람들의 사회적인 수준이 높으면 신분 상승의 기회가 주어지기도 한다.

성질은 온화하고 양순하며 남녀 모두 선남선녀들이 많다. 특히 일시에 있는 것이 작용이 강력하다. 부부궁합이나 자손궁합에 해당하니 배우자와 자손의 경사가 따르고 수하의 조력도 받는다. 금여록이 세운에서 들어오면 그 해에서는 윗사람의 도움을 받게도 된다.

인연을 읽는 사주 명리학

壬丁庚壬 건명

寅巳戌申

년상 임수 정관성이 년지 신금 금여록 위에 앉아 있는데 인사신 삼형으로 권세를 지녔다. 대기업 사장 출신에 국회의원도 역임했다.

甲壬辛辛 건명

辰午丑巳

월지 정관 축토가 금여록이며 년상에 정인 결재권을 지니게 되었다. 다선 의원으로 대통령 비서실장을 두 번이나 역임하였다.

천을귀인天乙貴人

구성	일간 대비 지지				
	일간	甲戊庚	乙己	丙丁	辛	壬癸
	천을	丑未	子申	亥酉	午寅	巳卯

천을이라 함은 태양계의 중심 별인 북극성北極星과 이를 보좌하는 북두칠성北斗七星 중 제 오성五星인 집옥형성執玉衡星이 태양계의 질서를 주재하면서 발생하는 에너지 파장이 지구에 도달하여 작용하는 것으로 인간 생활의 어려움을 제거하며 즐거움을 준다 하여 옥당玉堂 또는 천을天乙이라 한다.

천을귀인은 천상길신으로 일체 신들을 교화하는 업무를 맡고 있으며 만민을 고통과 난관에서 벗어나도록 구제 구난하는 행운의 길신이다. 마치 불교의 관세음보살 같은 존재로 상서로운 기운을 몰고 다니면서 일체의 액을 제거시켜 준다. 희신과 용신에 해당하면 그 귀기貴氣가 더하고 기신과 구신에 해당하면 흉의가 감소하게 된다.

예나 지금이나 누구나 귀인은 좋아한다. 사회 각 부분의 최상 그룹에서 활동하는 사람들에게 귀인이 많이 보인다. 사주에 귀인이 있으면 항상 주변에서 편리를 봐주는 사람이 있고 심성이 선량하고 복덕이 풍부하다. 귀인이 어느 육친성에 임했느냐에 따라 해당 육친성에 길 작용이 나타난다.

이렇게 좋은 작용을 하는 천을귀인도 많이 보게 되면 도리어 귀인을 모셔야 되는 천한 삶을 살 수도 있다. 그리고 귀인은 손상되면 도리어 흉하게 되는 것이니 형충파해刑冲破害를 당하면 일생 고생이 많은 운명으로 전락할 수도 있다.

공망을 맞으면 평생 고생하며 소득 없는 생활이 될 수가 있는데 기예 방면으로 나아간다면 도리어 특출한 기예를 발휘하여 유명세를 타기도 한다.

- 식신귀인: 수명 장수, 의식 풍부, 귀인 도움, 효자 효녀, 아랫사람 덕
- 상관귀인: 기술, 기예 능통, 조직 사교 능력 탁월, 귀인 도움, 여자 는 자녀 유복
- 재성귀인: 남자는 현모양처와 인연 되고 여자는 물질 복이 많은 남 자와 인연
- 관성귀인: 공직, 대기업에 인연 많고 관공서의 보호가 따르며 유력 한 분들의 도움을 받게 된다. 여자는 유력한 남자를 만 나 귀부인이 된다.

- 인성귀인: 심성 선량, 문장 출중, 학문 대성, 인덕 많다.
- 역마귀인: 외국어 능통, 해외 유학, 해외 관련 일, 해외 무역, 외교 통상
- 장성귀인: 검찰, 경찰, 법원, 군 등 무관이나 각 분야의 최고 책임자
- 형살귀인: 공권력 집행자, 군인이나 의사 등 총칼을 사용하는 분야 및 정치인
- 도화귀인: 문무예능에 탁월하며 문화, 예술 분야의 지도자

귀인이 대운이나 세운에서 들면 그 시기에는 귀인의 도움으로 원하는 바를 성공시키고 어려운 난제라도 쉽게 해결해 나갈 수 있게 된다. 또한 인연에 있어서도 귀인 작용이 일어나는 것이니 귀인 인연은 은혜롭고 길한 일들이 많이 일어난다.

壬丁己丙 곤명

寅酉亥申

亥水正官 貴人, 酉金偏財 貴人

월지 해수 정관성이 천을귀인이며 시간으로 투간되어 일주와 합하였다. 부잣집에서 태어나서 서울대를 졸업하고 판사 남편과 결혼하여 안정된 생활을 하고 지낸다.

甲辛壬丁 곤명

午卯寅巳

寅木正財貴人格, 午火偏官 貴人

월지 인목 정재와 시지 오화 편관이 천을귀인에 해당한다. 교육계에 명망 있는 집안 태생으로 본인은 내과 의사이다.

문창귀인文昌貴人

구성	일간 대비 식신의 록지		
	일간	甲 乙 丙 丁 戊 己 庚 辛 壬 癸
	금여록	巳 午 申 酉 申 酉 亥 子 寅 卯

　문창성은 식신의 록지에 해당하며 문곡성은 식신의 록지를 충하는 자가 된다. 두뇌 총명하고 다재다능하며 학문과 학술에 성취가 뛰어나다. 기억력과 창의력이 뛰어나서 학문 활동으로 독창적인 업적을 이룩할 수 있으며 연구개발로 새로운 발명품을 만들어 내기도 한다.

　학습 능력이 뛰어난 사람은 문창, 문곡성이 길한 작용을 하는 경우가 많으며 학생에게 세운에서 들어오면 그 해에는 공부를 잘하게 된다. 그러나 심신이 허약한 자는 기가 허탈하니 도리어 재능을 충분히 살리기 어렵다. 형, 충, 공망 같은 흉성이 작용하면 길 작용이 흩어진다.

辛庚辛丁 건명　　　　　　　　癸丁戊庚 건명

巳申亥巳 정치인　　　　　　卯酉子子 로봇개발, 사업가

亥水食神 文昌　　　　　　　酉金偏財 文昌, 學堂

巳火偏官 文曲, 學堂　　　　卯木偏印 文曲

문곡귀인 文曲貴人

구성	일간 대비 식신의 록지를 충 하는 자									
	甲	乙	丙	丁	戊	己	庚	辛	壬	癸
	亥	子	寅	卯	寅	卯	巳	午	申	酉

　일간 대비 식신의 록을 충하는 동살動殺로 구성되며 도표의 실례 이외에 甲庚冲, 寅申冲, 卯酉冲도 동살動殺이 되어 음악성이 풍부한 것으로 확인되었다.

　문곡성은 문장기려文章奇麗, 채문彩文, 풍류風流, 율동律動, 운률韻律에 속하며 이외에도 곡절曲折과 리듬 감각이 풍부함으로 다양한 분야에 소질을 나타내게 된다.

　庚申金 종을 甲寅木 종채로 두드려서 소리를 내니 성악이나 판소리에 소질이 나타난다. 卯酉冲도 목탁을 치거나 요령을 흔들거나 사물놀이나 난타, 드럼같이 두들기는 악기 소질이 나타난다.

　머리가 총명하고 재주가 뛰어나다. 시서화詩書畵에 능통하고 음악성이 풍부해서 작곡, 성악, 가수로서 소질이 있다. 음률을 타는 리듬 감각이 뛰어나서 언어 감각과 화술 성분이기도 하여 아나운서, 사회, 웅변 쪽 적성을 갖기도 한다.

　공간을 리듬감 있게 꾸미는 성분이 되어 건축 설계, 컴퓨터 그래픽 디자인 성분도 된다. 또는 몸으로 리듬 감각이 나타나면 무용, 리듬체조, 에어로빅, 요가, 마사지 등도 적합하고 붓이나 펜으로 나타나면 작가, 기자, 미술도 된다.

어느 분야로 적성이 나타나든지 이론과 실기가 모두 뛰어난 사람이라 할 것이며 풍류를 알아서 인생을 운치 있고 멋들어지게 살아간다. 전문 분야로 계발하지 않아도 소질을 계발하여 상당한 실력의 취미 활동을 하기도 한다.

癸庚甲乙 곤명

未寅申亥

甲庚冲, 寅申冲, 申金空亡

초등학교 3학년부터 판소리에 소질을 보였으며 전국의 국악대회에서 여러 상을 휩쓸었다. 전문 국악인을 배출하는 전주대사습 대회에서 고등부에 출전하여 공동 우승을 하기도 하였다. 중앙대학 예술대학에서 국악을 전공하는 학생이다. 목소리가 사찰의 범종을 종 채로 두들기는 듯 해맑고 장엄하다.

丁己己癸 곤명

卯丑未巳

卯木用神. 文曲貴人

대학에서 국문학을 전공하였으며 시를 사랑하는 사람이다. 율동 감각이 뛰어나서 음악 소리만 들으면 몸을 자동으로 흔들 정도로 흥이 많고 노래와 춤을 즐긴다.

己丁庚丙 건명

酉卯寅申

日支卯木 文曲貴人, 時支酉金文昌

머리가 총명하며 다재다능한 재주를 부리는 사람이다. 문창, 문곡을 함께 지녔으니 맑은 정신에 집중력이 강하여 어떤 일이든 시작만 하면 몰입하여 시간 가는 줄 모르고 열중한다. 년월에 寅申冲을 겸하여 목소리 울림이 독특하다. 글을 잘 쓰며 기타를 치면서 부르는 노랫소리가 일품이다. 바느질 소질도 뛰어나서 가족들 바느질거리는 본인 몫이라 한다.

丙癸戊戊 건명

辰酉午戌

日支酉金 文曲貴人

신약하여 酉金을 희신으로 사용하니 더욱 酉金의 성질을 좇아서 살게 된다. 불교에 귀의한 출가 도인으로 염불 소리를 듣고 있으면 간장이 무너져 내리듯 구성지다.

辛乙丁戊 건명

巳巳巳子

子水偏印이 文曲貴人, 調候喜神, 戊土正財暗合

화기태왕火氣太旺하여 중병이 들고 일주무근日主無根하여 허약하니 일주를 생조生助하고 격국의 득병得病을 치유하며 시상편관을 인화印化하는 子水 편인에 마음이 간다. 또한 子水 편인이 조후調候와 무토 정재를 암합暗合하는 희신이 되어 마음이 子水에 강하게 흘러가게 된다. 전기 회사 중역으로 몸을 담았다.

노무현 전 대통령, 박정희 전 대통령은 文昌貴人, 文曲貴人을 타고 나서 '文章奇麗 彩文 風流, 律動, 韻律'이라는 소질들이 있는 풍류객들이셨다.

육수 六秀

구성	60갑자 중에 여섯 일주에만 해당					
	丙午	丙子	戊午	戊子	己丑	己未

두뇌 총명한 수재형이며 다재다능하여 문장력이 뛰어나고 시서화詩書畵에 뛰어난 재능이 있다. 학창시절 공부 잘하는 학생으로 교정에 소문이 자자했으며 예술 감각도 뛰어나 감성이 무척 발달되어 있다. 멋과 운치를 아는 사람이 되어 인생을 낭만적으로 살아가는 법을 알고 있으며 주변으로부터 호감 가는 사람으로 인기가 많다.

庚戊庚壬 곤명

申子戊寅

戊子 일주되어 육수에 해당한다. 申金 식신 문창, 寅木 편관 문곡, 학당귀인되어 명상 수행자이며 화가로서 활동하며 운명 철학에도 조예가 깊다.

丁己己癸 곤명

卯丑未巳

己丑 일주되어 육수에 해당한다. 卯木이 문곡이 되어 문학소녀의 꿈을 키우며 국문학을 전공하여 시와 그림에 조예가 깊다.

인연을 읽는 사주 명리학

철쇄개금 鐵鎖開金

구성	일지에 한 자 있고 타지에서 두 자 보면 성립
	卯 酉 戌

쇠 자물통을 연다는 의미로 고통에서 구제하고 험난한 지경에서 구출한다는 의미이다. 활인活人 성분으로 의료계에 종사하거나 영혼의 구제나 삶의 고통에서 벗어나게 하는 종교 활동, 운명 상담, 심리 치료, 요가, 명상, 단학 등 신앙과 마음 수행에 해당한다.

또한 일상의 어려움을 해소해주는 119 활동, 사회 복지 활동, 의료 봉사 활동, 사회 각 분야의 고충 처리 분야, 억울한 사건 사고의 피해자를 대변하는 변호, 손해사정, 보험 설계, 적의 침략으로부터 국가를 지켜내기 위한 무기 생산 업체, 감옥 문을 여닫는 교도관 등도 해당한다.

사주 구성이 탁하고 운로가 불순한 사람은 도리어 자신이 개금하지 못하고 철쇄의 신세가 되어 간히고 고립된 자로서의 험난한 나락에 떨어져 살게 되기도 한다.

壬癸辛己 곤명

戊卯未酉

월지 未土 편관이 천의성인 卯木 식신과 합신合身하고 용신 辛金 록지祿地인 酉金과 시지 戌土가 철쇄개금이 되었다. 보험 회사에서 왕성한 활동을 하고 있다.

壬己壬癸 곤명

申酉戌卯

일지 酉金에 卯戌을 보아 철쇄개금이 성립된다. 그러나 격국이 중병이 들고 기신이 용신을 합거合去하며 구신仇神이 강력하여 전혀 움직일 수 없는 지경에 처해 있다. 유흥업소에 기생하며 깡패로 일생을 노름, 술로 지새며 만나는 여자마다 인생을 망가뜨리며 지낸다.

황은대사皇恩大赦와 삼길성三吉星

구성	일간 대비 식신의 록지											
	生月	寅	卯	辰	巳	午	未	申	酉	戌	亥	子	丑
	皇恩大赦	戌	丑	寅	巳	酉	卯	子	午	亥	辰	申	未
	天喜星	未	午	巳	辰	卯	寅	丑	子	亥	戌	酉	申
	紅鸞星	丑	子	亥	戌	酉	申	未	午	巳	辰	卯	寅
	天醫星	丑	寅	卯	辰	巳	午	未	申	酉	戌	亥	子

(1) 황은대사皇恩大赦

황제의 특별 사면으로 감형을 받던가 아니면 죄인 된 몸에서 풀려 자유인이 된다는 것이다. 대통령, 판검사, 경찰, 변호사, 스님, 신부, 목사, 운명 철학자, 도인이 되거나 죄인이 되어도 집행유예, 보석, 감형, 사면 복권들을 받을 수 있다.

戊癸辛辛 건명

午酉丑未 전두환

12·12 군사반란과 5·18 유혈 진압을 주도한 혐의로 무기징역을 살다가 8개월 만에 사면을 받고 석방되었다.

丁辛壬庚 건명

酉卯午子

17대 대선 당시 이명박 대통령의 BBK 관련 의혹을 제기했다가 공직선거법 위반으로 징역형을 선고받고 복역하였으나 丁酉년 특별 복권되었다. 酉가 황은대사에 홍란성, 卯가 천희성이 된다.

(2) 천희성天喜星

죽음의 늪에서 감형을 받든가 죄인 된 몸에서 풀려 자유인이 된다는 것이다. 판검사, 경찰, 스님, 목사, 신부, 운명 철학자, 도인이 되거나 아니면 죄인이 되어도 집행유예, 보석, 감형, 사면 복권 등을 받을 수 있다.

戊己辛庚 곤명

辰亥巳戌

천희, 홍란, 천의성 등 세 가지의 길성이 모였으니 죽음의 지경에 처해도 천지신명의 가호가 있을 것이며 이러한 기운을 계발하여 이웃을 고통과 험난함에서 구제하는 삶을 살고 있다.

乙壬丙戊 건명

巳申辰子

진월 사시되어 천희성이다. 인생길을 헤매는 어두운 중생들을 밝은 길로 인도하는 삶을 살고 있는 명리학자이다.

(3) 홍란성紅鸞星

사건 사고를 당하더라도 피를 보지 않는다는 길성이다. 위험에 처해서도 구제, 구출 받을 수 있다. 하늘이 무너져도 솟아날 구멍이 있다고 하듯이 자신이나 주변 사람을 구제, 구난하는 길신이다.

甲丁乙己 곤명

辰酉亥酉

진이 황은대사와 홍란성이 된다. 빗길에 차가 미끄러져 차는 폐차하고 자신은 허리가 다쳐서 몇 달 병원 신세를 졌으나 활동하는 데는 지장이 크게 없을 정도로 회복되었다. 사회복지, 보험 영업, 의료기기 판매장, 명리학 등에 인연이 되어 활동해 나왔다.

(4) 천의성天醫星

병든 세상을 구제 치료하는 성분으로 의료 분야, 기술 분야, 수질 정화와 공기 정화 등 환경 분야에 탁월한 능력이 나타난다. 건강한 본래의 상태를 회복시키고 관리하는 힘으로 작용한다. 또한 병든 마음을 치유해주는 종교 분야도 되고 죽음을 인도하는 풍수 장례 분야의 성분도 된다.

丙己丙戌 건명

寅未辰戌

진월 무토 천의를 보고 인시되어 황은대사에도 해당한다. 신학, 물리학, 유전공학 등 다양한 분야의 전문성을 확보하신 모 그룹 연구소장님이시다. 물질의 원형에 해당하는 맨 최초 물질을 발견하여 이를 식품, 의학, 수질 환경 개선 등에 적용하여 놀랄만한 실적을 이뤄내고 있다.

삼기 三奇

구성	일간 대비 지지		
	天上삼기	人中삼기	地下삼기
	甲戊庚	壬癸辛	乙丙丁
	丑未	巳卯午	子亥酉

삼기는 오성명학五星命學에서 유래하였다고 한다. 삼기가 년월일시 순서로 놓여있으면 귀인貴人이고 반대로 놓여있으면 복인福人이라고 한다. 여기에 천을귀인을 지지에서 보면 그 부와 귀가 크다고 한다.

또 다른 관점은 태양, 달, 지구의 삼자가 공전과 자전 운동 속에서 발생하는 길한 기운이 특별히 귀하다 하여 붙여질 수 있는 이름이 아닌가 한다.

정신이 광대하고 그의 세계관이 우주처럼 넓다. 이는 일반인이 생각할 수 없는 뛰어난 정신 기능을 소유하고 있고 꿈과 야망이 커서 국가 사회에서 동량목이 될 수 있는 영웅호걸들에게서 많이 나타난다.

(1) 천상삼기天上三奇

갑목은 양목陽木으로 목을 대표하고 을목은 양목陽木을 보좌한다. 나머지 오행도 이와 같다. 갑목은 생명력으로 만물을 일으키고 하늘 높이 뻗어 올리는 상승의 기운이다. 이에 경금은 추살秋殺 기운으로 성장을 갈무리하는 작용을 하는 것이다. 갑목과 경금은 상승 작용과 하강 작용을 주도하는 기운으로 시간을 대표하기도 한다.

이에 무토가 양기陽氣의 무한 분열을 억제하여 성물成物이 되게 하는 금화교역金火交易의 중심 역할을 수행하여 여름을 가을로 넘겨주는 것이다.

그러므로 상승하고 하강하는 음양 변화를 중앙에서 컨트롤하는 무토의 기운을 포함하여 갑무경 삼자가 모이면 기특한 기운을 띨 수밖에 없다.

즉, 조화와 통일을 주재하는 무토와 태음인 수, 태양인 화가 목의 상승 기운과 금의 하강 기운을 통해서 천지만물을 생장 수장하게 함으로 갑무경 삼기는 수화기제지상水火旣濟之象을 이루게 된다.

(2) 지하삼기地下三奇

병화 태양이 작용하여 상승하는 목기를 분열시켜서 공간에 양기陽氣를 가득 충만하게 하며 이어 정화로서 열기熱氣를 불어넣어 생명을 완숙시켜 내는 것이다. 그러므로 乙丙丁이 만나면 목화 운동이 활발하여 목화통명지상木火通明之象을 이루게 된다.

만물이 화의 극성에 이르며 戊己土의 조율을 받아 성장이 억제되고 결실물로 완성되기 위해 가을로 넘어가는 금화교역金火交易이 일어나는 것이다.

경금의 포양包陽 기운이 일어나며 여름 동안 성장했던 만물들을 완성하기 위해 금이 화의 자리에 서서히 점령해 들어가서 결국은 성물成物을 이루어 辛金이라는 결실물을 추수하게 된다. 이 추수된 결실물인 辛金을 壬癸水는 갈무리하여 저장, 보관하며 만물의 생장 수장의 운동을 영원히 이어가게 된다.

(3) 인중삼기人中三奇

壬癸辛 삼기는 만물의 생성, 변화, 발전의 전 과정을 고스란히 저장하고 있기 때문에 생명의 DNA라고 할 수 있다. 이렇듯 壬癸辛 삼기가 모이면 그 정신 활동이 비상하고 행동하는 바가 대인다운 처신을 하게 됨으로 금수쌍청지상金水雙淸之象을 이루게 된다. 삼기성이 있는 사람은 배

열 순서가 지지에 귀인성이 없어도 그 정신 기능과 세상을 향한 포부가 남다름을 많이 확인할 수 있었다.

천문성 天門星

구성	지지에 戌, 亥 두 자가 있으면 성립

천문이란 지혜와 능력이 무진장하게 충만한 정보의 보고에 자유로이 드나들 수 있는 열쇠를 지닌 자라고 할 수 있다. 천문성을 지닌 사람 중에 역사 무대에 동참하여 이름을 남긴 분들이 많았으며 생전 아니면 사후에라도 그 이름을 전하는 분들이 많았다.

자신의 안위보다는 국가 사회의 공익에 우선하고 자신의 아픔보다는 이웃의 아픔을 걱정하는 지도자의 성분이다. 그래서 사명감이 남다르면 국가 사회에 봉사하고 공헌하기 위해서 자신의 몸과 마음을 다듬고 학문을 연구하여 국가 사회에 나가고, 도인은 구도하여 자연 만물과 친화하며 중생의 고통을 대신 짊어지며 고통을 나누며 사는 것이다.

戊辛癸戊 건명	戊庚乙甲 건명	壬丙壬丁 건명
戊亥亥寅	子戊亥子	辰戊子亥
검사	총리 역임	정당 대표

양인羊刃

구성	12운성상 제왕지에 해당하고 양간만 적용				
	天干	甲	丙	戊	庚	壬
	地支	卯	午	午	酉	子

(1) 양인羊刃의 의미

양인은 오행의 기운이 극왕, 극성하여 각자 오행의 나라를 호령하는 제왕이다. 제왕이 권력을 상징하는 양인이라는 보검을 지니고 있는 것을 의미한다. 그러므로 제왕의 당연한 권리 행사로 나타나려면 반드시 편관으로 제어하는 양인합살羊刃合殺이 되어 있어야 한다. 아니면 타인에게 해를 끼치는 살기殺氣가 되어 형액을 당하게 된다.

목이 극왕하면 부러지고
화가 극왕하면 태우고
토가 극왕하면 무너지고
금이 극왕하면 살기가 되고
수가 극왕하면 홍수가 난다.

그러므로 木이 부러지기 전에 다듬질이 필요하고 火가 극성을 피우기 전에 수승화강水乘火降하여 소통 길을 열어야 하고 土가 무너지기 전에 소토疏土를 해야 하고 金이 살기를 띄기 전에 火로 제련하여 용금성기鎔金成器를 해야 하며 수가 범람하기 전에 제방을 구축하여 물을 조절해야 한다.

(2) 양인羊刃의 작용

– 제왕을 상징하는 양인의 총칼이 편관이라는 권력 행사 자리를 얻어야만이 정당한 권력 행사가 가능하다. 총이나 칼을 지녔다고 마구 사용할 수는 없다.

– 양인은 편관으로 합살시키면 권력이 되지만 아니면 형액을 두려워해야 한다.

– 원국에서 제어되지 않던 양인이 편관을 만나면 전공을 세워 명예를 얻을 기회를 잡은 것이다.

– 양인이 제어되지 않으면 들어오나 나가나 다들 싫어하게 된다. 고향에 가면 멸시받고 친정이나 시집에 가도 편히 쉴 수가 없고 가정에 들어와도 부부간에 서로를 이기려 하니 감정이 통할 리 없다.

– 양인은 권력의 지배를 따르고 권력을 지향하기 때문에 독성이 강하다. 이러한 특성 때문에 제어되지 않는 양인은 범죄 조직에 유혹이 생길 수 있다.

– 양인이 편관을 보면 대의명분을 따라 멸사봉공하는 정신을 실천하여 국가 사회에 큰 공을 남기기도 한다. 그러나 편관을 보지 못하면 의욕은 강하나 뜻을 이룰 수 없다.

– 양인은 기술, 예술 성분이 되어 남다른 재주가 있고 남자는 손재주가 많은 경우로 나타나기도 한다.

- 양인이 있으면 제화되어 청순하지 않는 이상 자수성가自手成家한다.

- 양인 위에 재는 인두재刀頭財라 하여 재산을 강제로 탈취당하며 질병으로 고통이다. 또한 강도나 절도를 조심해야 하며 사고로 몸을 크게 상하거나 단명을 조심해야 한다. 그러나 천간 겁재에 지지 재성은 상관이 없다.

- 년지와 시지에 양인이 있으면 인생의 초년부터 말년까지 최악의 흉조다.

- 일지 양인은 칼 방석에 앉아 있으니 부부 불화하며 마음속에 독기를 품고 살아간다.

- 시지 양인은 편관을 좋아하고 재성을 싫어한다. 재성을 보면 말년에 재물 실패를 보며 처자에게 고통을 준다.

- 양인이 있는 궁성의 육친과는 인연이 희박하며 특히 재물이 개입되면 불화가 생기며 멀어지게 된다.

- 년간과 시간이 교차로 년지와 시지에서 양인이 성립되면 소년 시기에 잔질로 고생하고 어른이 되어서는 흉악한 질환으로 고통을 겪게 되는데 자손 또한 질병 고생이 따른다.

- 일간과 타간이 교차로 양인이면 성품이 불량하고 배우자의 흉사가 발생하는데 그렇지 않으면 무관으로 입신하면 된다. 무관이란 군

인, 경찰, 교도관, 경호원, 119 대원, 경비원, 운동선수 등을 말한다.

– 일간이 년지와 시지에서 양인을 거듭 보면 부모의 악사_{惡死}가 우려되는데 천살_{天殺}이 임해 있으면 틀림없다.

– 양인과 록을 보고 관인 상생을 하면 복이 더욱 크다.

– 양인은 충을 대기하는데 충 하면 호사다마_{好事多魔}로 흉악하다.

– 신약자라도 양인이 있으며 그 해가 따른다.

(3) 양인_{羊刃}의 성격

甲-卯	인자_{仁慈}하나 편관이 없으면 무능하다.
丙-午	명랑 활달. 합살되면 도량이 넓고 학문이 높다.
戊-午	조급하다. 합살이 안 되면 극성스럽고 음험하다.
庚-酉	과감하고 추진력이 있고 충 하면 불같이 화를 낸다.
壬-子	마음이 음험_{陰險}하다.

(4) 양인_{羊刃}의 궁성

년지 양인	조업을 파하고 고향 이별, 어린 시절에 가난을 체험
월지 양인	성격이 독불장군, 제어가 없으면 파재가 비일비재하다. 육친의 다툼이 많고 부모 형제의 뒷바라지로 재산 소모가 많다.
일지 양인	배우자 갈등, 배우자가 재산 소모를 많이 한다. 주변 사람들과 다툼이 따르고 마음속에 고독과 갈등이 있다.
시지 양인	자식이 재산을 파재하고 처자로 인한 고통이 따른다. 노후에 재앙이 우려된다.

己丙丙丁 건명
丑午午未
사업가

乙庚丁己 건명
酉寅卯酉
장사

乙壬辛己 곤명
巳子未丑
전업주부

음인陰刃

구성	12운성상 고장지에 해당하며 음간만 적용				
	天干	乙	丁己	辛	癸
	地支	辰	未	戌	丑

　양인은 양간陽干이 제왕지帝旺地인 子午卯酉를 보는 것이요, 음인은 음간陰干이 고장지庫藏地인 辰戌丑未를 보는 것을 말한다. 우주 만물과 인생은 드러내고 펼치고 거두고 저장하는 생장수장生長收藏 활동으로 영원한 창조적 진화의 길을 걸어간다.

　양인은 제왕지로 극성을 떨치며 강왕한 기운으로 자기 영역을 확실히 장악하려는 강제 작용으로 나타나며 제화가 되면 권위의 명이 된다. 반면 음인은 한 계절을 마무리하고 새로운 계절을 여는 전령사 역할을 한다. 음지에서 새 역사 창조에 소리소문없이 자기 자리를 지키며 자기 소임을 다하는 것이다.

　양인의 성질이 드러나는 성향으로 참을성이 약하다면 음인의 기운은 감추는 성질 따라 자기 억제가 어느 정도 이루어진 상태이다. 그러므로 육친상의 흉작용은 최소화되어 있다.

　음인은 계절의 순환을 조정하는 역할을 고장지라는 공간 속에서 자

인연을 읽는 사주 명리학

기 역할을 수행하기 때문에 일명 전문가 성분이라고 볼 수 있다. 그래서 음인을 보는 사람 중에 각 전문 분야에서 기술, 예술로 재능을 발휘하는 경우가 많다.

진술축미는 과녁이라면 음인은 화살에 해당하고 연구 개발하는 공간이라면 도구가 된다. 화살이 날아갈 때 조금이라도 흔들리면 원하는 과녁에서 벗어나게 된다. 그러기 때문에 대체로 작은 오차도 허용치 않는 치밀함이 몸에 배어있어 꼼꼼하다.

설계, 연구, 계발, 개척, 생산, 건설, 창작 등에서 문화를 중흥시키고 문명을 발전시키는 기운

때로는 계절의 순환과 질서를 역행하는 이탈자를 엄단하고 처벌하여 감금, 교화하는 공권력 집행 분야로 진출하기도 하며 중생을 제도하기 위해서 종교적 신앙, 도학 수련, 마음 수행에 심취하기도 한다.

丙癸甲癸 건명
辰丑子卯 기계생산

建祿子水가 癸丑陰刃에 合身, 子水建祿이 庫藏地 丑辰에 合, 子水建祿이 食神卯木과 相刑, 甲木傷官格에 丙火正財用神

백호대살 白虎大殺

구성	원국 안에 있으면 모두 적용						
	天干	甲	乙	丙	丁	戊	壬	癸
	地支	辰	未	戌	丑	辰	戌	丑

60갑자를 구궁팔괘 순으로 돌리면 중궁(黃泉地)에 해당하는 간지에 해당한다. 호랑이에게 물려 죽거나 물려 간다는 뜻으로 묘지에 들어가거나 살아 있어도 죽은 목숨과 다름없는 험난한 지경에 처하게 된다는 뜻이다.

천재지변으로 목숨을 잃거나 불의한 사고를 당하여 죽임을 당하거나 자살하거나 요절하기도 한다. 또는 난치, 불치병으로 투병 중에 사망에 이르거나 피 같은 재물을 크게 잃어버리기도 하고 교통사고, 익사 사고, 화재 사고, 안전사고, 납치 등을 당할 수도 있다.

백호대살이 임한 육친이 약한 중에 흉살이 가중되면 그 흉이 더하게 된다. 궁성과 해당 육친성에 적용하여 해석한다.

癸甲丁辛 건명	丙乙壬戊 건명	乙壬壬癸 곤명
酉辰酉亥	戌丑戌申	巳戌戌巳
화재 사망	교통 사망	남편 사망

괴강살魁罡殺

구성	일주에 적용					
	天干	庚	庚	壬	壬	戊	戊
	地支	辰	戌	辰	戌	辰	戌

괴魁는 북두칠성의 우두머리로 수령首領 또는 선구자先驅者로 불리며 강罡은 북두칠성 별이라는 뜻이다. 만물과 인생의 생장수장의 과정에서 음양의 상승하강을 조절하는 작용을 대표하는 것이 辰戌로써 戌은 천괴天魁, 辰은 천강天罡이라고 한다.

辰土는 양기陽氣의 생장을 통해 물질의 성장을 주도하고 戌土는 음기陰氣의 수장을 통해 정신을 진작시킨다. 하늘 문을 여닫는 권리자로서 위엄이 서려 있고 몸짓엔 당당함이 넘친다.

괴강魁罡이 현실로 나타나게 될 때는 모든 일을 자기 주도하에 놓고 진행해야 직성이 풀리기 때문에 성정이 매우 강직하고 맹렬 강폭한 면을 가지고 있다. 순리대로 안 되면 강제라도 써서 상황을 자기가 의도하는 대로 이끌려고 한다.

여명은 십중팔구 결혼 후 부부 갈등이 따르게 되는데 단지 사회 활동 면에서 그 능력을 충분히 인정받아 자기 분야에서 성공하는 경우가 많다. 그러나 가정으론 고독 운명을 겪고 사는 경우가 대부분이다.

관성이 유력하고 운세가 순청하면 남편 덕에 놀면서 호의호식하며 살게 되나 관성마저 무력하고 운세가 불리하면 여장부로 불리면서 가정을 책임져야 하며 매사 결정권을 행사하게 되므로 남편은 '셔터맨'이 되는 경우가 생긴다.

대체로 여명에 괴강魁罡은 사회 참여에 적극적이며 통제하고 관리하는 괴강魁罡 성분을 십분 발휘하여 자신이 원하는 바를 기필코 성취시켜내는 에너지가 넘치는 소유자다.

庚壬戊庚 곤명	丙壬丙壬 건명	丙壬甲甲 곤명
戊辰寅辰	午辰午午	午戌戌申
안기부장	국회의원	사채업자

고란살 孤鸞殺

구성	일주에 적용				
	天干	甲	乙	丁	戊	辛
	地支	寅	巳	巳	申	亥

고독한 새를 고란孤鸞이라고 한다. 짝이 없어서 그리워하는 것도 되겠지만 짝이 곁에 있어도 애정 전선에 문제가 있어서 불만일 수 있다. 그래서 고란살을 애정에 불만으로 우는 살이라고 한다.

구성을 보면 남편을 상징하는 관성이 뿌리내리기 어려운 절태지絶胎地나 관성을 대항하는 식상지食傷地로 되어 있다. 남편이 자기에게 안착하기 어려운 일주다 보니 마음이 가정과 부인에게서 떠나 밖으로 돌게 되는 것이다.

만물과 인생은 생장과 수장을 되풀이하면서 살아간다. 인간의 정신적 활동이나 육체적인 활동도 시기적절하게 펼치고 거두고 감추고를 하면서 살아야 건강한 생활이 될 것이다.

하지만 고란 일주를 타고난 부부지간에는 우로雨露의 정情을 이야기하기가 어렵다. 남녀가 음양 조화인 사랑을 속삭이기 어려운 조건이다.

목마르면 물을 찾듯 배고프면 먹을 것을 찾듯이 어긋난 음양 조화를 회복하기 위하여 격렬한 몸짓이 일어날 수 있다. 이 점을 경계해야 하는데 잘못하면 외정外情으로 뜨거운 가슴을 해소하려고 일탈의 삶이 생길 수 있다.

戊甲乙甲 곤명	癸辛甲丙 곤명	己戊戊丁 곤명
辰寅亥寅	巳亥午午	未申申未
주부	주부	주부

급각살急脚殺

구성	월지 기준으로 적용			
	亥子丑월	寅卯辰월	巳午未월	申酉戌월
	丑辰	亥子	卯未	寅戌

태어난 달을 기준으로 한다는 것은 환경적인 기후 조건을 중시한 개념이다. 사주가 너무 한쪽으로 기울어 있는 중에 한습하거나 조열하면 올 수 있는 경우이다. 급각은 뼈에 문제가 생겨서 손발, 어깨, 허리, 무릎에 이상이 온다는 것이다. 뼈에 이상이 온다는 것은 뼈를 감싸고 있는 근육에도 무리가 와 있다고 봐야 하기에 근육의 속에 펼쳐져 있는

신경, 혈관에도 손상이 발생할 수 있다고 봐야 할 것이다.

혈액 순환이나 신경 순환이 불순하여 오는 생리통, 고혈압, 심장 이상, 중풍 등을 조심하여야 한다. 또한 이 살이 있으면 넘어지거나 다치기 쉬우니 조심해야 하며 가벼운 마찰로도 심한 타격을 받을 수 있다. 원국에 이 살이 있고 행운에서 살성이 가중되면 더욱 상태가 중하게 일어나니 조심하여야 한다.

어린아이가 이 살을 지니고 있는데 행운이 불순하면 소아마비에 걸릴 수 있으니 잘 살펴야 하며 롤러스케이트, 자전거, 놀이기구를 이용하는 것도 주의해야 할 것이다. 어른일 경우에는 등산을 다니거나 계단을 오르내릴 때 조심해야 하며 현장에서 안전사고를 일으켜서 낙상을 당하기도 하고 교통사고로 허리나 다리를 다치는 경우를 조심해야 한다.

급각살과 비슷한 의미를 갖는 단교관살斷橋關殺이 있는데 글자 그대로 교각橋脚이 잘린다는 의미인데 다리를 다치거나 부러진다는 급각살과 의미가 통한다. 특히 운동선수가 이런 살이 있으면 부상을 자주 당하며 성수대교 붕괴 사고처럼 다리가 무너지거나 다리에서 떨어져 사고를 당할 수도 있다.

단교관살斷橋關殺의 구성표		
	생월 기준 일시에 적용	
구성	生月	寅 卯 辰 巳 午 未 申 酉 戌 亥 子 丑
	日時	寅 卯 申 丑 戌 酉 辰 巳 午 未 亥 子

乙甲丙丙 곤명

丑戌申申

戌土 급각살急脚殺이 丑戌刑인데 편관이 중중한 중에 일주는 뿌리가 없다. 평생 잔병치레를 하며 이빨, 무릎, 허리디스크, 암 등으로 고생하는

일명 종합병원이다.

癸癸癸壬 곤명

亥亥丑辰

겨울생에 丑辰 급각살急脚殺을 보았는데 일 점의 온기가 없이 천지가 꽁꽁 얼어붙어 쓸모없는 물이 되었다. 오랫동안 신경통, 허리 병, 저혈압으로 고생하면서 술독에 빠져 살고 있다.

乙甲辛丙 건명

亥子卯辰

봄생에 亥子 급각살急脚殺을 보았으며 子卯 상형살相刑殺까지 가세하였다. 교통사고로 무릎을 다쳤으며 안전사고로 손가락을 다치는 등 자주 몸을 다치며 산다.

고신과숙살孤神寡宿殺

구성	년지 기준하여 띠 방합을 전후에서 적용			
	亥子丑생	寅卯辰생	巳午未생	申酉戌생
	寅-고신	巳-고신	申-고신	亥-고신
	戌-과숙	丑-과숙	辰-과숙	未-과숙

고신은 寅申巳亥 사생지四生地에 있으므로 변화된 새로운 세계에 뛰어들어 독립의 길을 간다는 뜻이다. 과숙은 辰戌丑未 사고지四庫地 속에 들어있으므로 분리된 이후에 홀로 밤을 지새운다는 의미이다.

만물과 인생은 생장수장하는 원리가 현실적으로 분리와 이별, 그리고 혼자 있음이라는 아픔으로 다가오는 것이다.

여명에 과숙살이 있어도 남편성인 관성이 유력하고 손상이 없는 중에 인연이 용신이나 희신에 해당하면 살아나가는 데 과정상 어려움이 있어도 극복하며 잘 살아나가는 것이다.

고신, 과숙살이 있는데 배우자성이 무력하고 사주배합이 어긋나 있다면 생리사별을 면치 못한다. 고신, 과숙살이 다 있으면 가정을 이루지 못하고 떠돌이가 되는 경우가 많으며 잘나가다가도 한순간에 잿더미가 되어 가정을 잃고 떠돌이가 되는 경우가 생기든지 출가수행의 길을 떠나든지 하는데 아니면 저승으로 떠나게 되는 등 세상에 의지하지 못하게 된다.

만약 시지에 고신살이 역마되면 타향객지, 이국만리로 떠도는 신세인데 용신과 희신에 해당하면 외로운 몸이지만 뜻을 이룰 수 있다. 시지 고신살에 역마가 정인 용신에 해당하면 세상을 떠나 불도佛道의 두령頭領이 되어 중생을 제도하게 된다.

丙辛戊甲 건명

申丑辰午

월지에 정인이 공망에 과숙살이고 시지가 역마에 고신살이 되어 세상에 의지할 곳이 없게 되어 결국 출가수행의 길을 떠났다.

丙癸丙甲 건명

辰巳寅午

시지가 과숙살이고 부부궁에 정재 처가 공망을 맞고 인사형을 당하고 있는데 처성에 해당하는 정편재가 혼잡스럽다. 약혼식을 올리고 파혼

하였고 또 다른 여성과 결혼하여 살다가 이혼하였다.

삼재살 三災殺

구성	년지 기준하여 태어난 띠 삼합 오행에서 적용			
	亥卯未생	寅午戌생	巳酉丑생	申子辰생
	巳午未년	申酉戌년	亥子丑년	寅卯辰년

삼합오행三合五行의 병사묘지病死墓地에 해당한다. 병들어 죽어 묘지에 묻힌다는 의미로 이 기간에 신병身病으로 고통, 죽음의 지경에 처하기도 하고 살아 있으나 마음은 죽은 것 같이 괴롭고 죽음의 기운이 감도니 가정 내에 질병, 근심거리가 생기기도 한다.

삼재는 수화풍水火風의 자연재난을 의미하기도 하므로 수재水災, 화재火災, 풍재風災의 피해를 조심하여야 한다. 또한 천재天災, 지재地災, 인재人災로써 하늘이 주는 어려움, 땅이 주는 어려움, 사람으로 인해 생기는 어려움이 따른다.

삼재 기간이 기신, 구신에 해당하면 대흉한 것이니 매사 신중한 처신이 필요하다. 그러나 삼재 기간이 용신, 희신에 해당하면 삼재로 인한 어려움이 스치고 지나지만 그 속에서도 길한 일들이 생긴다. 불교에서는 팔난八難을 이야기하는데 생로병사生老病死와 애별이고愛別離苦, 원증회고怨憎會苦, 구불득고求不得苦, 오음성고五陰盛苦가 그것이다.

상문조객살 喪門弔客殺

구성	세운을 기준하여 전후 삼위 자에 해당
	예, 丑년이면 卯가 상문, 亥가 조객이다

상喪이란 죽는다, 없어진다는 의미로서 꼭 사람에게만 해당하는 것이 아니며 피 같은 재물이 없어지거나 목숨과 바꿀 만큼 중시되는 명예가 사라짐을 의미하기도 한다. 또는 건강을 잃거나 가족이나 친지의 죽음이 발생하여 상주가 되거나 지인이 상을 당하여 조문을 해야 할 일이 생기기도 한다.

복음살 伏吟殺

구성	일주와 세운이 같은 경우
	예, 壬辰 일주라면 壬辰년에 해당

복음이란 엎드려 신음할 일이 생긴다는 뜻이다. 통곡하며 하소연할 일이 생길 수도 있다. 남에게 말 못할 일이 생겨서 혼자 끙끙거리며 애태우는 일이 발생할 수도 있다.

일주는 자신인데 자신과 같은 간지가 들어오게 되므로 권리 행사를 할 수 없는 사건이 생긴 것이다. 진행사가 장애를 만나서 진전이 어렵게 되어 쉽게 풀리지 않으니 답답한 것이다. 운로가 불길한 중에 복음

작용이 일어나게 되면 뜻 그대로 엎드려서 통곡할 일이 생길 수 있는 것이니 몸조심해야 하며 갑작스러운 비운을 경계해야 한다.

엎드려 통곡한다는 의미 속에는 일단 자신의 현 위치를 비우고 자리를 비켜나라는 뜻을 함축하고 있는데 그것이 자신이 원치 않는 일이기에 통곡할 일이다. 그런데 만약 현상을 고수하려는 고집을 부리게 되면 억지로 자리에서 끌려 내려오는 수모를 겪어야 할 수도 있다.

운세가 이와 같이 꽉 막혀있으므로 신불神佛 앞에 나아가 무릎을 꿇고 몸을 엎드려서 자신의 답답한 사정을 하소연하고 맺힌 마음을 스스로 풀어내는 것도 좋다.

천라지망살天羅地網殺

구성	사주 원국에 戌, 亥나 辰, 巳가 있으면 성립

지구는 양기陽氣를 丙火인 태양이 주도하고 음기陰氣는 태음인 달이 주도하여 생장수장하는 자연질서를 만들어 내고 있다.

이에 戌亥는 태양의 기운이 끊겨 무덤에 들어가게 되고 辰巳는 태음의 기운이 끊겨 무덤에 들어가는 것이니 하늘이나 땅 위에 활동하는 모든 생명체의 힘을 소멸시켜서 외부와 격리시키고 고립시켜 버리니 마치 새장에 갇힌 신세와 같은 것이다.

원국에 戌, 亥가 있고 운로에서 辰, 巳가 들어와서 충, 원진, 귀문이 동하면 구설, 시비, 관재, 구속, 범법 등의 불상사가 일어나니 조심하여야 하는데 이에 흉악살(망신살, 재살, 겁살, 편관, 상관, 형살, 수옥살) 등이 가세하면 더욱더 흉한 꼴을 당하게 된다.

그러므로 이 살은 그물로써 법이요, 질서이니 하늘이 펼쳐 놓은 만물과 인생살이의 법칙이요, 질서이다. 직업은 교사, 경찰, 검찰, 법관, 감사원, 군인, 정보부, 금융감독원, 국세청, 세관, 종교, 명리 철학, 풍수지리학, 의사, 약사, 간호사, 기술 공업 등에 적합하다.

戊己甲己 곤명
辰巳戌亥

명리학자

庚丙己己 곤명
寅辰巳卯

남편 의사

甲丁甲丁 곤명
辰巳辰未

연예인

귀문관살 鬼門關殺

구성	일지 기준하여 타지에 해당					
	子酉	丑午	寅未	卯申	辰亥	巳戌

귀문관살은 절태지絶胎地에 임하여 기氣가 허虛 하고 묘장지墓葬地에 입묘入墓되어 휴식상태로 들어가게 된다. 귀문은 물질적으론 허탈하나 정신적으론 도리어 그 허虛한 기운을 활용하여 무에서 유를 창조하는 정신의 보고가 되기도 한다.

문제는 이러한 절지絶地와 장지葬地에도 불구하고 귀문의 기운을 감당해 낼 수 있는가의 여부다. 감당이 안 되면 정신 신경적, 심리적인 불균형을 초래하여 염세적 경향이 생기며 우울, 조울 증세로 고통받기도 한다. 심하면 헛것이 보이고 영적인 장애를 일으키며 무병巫病을 앓다가

신을 모시기도 한다.

귀문은 심리적인 기복이 매우 심하여 극과 극을 오르내리기 때문에 심리적 안정이 절대 필요하다. 너무 신경이 예민하여 결벽증이 있어 매사에 과잉반응을 일으키기도 하며 불안, 초조가 심하다. 과대망상으로 흐를 수도 있다. 신강하더라도 사주가 혼잡하고 운마저 불길하여 기가 막히면 노이로제, 정신이상, 과대망상이라는 정신병을 앓기도 한다.

절지絶地되고 입묘入墓되어 외부의 자극에 민감하게 반응하며 장지로 도피하려는 심리가 발동하기도 하니 이는 현실을 벗어나서 자기만의 세계에 함몰되어 세상사를 망각하기도 하는 사회 부적응 모습으로 나타나기도 한다.

애정 행위를 하더라도 주변에서 볼 때 미쳤다고 할 정도로 빠져들게 되며 과도한 스킨십, 변태를 부리거나 아니면 정반대의 불감 증세를 갖기도 한다. 그러나 귀문을 감당해 내는 신강하고 맑은 사주자는 천재 소리를 들을 정도로 정신 기능을 발휘하여 주변을 놀라게 하기도 한다.

壬丁辛丙 건명

寅未丑申

인미寅未 귀문이 천재성 작용으로 나타난 이율곡李栗谷 선생 사주다.

辛壬丁乙 건명

亥辰亥酉

기업 회장으로 진해辰亥 쌍귀문이다. 해수건록亥水建祿, 귀록歸祿 그리고 진토辰土 편관이 귀문에 원진이 되었으니 관의 힘을 믿고 움직이다가 도리어 관이 원수가 되어 원망스런 사단이 벌어질 수 있으니 항상 힘 있는 사람들을 조심해야 한다.

乙壬戊乙 곤명

巳子寅巳

戊戌년 일간을 직충直沖하고 巳火가 쌍귀문에 드니 돌발적인 사건 사고를 조심하여야 하며 두 손, 두 발 묶인 채로 꼼짝 못 하게 되어 미치고 환장할 노릇이 벌어질 수 있으니 조심해야 하는 해이다. 일지 자수子水를 형刑하는 乙卯 달에 자기 실수로 교통사고가 발생하여 큰 손실과 구설이 있었다.

戊己甲己 곤명

辰巳戌亥

己土 일주로 巳戌, 辰亥 쌍귀문으로 구성되어 있다. 평생을 통해서 귀문의 영향 속에 심리적인 안정을 잃고 번뇌와 망상 속에 고통을 겪을 수 있다. 기도를 통하여 마음을 한 곳으로 집중하는 노력과 함께 자기 생각과 기분을 내려놔야 하는 마음 수행이 이뤄져야 정상인으로서의 생활이 가능하게 될 것이다. 일생을 부처님 도량을 밟으며 기도 생활하시며 지내신다.

낙정관살落井關殺

구성	일간 기준하여 일시에 해당				
	甲己	乙庚	丙辛	丁壬	戊癸
	巳	子	申	戌	卯

낙정의 의미는 우물에 '빠진다', '떨어진다'라는 의미로 호수, 시냇물, 강물, 바닷물, 맨홀, 굴뚝, 하수구, 탄광, 지하철, 늪지대 같은 곳을 각별하게 조심해야 한다. 또한 감금, 모함, 함정에 빠짐을 조심해야 하고 간혹 납치되어 유흥업소에 팔려가서 창 안에 갇혀 사는 경우도 있다. 그런가 하면 죄를 짓고 교도소에 수감되거나 세속과 단절되어 오지에 묻혀 지내거나 출가 수행자가 되어 산중을 무대로 갇혀 지내는 것도 해당한다.

해당 살이 있는 사람을 오랫동안 지켜보니 물로 몸을 씻는 것을 자주 하는 것을 알 수 있었다. 낙정관살이 희신에 해당하면 119구조대원, 스킨스쿠버, 해군잠수요원, 고기잡이 선원, 굴뚝 청소원, 정화조 청소, 수영장 관리, 접대부, 유흥업소, 교도관에 인연되는 경우가 많다.

이사별 離死別

구성	년월일시 간지에 해당											
	甲	乙	丙	戊	戊	戊	己	己	戊	庚	辛	壬
	寅	卯	午	申	辰	戌	未	丑	午	申	酉	子

일간이 강하며 배우자가 자기 자리인 일지에 착근하기 어려운 구성이다. 일주에 해당하면 강하게 작용한다. 궁성에 해당하는 나이에 죽을 고비를 넘기거나 궁성에 해당하는 육친의 이별 아니면 사별을 겪게 되는데 재차 흉살이 가중되면 그 흉함이 더 하다.

십악대패살 十惡大敗殺

구성	일주 위주로 보나 각주도 참고								
	甲 辰	乙 巳	丙 申	丁 亥	己 丑	庚 辰	辛 巳	壬 申	癸 亥

해당 궁성의 시기에 본인이나 해당 궁성의 육친에게 나타나기도 한다. 성인은 결혼과 하는 일이 두 번 이상 실패를 본다는 흉살이다. 이에 다른 흉살이 가중되면 더욱 심하다.

사주병 四柱病

구성	년월일시 간지에 해당				
	甲申	丙申	戊申	庚申	壬申

자신의 일주에 적용하는 것으로 궁성에 해당하는 육친도 포함된다. 공황장애, 우울증, 조울증에 해당하기도 하며 잡귀에 휘말려 고통을 겪기도 한다.

사주가 탁하고 운로마저 불순하면 무병을 앓다가 무당의 길로 접어들 수도 있다. 이름하여 사주병이니 사주 공부를 하게 되면 액땜이 되어 무병을 다스릴 수가 있다.

사주병이 있는 자는 무당 집안이나 집 안에 신줏단지를 모시거나 하는 경우가 많고 쇼핑하듯 점이나 사주를 보러 다니는 경우가 많다. 직업적으로 사용하지 않더라도 기도, 명상, 사주 공부 등을 하는 경우를 많이 본다.

己戊戊丁 건명
未申申未

사주병을 월일주에 거듭 보았으니 부모와 형제 그리고 자신이나 배우자가 사주병 기운에 들어 있다고 할 것이다. 모친이 사주단지를 모시고 있으며 가족들도 그러한 기운의 영향을 많이 받고 산다.

癸甲丙庚 곤명
酉申戌子

집안에 사주병이 동하여 어려움을 많이 겪었으며 자유 귀문관살까지 가중되어 정신적인 혼란을 극복하기 위해 기도와 명상 수련을 꾸준히 해 나오고 있다. 독학으로 당사주를 배워서 이웃들에게 조언을 주기도 한다.

丁丙甲癸 건명
酉申子卯

사주병에 자유 귀문관살까지 가중되어 집안이 어지러웠으며 일찍부터 정신 수련의 길을 걸어가고 있다. 주역에 대한 이해가 깊다.

9

• • •

공망空亡 이야기

천간 지지를 하나씩 짝짓기를 하다 보면 동일순중同一旬中에 남는 두 자가 있는데 이는 짝짓기를 못 하고 홀로 일없이 휴식하는 것을 순중공망旬中空亡이라고 한다.

사주 구성에 있어서 공망이 있는 해당 육친은 정이 없고, 덕이 없고, 인연이 희박하다고 해석하지만 그러나 공망은 현실적으로 사용의 폭이 광범위하기 때문에 물질적, 정신적으로 폭넓고 깊게 이해해야 하는 개념이다.

살펴보면 현대 세계에서는 70% 정도가 공망의 성질을 이용하여 직업활동을 하고 있으므로 과히 공망의 세상이라고 할 정도이다.

반야심경에서는 자연계는 공을 바탕으로 하여 색이 일어나고 사라지는 변화 과정으로 이해하고 있다. 즉 공이 곧 색이요, 색이 곧 공이라는 개념인데 그렇게 본다면 세상사를 세세하게 살펴보면 공이 아님이 없다고 할 정도이다.

공망의 성질은 아래와 같이 정리할 수 있다.

木 공망은 속이 텅 비어 있다.

火 공망은 밝게 타오른다.

土 공망은 속이 비어서 무너져 내린다.

金 공망은 속이 비어 소리가 울린다.

水 공망은 맑은 물이 되어 흐른다.

공망은 허무하고 모든 것이 끊어져 버린 적멸의 상황임으로 물질적인 소득에는 겉치레만 화려하고 실속이 없기에 물질 사업으로 나갈 경우에는 신중한 고려가 필요하다. 그러나 운로가 순탄하면 공망의 성질을 이용한 업종을 통해 사업적인 큰 성취도 기대할 수가 있다.

공망은 정신 활동에는 강점을 보이기 때문에 지적재산으로 계발해 나가는 전문가가 되거나 종교, 철학, 심리학, 뇌 과학, 정신신경학, 마음 수행, 단학, 단식원, 요가 명상, 연구개발, 창작 활동 등 직업 활동에 적합하다.

宮星공망	
년지 공망	조상 무덕, 고향 이별
월지 공망	부모 형제 무덕, 고향 이별
일지 공망	공허한 심리, 신경이상, 배우자 무덕
시지 공망	자식 무덕, 임종무자, 안방 공허, 말년 고독

공망의 종류

① 인성 공망

교육, 연구로서 정신은 공망에 해당치 않고 정신 기능이 활발하고 예술성이 분출하여 끼가 넘치는 것으로 본다. 단지 모친의 가슴에 한이 많고 주변으로부터 정작 도움이 필요할 때 자신을 도와주는 인연이 희박하다.

② 식상 공망

식복이 부족한 경우에 해당하지만 정신 차원이 높고 소리나 언어 감각이 매우 발달되어 언변 능통하며 문필, 교육지도, 문화, 방송, 예술, 정신과학, 심리, 철학, 종교로 직업을 갖는 경우가 많다. 여명은 의외로 자식 집착이 강하게 나타나는 경우가 있고 남편과는 불화하는 경우가 많다.

③ 재성 공망

신강자는 재물에 대한 욕심이 강하나 축재가 어렵고 신약자는 재에 냉담하고 재물을 원한다 해도 얻을 수 없다. 남자는 여자에 대한 애환이 많고 재물 창고가 비었으니 축재가 어렵다. 돈 창고가 비었으니 공공의 재산을 관리하며 남을 이롭게 하는 삶을 살아야 안정된 삶이 보장된다.

④ 관성 공망

신강자는 명예에 집착하나 성공하기 어렵고 신약자는 명예를 멸시한다. 신강자는 명예 욕구가 강해서 차라리 관을 끼고 살지언정 낮은 자리는 쳐다보지도 않는다. 정도正道를 주장하나 도리어 욕을 먹게 되고 여명은 남자 인연이 희박하다.

⑤ 태월胎月 공망
학문 단절에 동분서주

⑥ 일간 공망
세상무연, 청고지명, 구도중생, 구류술업

⑦ 화개살 공망
심청하고 뜻이 높으니 구도중생 아니면 독신 생활

⑧ 시간時干 공망
뜻이 높아도 이루기 어렵다.

⑨ 양인 공망
큰소리치지만 하는 일이 되는 게 별로 없다.

⑩ 정록 공망
생진사초 꿈을 안고 가슴을 불태운다.

⑪ 망신 공망
학벌이 없어도 아는 것이 많고 헛된 욕심이 있다.

⑫ 천을 공망

겉모습은 귀인이요 속으론 실속 없다. 예능 기질을 발휘하여 풍류 세월 즐겨보는 한량이다.

⑬ 역마 공망

일을 꾸미나 실속이 없고 낮은 자리에서 일을 한다.

⑭ 겁살 공망

피해의식 강하고 교활하며 만용을 부린다.

⑮ 기타 공망空亡

을목은 신경에 해당하니 공망되면 뇌성마비, 정신신경 질환, 노인 치매 조심해야 한다.

공망이 3~4개면 대인지명인데 같은 자가 공망되어 거듭 보면 관명官名으로 크게 기대할 수 없다. 공망된 간지납음 오행이 일주 납음 오행을 극하면 비상하는 새가 그물에 걸리는 형국이니 누명, 모함에 걸려 쉽게 빠져나오지 못하는 신세가 된다.

공망이 육해六害, 욕지浴地, 양인羊刃 등에 해당하면 남녀 모두 몸의 병과 색정으로 고생하기 쉽다.

癸庚甲乙 곤명

未寅申亥

金이 공망을 맞아서 초등학교 3학년부터 판소리 신동으로 소문이 자

자하였고 전국의 각종 국악대회에서 상을 휩쓸었다. 국악 명창인 스승과 함께 국립극장에서 판소리 흥부가 완창을 함께 하였다.

丁丙戊丙 건명
酉寅戌午

인목이 공망되어 미대를 졸업하여 전통 양식의 집을 짓는 목공 일을 하고 지낸다. 나무에 홈을 파고, 깎고, 다듬고 하는 등의 일이 목 공망에 해당한다.

乙庚甲戊 건명
酉辰寅戌

금이 공망되어 목소리에 울림이 있고 염불을 하면 쇳소리가 쟁쟁 울린다. 최근에는 돌산을 개발하고 석불상을 조성하는 일에 관심을 두고 있다.

丙戊丙丙 건명
辰寅申戌

월지는 제망提網으로 사주 전체를 통괄하는 센터로서 타 지지보다 두 배의 기氣 작용력을 가지고 있는데 월지 금 식신이 공망에 해당한다. 금 식신이 공망되면 소리가 맑고 우렁차며 입을 열면 끝없이 말이 이어지는 청산유수형이다.

다재다능하며 언변이 출중하여 소리나 말을 주로 하는 인기 분야에 종사하는 사람들을 많이 보게 된다. 신금申金인 사종寺鐘을 인목寅木 종채로 두들기니 그 소리가 널리 퍼져나가므로 넓은 무대에서 포부를 펼쳐나가는 스타일이다.

· 안방 공망: 안방이 텅 비어 있으니 부부가 함께하기 어렵고 몸은 함께 있다 해도 마음은 함께 있지 않는다. 혹시 착한 마음의 소유자라면 배우자에게 병고가 찾아든다. 공망의 액을 벗어나려면 불전에 엎드려 마음을 비우는 수행을 해야 한다.

공망의 자유

몸이든 맘이든 비우지 않으면 죽어 있는 시간이다.

살아 있으려면 비워내라.

귓구멍이 막히면 안 들리고

눈구멍이 막히면 안 보이고

콧구멍이 막히면 숨 못 쉬고

입 구멍이 막히면 못 먹고

몸 구멍구멍이 막히면 몸속이 쓰레기통이 된다.

마음도 온갖 생각들로 막히면 빛이 차단되어 어둠 속에 갇히니 먹구름이 낀 듯 우울하고 번개가 치듯 화가 치민다.

많은 생각이 텅 빈 마음을 잡초처럼 점령해서 마음 구멍을 틀어막아 그런 것이다. 생각을 내려놓으면 즉시 어둠이 사라지니 생기가 충만하여 행복감이 일어난다.

행복은 땀 흘려 노력 끝에 얻어지는 결실이 아니다. 노력으로 얻어진 결실을 가지고 행복해 하는 것은 마치 아이들이 장난감을 어루만지며 즐거워하는 것과 같다. 그러므로 행복하겠다고 자기 인생을 걸고 어리석은 모험은 하지 마라. 생각을 그냥 놔버리는 것으로도 충만이 드러나므로 생각을 놔 버리는 것이 행복하게 살아 있는 것이다. 불행하다는 마음이 일어나면 즉시 그 마음도 놔버려라.

공망의 행복

마음을
비우고 또 비우고
이웃에게
나누고 또 나누어
사람이나
재물이나
명예나
그 어떤 것도
마음 가운데 머무름을 허용치 않으니
마음은 푸르른 하늘 되어 드높아만 간다.
텅 빈 마음에
싱그러운 기운이
가득 차서
은빛 향기 되어 퍼지니
빈자의 행복이란 것이 바로 이것이구나!
오늘도

본래 한 물건도 없다는

마음의 실상을 음미하며

한 생각도 마음 가운데 머물지 않도록 내려놓는 연습 속에 행복을 만끽한다.

거주지居住地의 인과因果

살아 숨 쉬는 모든 것은 식물, 동물, 인간은 물론 하늘과 산과 바다, 해와 달과 별, 구름과 바람과 이슬과 공기 등 모든 것이 씨이면서 동시에 밭이 된다. 바로 인연과보를 만들어내는 조건, 환경이 된다는 것이다.

아저씨, 아줌씨, 아가씨, 남자, 여자도, 정자 난자도 '씨, 子'자가 붙어 있다. 한 문중의 어른을 '자'라고 칭한다. 공자, 맹자, 노자, 장자가 그렇다.

예수 그리스도를 인류의 영혼을 구제할 유일한 씨라고 하여 독생자라 하고 누구나 수행해서 깨달으면 부처가 될 수 있다고 하여 불교 신도를 불자라고 할 때도 역시 '씨 子'자를 붙인다.

정자와 난자가 자궁이라는 밭에서 만나게 되면 태아가 만들어진다. 남자와 여자가 만나면 하나의 가정이 만들어진다. 나와 너가 만나며 인생이라는 역사가 만들어진다. 이렇듯 우리는 하나의 씨가 되어 상대라는 밭을 만나고 상대 또한 하나의 씨가 되어 나라는 밭을 만나게 된다. 그래서 인연이란 소중한 것이다. 씨의 품질이 우수해도 돌 자갈밭이나 가시밭이나 굳은 길거리 땅에 떨어지는 것과 비옥한 땅에 떨어지는 것과는 성장 과정이나 결실이 달라질 수밖에 없다.

인연이란 地水火風이라는 성분의 만남이며 이를 활용하는 인간의 마음을 사용하는 조합으로 희로애락과 길흉화복과 흥망성쇠라는 울고 웃는 인생사를 연출해 내는 것이다.

"선생님! 우리 딸이 삼십 중반이 지났는데도 시집갈 생각을 안 합니다. 자기 인생 자기가 결정한다면서 결혼 얘기는 꺼내지도 못하게 합니다."

"씨는 우수한데 뿌릴 밭이 없으니 그렇지요"

"그게 무슨 뜻입니까?"

"나무는 땅이 있어야 심어져 뿌리를 내리고 짐승은 나뭇가지가 있어야 둥지를 틀고 사람은 인연을 만나야 사랑을 하든지 말든지 하지요."

"그럼 어째요?"

"따님이 지금 어디에 거주하고 있나요?"

"경남 김해에 삽니다."

"그럼 옆 동네인 경남 창원으로 가서 살게 하세요."

"그렇지 않아도 현재 다니는 직장을 그만두고 새 직장을 알아보고 있던데 그럼 경남 창원으로 가서 알아보게 할까요?"

"네, 그렇게 하세요."

그리고 6개월이란 시간이 흐른 뒤 어느 날,

"선생님! 딸이 창원에 새 직장을 구해서 다니다 그 회사에 근무하는 남자친구를 만나 교제를 해 왔는데 딸이 결혼하고픈 생각이 있는가 봐요. 결혼해도 될까요?"

"아무튼, 어머니 마음의 짐을 덜게 되어서 다행입니다. 결혼 여부는

제가 결혼할 것도 아니니 나에게 묻지 마시고 결혼할 두 사람에게 물어
주세요."

몸과 맘을 치유하기

인간은 보고 듣고 느끼고 생각하는 모든 것이 아주 짧은 시간에 자신
을 스치고 지나간 것이라 해도 마음의 밭에 뿌려진 씨앗이 되어 시간이
지나면서 싹이 트이고 외부로 드러나게 된다.

그래서 마음 밭에 뿌려지는 모든 자극은 마음의 씨로 뿌려지는 것이
다. 내가 원하든 원치 않든 마음을 자극하면 그 느낌은 내 마음 밭에 뿌
려지게 된다. 몸에 일어나는 병증은 모두 마음 밭에 뿌려진 자극이 몸
을 뚫고 드러나면서 이미 뿌려진 고통과 상처를 치유해 주길 원하는 신
호이다. 그러므로 몸으로 드러난 결과에 매달리지 말고 마음 밭에 뿌려
진 원인을 제거하는데 치중해야 온전한 치유책이 된다.

마음이 아프고 몸이 병들었다는 것은 자기에게 아픔이 있었다는 것을
의미함으로 맨 먼저 아픈 마음과 몸에 "그동안 너무 힘들었지? 상처를
너무 억눌러서 덧나게 될 때까지 모른 척해서 너무 미안해! 용서해줘!"
라고 반성하며 용서를 빌어야 한다.

왜 내 마음과 몸에 그래야 하냐고 할 수도 있을 것이다. 그러나 자세
히 생각해보면 나의 마음과 몸은 어머니의 몸속에서부터 280일 동안
끌어모은 어머니로부터 빌려온 몸과 맘일 뿐이다. 멀쩡한 몸과 맘을 망
가트려 놨으니 당연히 미안한 마음을 일으켜서 반성하며 용서를 비는
것이 맞는 것이다.

한 번으로 해결이 되지 않을 때는 상처 입은 마음이 풀어질 때까지 거듭거듭 반복해서 해야 한다. 그러다가 어느 순간에 가서는 반성과 용서의 마음을 내려놔 버려야 한다.

반성과 용서를 모르는 사람은 이미 고통스러운 마음과 병든 몸에서 벗어나지 못하고 그 틀 속에 갇혀서 몸부림치다가 죽게 될 것이다. 문제는 죽음 이후에도 삶은 계속 이어진다는 데 문제의 심각성이 있다.

돌면 텅 빈 태극의 중심점이 드러난다

목화토금수 오행은 시작점이 끝점으로 끝없이 돌고 돌아간다. 이러한 변화 속에서 인생사의 수많은 우여곡절과 사연이 만들어진다.

그러나 "세월이 약이겠지요"라고 하듯이 지속적인 변화 속에서 아무리 큰 사건, 사고도 다 흐르는 시간 속에 묻히고 흘러가게 되는 것이다. 그래서 자연의 흐름은 스스로 정화되고 치유가 되어 본래 모습을 회복해 내는 자연 치유력이 있다.

흐르는 물은 수많은 물방울이 굴러가면서 하나의 물줄기를 이루며 흘러간다. 쏟아지는 빛이나 빗물도 그냥 쏟아져 내리는 것 같아도 돌면서 흘러내리는 것이다. 화장실에 물을 내려 보면 회전하면서 흘러들어 가고 세탁기를 돌려봐도 회전하면서 돌아가고 인생도 돌고 돌기에 죽으면 돌아가셨다고 하는 것이니 살아 있는 것은 모든 것이 돌고 돌아가는 것이다.

살아가다 풀리지 않는 문제가 있다면 가벼운 마음으로 동네 한 바퀴를 도는 것도 아주 좋다. 돌면 마음의 중심이 드러나면서 여백이 확장

되고 수많은 생각과 감정들이 정리되기 시작한다.

뇌와 마음이 휴식하면서 자연히 정화하는 치유의 힘이 움직이기 때문에 문제 해결 능력이 번뜩하고 일어나기도 하며 수행자는 지혜를 얻게 된다.

자연의 가르침

연일 비가 내리더니 산천경개가 푸르름으로 생기가 충만해 있고 내 마음은 맑은 거울 하나를 품은 것처럼 빛이 난다. 자연은 인간의 마음을 정화해주는 위대한 힘이 있다.

바람이 불어오면 바람이 되어 흐르게 하고 하늘을 바라보면 푸르른 하늘이 되게 하고 비가 내리면 촉촉함에 젖어들게 하고 눈이 내리면 함께 휘날리게 하고 낙엽이 나뒹굴면 어느새 휘청거리는 마음이 되게 한다.

자연은
바람, 하늘, 비, 눈, 낙엽을
내 것이라고
고집하며 소유하려는 욕망을 일으키지 않으며
가식의 탈을 벗게 하고
자유로운 몸짓 속에
참 나로 살아 있게 한다.

연일 내리던 비가 멈췄다. 흙길을 걸으며 신발 바닥을 뚫고 느껴져 오는 흙의 감촉을 음미하면 어머니 가슴마냥 너무 포근한 느낌이 든다.

푸른 하늘을 바라보면 어느새 마음속으론

두 손을 활짝 펴서 하늘을 감싸 안고 있는 나를 발견하게 된다.

비 온 뒤에 신 난 듯 지저귀는 산새 소리 들으며 산길을 걸어 올라가면 온갖 싱그러운 풀 향기가 온몸을 파고들어 기분이 날아갈 듯 좋으니 신선들이 산다는 무릉도원을 따로 찾을 필요가 없다.

그렇다고 이 모든 것을 내 것으로 만들겠다는 탐욕이 일어나지 않음은 무소유의 자유로움을 말해주는 자연과 동화되기 때문이다.

하늘, 땅, 산, 들, 바다, 바람, 태양, 연못이라는

자연은

내 것이라고 주장하지 않고

인연을

키우고 품고 길러내며 함께 흐를 뿐이다.

사람만이

소유를 이야기하며 부질없는 시비를 한평생 하다 죽는다.

마음이 행복한 사람은 자연을 벗하고 노래하며 즐긴다. 문명화된 세상에는 생활의 편리는 있어도 사람의 마음에서 자연을 빼앗아 가버렸다. 마음속에 하늘과 땅과 산과 바람이 없고 연못과 바다가 없다.

자연을 잃어버린 떠돌이 마음이 되어 버렸기 때문이다. 자연을 정복(소유)의 대상으로 삼는 순간, 인간은 지옥에 발을 들여놓은 것이 된다. 자연을 공감하며 또 다른 나를 만나는 것으로 여기는 순간, 인간은 하늘나라에 살기 시작한다.

건강하고 행복해지려거든 몸과 동행하라

얼굴이란 얼이 사는 집이듯 몸은 내 생각이 만들어 낸 내 마음이 머무는 집이다. 그러므로 몸이 흩어지면 생각의 힘이 약해지고 마음이 머물 곳이 없어진다.

소설가 박완서 님은 노후에 몸에 대하여 이렇게 말했다.

"젊었을 적의 내 몸은 나하고 가장 친하고 만만한 벗이더니, 나이 들면서 차차 내 몸은 나에게 삐치기 시작했고, 늘그막의 내 몸은 내가 한평생 모시고 길들여온 나의 가장 무서운 상전이 되었다."(출처: 박완서 《호미》 중에서)

누구나 공감 가는 이야기로 인생이란 그렇게 살아가고 그렇게 살아지는 것이니 이를 줄여 '삶'이라 표현한다. 석가모니 부처님께서 생사란 숨 한 번 들이마시고 내쉬는 변화라고 말씀하시며 숨의 변화를 지켜보면 삶과 죽음의 수수께끼를 풀 수 있다고 호흡 관찰하는 것을 마음공부의 방편으로 제시하시었다.

의상 대사는 "일미진중一微塵中 함시방含十方"이라며 하나의 작은 먼지 속에 우주의 모든 정보가 깃들어 있다고 말씀하셨다. 이렇듯 몸이란 단순한 것이 아닌 우리가 소중히 여기는 그 모든 것들을 담고 있는 그릇이기도 하다. 이 그릇이 깨어지면 우리가 소중히 여기는 가치들은 더 이상 담아낼 수가 없게 된다. 그러므로 몸은 항상 소중히 다뤄져야 한다. 몸을 천대하면 몸은 반드시 그대로 돌려주게 된다. 주변에 몸으로 고통받는 분들을 보면 몸을 잘못 사용한 업보인 것을 알 수 있다.

마음은 하늘이요, 몸은 땅이며 인간은 하나의 꽃으로 피어있다 사라지는 과정을 연출해 낸다. 몸을 소중하게 잘 관리하여 건강하고 행복한 생활이 되기 위해서는 자신의 몸을 하나의 꽃으로 여기고 챙기면 된다.

꽃나무가 뿌리를 깊이 내려야 줄기를 높이 뻗어 올리고 무게를 지탱해 낼 수가 있는데 이를 가능하게 하는 것이 바람에 몸체(줄기)가 흔들거리는 데 있다. 그래서 사람의 몸도 하루에 동네 한 바퀴 정도 걷기 운동을 하면서 움직여 줘야 '뿌리'가 단단해진다.

인간의 뿌리는 태중에선 어머니의 탯줄이며 이 세상에 태어난 뒤에는 '배꼽'이 된다. 그러므로 걷기 운동을 하면 인체의 중심점인 배꼽 주변의 장들이 자극에 반응하면서 몸 전체적인 기능이 좋아지게 된다. 그렇다고 강하게 빨리 걸을 필요는 없다. 무리하면 강풍에 줄기가 부러지고 뿌리가 뽑힐 수도 있듯이 도리어 건강을 해칠 수가 있으니 그냥 가볍게 움직여주는 것으로 충분하다.

10

• • •

십성十星 이야기

- 식상 활동 → 의식주 해결을 위해서 움직인다.
- 재성 활동 → 재물의 증식과 재물의 편리를 즐긴다.
- 관성 활동 → 재성을 안정적으로 관리하고 나아가 명예로움까지 누리고 싶어 한다.
- 인성 활동 → 인간적인 자질을 높이고 존경도 받기 위해서 정신을 계발하고 신앙심을 키우고 봉사 활동과 기부 생활을 한다.
- 견겁 활동 → 사람들과 어울려 교제하며 욕망을 추구하는 활동을 한다.

인간의 관심사는 (1) 감각적 욕망의 추구 (2) 재능의 발산 (3) 경제적 안정 (4) 명예로움과 권력 (5) 존경과 마음의 안정 및 평화 등 다섯 가지 가치를 추구한다고 볼 수 있다.

마음 수행자들은 위에 다섯 가지 중에 오직 인성 추구에 최고의 가치를 부여하며 살아간다. 일반인들은 다섯 가지 가치 모두를 성취하기 위해서 치열하게 살고 있다고 할 수 있다. 그러나 어느 한 가지도 간단하게 해결될 수 있는 문제가 아니다.

삶은 즐거운 시간보다는 고통의 시간이 더 많다. 험난한 인생길을 걸어나가려면 위에 언급한 5가지 중에 그 마지막인 다섯 번째에 대한 확실한 마음 정리가 되어 있어야 한다. 그 마지막을 이루기 위한 나름의 정리가 되어 있다면 언제 죽어도 여한이 없을 정도로 주어진 시간을 열심히 살아나갈 힘이 생기게 된다.

내일 지구의 종말이 올지라도 나는 오늘 한 그루의 사과나무를 심겠다는 스피노자의 말처럼 먼 훗날을 생각할 필요도 없이 오늘 하루 자기의 마음을 평화롭게 안락하게 지켜낼 수만 있다면 세상 속에 살아 있는 그것으로 족한 것이다.

"당신은 오늘도 마음의 평화와 안락을 위해 마음을 비우셨습니까?"

그렇다면 당신은 어떤 어려움이 주어진다 하여도 굴하지 않고 당당히 현실 속에 살아 있을 수 있는 사람이다.

인간의 활동은 특별한 사람이 아닌 이상 맨 처음은 의식주 해결을 위해서 시작하고 그다음은 재산의 축적으로 옮겨가서 명예를 중시하다가 인간적인 자질의 계발과 마음의 평화, 행복으로 관심사가 진화되는 것이다. 그러므로 인간 활동의 시작점에 서서 그 마지막 포인트를 미리 알아차리고 시작한다면 당신은 이미 성공한 인생이요, 행복한 사람이다.

> · 식신, 상관의 활동 → 재물(정재, 편재)의 획득
> · 정인, 편인의 활동 → 이름(정관, 편관)의 획득

정인正印과 편인偏印

일간인 나를 생해주는 오행을 말한다. 우리 몸은 부모로부터 받아 태어났다. 그래서 정인은 모친에 해당하며 나를 품어 양육하고 나를 길러 교육하며 나를 살게 하는 원동력이다.

인성은 운동의 시작과 끝점으로 우주 만물과 인생의 출발점이요, 동시에 귀숙지가 된다. 자신이 본래 온 곳으로 영혼의 본향이 되며 정신을 일깨워주는 교육 지도가 되며 육신의 건강을 돌봐주니 몸을 기르는 양생의 근원이 되기도 한다. 그러므로 물질적인 의식주 활동과 정신적인 문화 활동을 위한 제반 요소를 정인이라고 한다.

인印이란 도장으로 공문서에 날인할 때 사용하는 것으로 이것이 있으면 신뢰와 사랑 속에 필요한 충족 요건을 갖추면서 형성된 자신감과 원만하고 긍정적인 마인드를 가진 사람이며 장차 국가와 사회에서 교육, 언론, 방송, 출판, 문화, 예술 분야에 이름이 오르내리며 정신문화를 주도하는 직업군에 들어 정인군자의 정신과 덕성을 실천하는 데 기여하게 된다.

> 도장, 문서, 진리, 도덕, 윤리, 학문, 교육, 명예, 학위, 인증서, 인허가증, 부동산 등기, 자가용, 귀인, 어른, 스승, 안정된 마음, 건강한 육체

이에 비하여 편인은 생모가 아닌 계모와 같다. 편벽된 도장으로 일명 쪼가리 도장이라고 하며 한 귀퉁이가 망가진 것이다. 객관적으로 인정받기 모호한 부분이 있는 것이니 믿을 수도 안 믿을 수도 없는 어정쩡한 상황이기도 하다.

일명 효신살이라고 하며 변덕이 심하다. 밥상이 뒤엎어져서 먹을 수

도 없는 상황을 초래하니 헐벗고 굶주리고 병들고 삶의 장애를 많이 만나 고통스럽다.

마치 천재지변을 만나 고초를 겪고 사는 사람처럼 세상을 살면서 믿기지 않는 황당한 일들을 겪고 살게 된다. 믿는 도끼에 발등을 찍히며 먹거리와 재물을 빼앗기고 기회를 박탈당하기도 하며 눈물겨운 빵을 씹으면서 오기로 낯선 세상과 마주하게 되는 경우가 생긴다. 그러다 보니 남들보다 더 머리를 써야 하고 민첩한 행동을 해야 하고 기회를 포착해서 손과 발이 닳도록 뛰어야 하니 남들이 못하는 특이한 재주나 기술을 연마하기도 하고 남들의 이목을 집중할 수 있는 인기몰이가 가능한 재능을 발휘하기도 한다.

쉽게 믿음을 줄 수 없는 의심 많은 편인은 그 의심의 마음을 다듬어서 진리를 깨치든지 학문으로 대성하기도 한다. 또한 남이 보지 못하는 부분을 의심의 눈초리로 쫓아 들어가서 진가를 파악해 내는 힘이 되어 감사, 수사, 조사, 검사 등의 직업으로 나아가기도 하며 한 분야에 정통한 전문인으로서 이름을 내기도 하고, 자신만의 특화된 전문 영역을 개척하여 외부에 구애 없이 자기주도하의 업무를 보기도 한다. 그래서 편인을 전문가의 별이라고 하는 것이다. 남과 차별화된 기예, 기술, 기능적인 개발과 일반인의 관심 밖의 영역을 개척하여 자기만의 노하우를 만들어내기도 한다. 개발, 개척, 발병, 명리학, 점학, 풍수지리, 한의학, 소개, 중개 분야 등이 이에 해당한다.

편인이라 해서 나쁘게만 판단하면 안 된다. 자신이 처한 환경과 심리상태가 전문성으로 발전하는 틀이 될 때에는 국가 사회에 큰 공헌을 남기는 삶을 살기도 하는 것이다. 그래서 인물 중에 편인의 성향을 잘 다스려 성공한 사례가 많다.

정인이라도 자신에 나태하여 현실에 안주한다면 의뢰심이 많고 받고

만 살려고 하는 무능한 인생이 될 수도 있다. 실제 정인을 용신한 자 중에서 운로가 불길한 사람 중 상당수가 지나친 의뢰심으로 도움을 구걸하며 구차하게 사는 경우가 많다.

· 정인의 직업: 종교 분야, 도가 수행, 교육, 언론, 문예창작, 창조개발, 주택 관리, 부동산 중개, 인성 교육, 인성 개발, 의류, 식품, 주택
· 편인의 직업: 기능, 발명, 운명학, 점술, 종교, 언론 방송, 저술 활동, 번역, 통역, 교육, 문화출판, 주택 건설, 의류, 의술, 정신과학, 감정 전문, 위폐 조사, 중개, 예술, 정치, 수사, 감사, 조사, 책사, 전술전략, 정신신경, 몰카, 강절도범, 재활용품, 비정규직, 골동품, 오락잡기, 살생 도구

• 편인도식偏印盜食: 좋은 사람으로 포장하고 어리석은 사람 위에 군림하며 주머닛돈이나 뜯어내서 무위도식하며 방탕한 짓을 서슴지 않는 사람이 될 수 있다. 굶주린 하이에나에게 먹잇감(편재)이 보이지 않으면 남의 먹잇감이라도 빼앗아 먹을 도둑 심보가 드러나는 것이다.

비견比肩과 겁재劫財

일간과 오행이 같은 것이 비견, 겁재이다. 비견은 어깨를 나란히 마주하며 생사고락을 같이할 수 있는 관계로서 형제, 자매, 친구, 동료, 사회 동포, 세계 인류가 이에 해당한다. 함께 번영을 추구하는 관계로 정신과 물질의 가치를 함께 나누는 삶이다. 소비를 하더라도 흔쾌히 허

락되는 사이이다. 너와 내가 함께 우리라는 공동 운명으로 살아야 한다고 주장하는 입장이다.

비견은 어려울 때는 힘을 합하여 서로 도와 결집된 힘을 행사하기도 하며 재물을 공동 분배하며 소비 지출도 먼저 하려는 경향을 보인다. 근심과 우환이 있으면 고통 분담을 자임하는 길성 작용이 나타난다.

겁재는 일종의 조건적인 관계이며 어려울 때는 서로 단합력을 과시하여 공동보조를 취하지만 목적이 달성되면 그 대가를 요구하게 되므로 결국은 손재, 불화, 배신, 투쟁을 불러오게 된다. 피 같은 나의 물질적, 정신적 권리를 강탈당했다고 분개하게 되며 이를 지키려고 폭력을 행사하기도 하고, 도리어 당하기도 하는 흉성 작용이 나타난다. 그러므로 겁재는 우환, 변덕을 내포하고 폭력으로 치달을 수 있다.

겁재는 나의 재물과 돈을 강제적으로 빼앗긴다는 의미가 있으므로 평상시 가까이 지내는 사이에 재물 투쟁이 벌어질 수 있으며 부당하게 취한 재산을 몰수당할 수도 있는 것이니 주의해야 한다. 또한 재성이란 나의 몸의 건강이나 수명에도 해당함으로 겁재의 발동으로 몸을 크게 다치거나 질병으로 수술을 해야 하는 경우도 생길 수 있다. 실전에서 보면 많은 경우에 겁재년이 될 때 교통사고나 도난, 사기, 수술, 범법 행위 등이 발생하는 것을 확인할 수 있었다.

비견이 많으면 밥을 나눠 먹는 형국이고 겁재가 많으면 밥그릇을 빼앗기는 형국이다. 그래서 비견, 겁재가 많으면 피해의식이 있고 남자는 처와의 인연이 쉽게 변하고 여자는 남편이 무력하고 부부 해로가 어렵다.

· 비견의 직업: 공동 사업, 공동 경영, 공동 관리, 지사, 지점, 체인점, 대리점
· 겁재의 직업: 투기, 노름, 불법적인 영업, 강도, 절도, 사기, 생산직, 군사 훈련, 감사, 수사, 조사, 세금추징, 집달리, 경매업자, 수술 집도의, 데모꾼

식신食神과 상관傷官

식신과 상관은 일간이 생하는 오행이다. 이념을 구상, 계획하여 현실 무대에서 실천하는 것으로 기술 개발, 교육 지도가 되고 산업 현장에서는 제조·생산이 되며 사업상에는 광고, 홍보, 유통, 납품 과정이 되고, 물건을 소개, 중개, 매매하는 것도 되며 영업이나 외교 통상 교섭도 된다. 또한 기르고 보살피는 양육의 의미이며 의식주를 해결하기 위한 생업 활동이며 정신과 물질 활동의 원동력이 되기도 한다.

식신은 음식물의 신으로 노동 생산을 통해 의식주를 해결하고 살아가니 의식주 활동에 필요한 일체의 활동이 식신에 해당한다. 그래서 식신은 복성으로 재물이 되며 가난, 질병, 고통에서 건강과 수명을 지켜내는 수성이 되며 일간의 기운을 활용하여 끼를 발산하여 행복감을 안겨 주니 예성이라고 한다.

식신은 한 군데를 파고드는 치열한 구도자 정신이 있는데 이는 편인의 도식을 피하여 깊이 잠수하는 성질로서 자기 보호 본능이기도 하며 궁리와 탐색의 마지막 점에서는 편인과 함께 손을 잡는다. 식신은 이론과 논리가 정연하고 설득력이 뛰어나며 대화를 하더라도 긍적적인 입장에서 진행한다.

이에 반하여 상관은 정관이라는 법과 질서를 무시하고 사회적 규범이나 관습을 거역하며 자기식대로 삶을 재편성하려 들기 때문에 위법, 탈법 행위가 되어 범죄인이 되기 쉽다. 또한 자기에게 주어진 틀을 깨부순 창조적인 창작 활동을 통해 자기만의 색깔이 들어있는 작품을 만들어 내기도 하며 세상을 떠나서 구도의 길을 걷기도 한다. 무질서한 세상을 바로잡기 위해 강제 수단을 동원하여 힘으로 상황을 정리하려고 혁명을 일으키기도 하며 사주가 맑으면 범법자를 다루는 형관이 되기도 한다.

식신은 소유 개념이 분명하고 정해진 패턴 속에 자기를 고정시키며 현실에 안주한다. 그래서 질서정연한 의식을 갖고 활동을 하는 데 반하여 상관은 고정된 패턴을 거부하며 무질서한 상태에서 새로운 질서를 구축하는 창조 작업이기 때문에 의식과 행동이 고정된 틀에 얽매어 있지 않은 자유분방한 상태이기도 하다.

고정된 틀을 거부하는 상관은 고집이 남다르며 심하면 독선으로 흐르기 쉽고 대화를 하더라도 반발 의식이 강하여 자칫 이론 충돌로 치닫기 쉽다.

식신은 중화하고 침착하고 직선 행보를 하는 반면 상관은 경거망동하는 모습에 곡선 행보를 하므로 식신을 나무의 줄기에 비교하면 상관은 나무의 가지에 해당한다 할 것이다.

상관은 작은 미풍에도 감정이 일어나며 즉흥적이고 감정적이 되니 이러한 기운 변화를 잘 관리하여 창조적인 개발, 창작, 예술, 예능 활동으로 에너지를 사용한다면 보람된 인생을 살 것이다.

식신은 아무리 바람이 불어도 그 뿌리에 정신이 닿아 있으므로 연구하고 개발하고 지도하는 분야에 탁월한 능력이 있으니 이를 개발하면 여유 있고 행복한 인생길이 될 것이다.

> · 식신의 직업: 학문 연구, 교육 지도, 의류, 식품, 생활문화, 예술 활동, 의료, 건강보조 식품, 의약품, 의료, 재난 관리, 전술 전략, 구호 단체
> · 상관의 직업: 예체능, 기술, 교육, 설교, 통역, 연설, 상담, 소개, 홍보, 방송, 성악, 가요, 기악, 시, 무용, 연극, 의류, 패션, 심리, 철학, 종교, 운명학, 재건축, 재개발

식신은 예성藝星, 복성福星, 수성壽星, 작성爵星이다.

예성藝星	끼를 발산하여 재능이 되니 예술, 기예의 성분
복성福星	양명지원養命之源으로 재성을 생재生財하여 몸을 기르고 가족의 의식주 문제를 해결하며 백성을 기르는 성분
수성壽星	가난과 질병과 삶에 고통을 초래하는 칠살七殺의 공격으로부터 자신을 지켜내는 성분
작성爵星	칠살七殺이 공격에 대항하여 공功을 세움으로 명예名譽가 따르는 성분

목화 상관	통명通明, 다능, 다예
금수 상관	쌍청雙淸, 덕망, 박학
수목 상관	총기聰氣, 다능, 다예
화토 상관	명기明氣, 학덕, 청수
토금 상관	신의信義, 다예, 다능

정재正財와 편재偏財

　의식주를 해결하기 위한 생산 활동, 지적인 호기심을 해결하기 위한 정신 활동, 감정의 순화를 위한 문화적 활동, 감각적 쾌락을 위한 이성적 활동 등은 일간이 피와 땀을 흘려가며 투자한 시간에 대한 보상으로 일간의 주관 아래에 놓이게 된다. 그러므로 자신의 노력으로 성취한 결과이며 전쟁에서 승리하여 그 전리품을 획득한 것에 해당하니 나의 소유가 된다.

　정재는 정당한 노력의 대가로 주어지는 보수가 되고 자신이 소유한 자산에서 창출되는 고정 수입이나 정상적인 거래에서 획득한 고정 재화를 의미한다. 그러므로 정재로서 재화는 근면 성실함을 신조로 힘들게 얻어진 결과물이기 때문에 함부로 재산을 사용치 않는다. 그래서 재화를 관리하는 데 있어서 안정 위주가 되다 보니 보수적이며 인색한 모습을 보인다. 그렇지만 자기 가족에 대해서는 끔찍하게도 잘하는 사람이며 애처가이기도 하다.

　편재는 정당성을 담보할 수 없는 상황에서 획득한 재화에 해당함으로 불법이나 편법을 띌 수 있고 그만큼 위험 부담을 갖고 있는 것이다. 노력하지 않고 취득한 투기, 고리대금, 도박, 밀수, 뇌물, 기부 헌금 등 유동 자산으로 불로소득에 해당한다. 그러므로 편재로서의 재화는 한 건을 노리는 탐욕으로 해서 얻어진 재산이기 때문에 그 씀씀이도 영웅호걸다운 호방함을 드러내며 돈을 쓰는 것을 은근히 과시하며 화려한 돈 씀씀이를 자랑하게 된다. 이러한 편재성은 시간과 약속 개념이 분명하여 대중의 신뢰를 얻게 되고 이권을 쟁취할 기회를 적시에 포착하여 쟁취해내는 순발력이 뛰어나다. 이러한 편재의 성격은 여자를 취하는

데 있어서도 민첩한 행동을 보인다. 즉 편재는 기회를 잡으면 살고 놓치면 죽는다.

> · 정재의 직업: 현금 출납, 금융, 보험, 세무 경리, 사업가, 상업자, 부동산 임대,
> 관리업, 월급 생활
> · 편재의 직업: 부동산, 증권, 펀드, 수출, 밀수, 사기, 뇌물, 횡령, 이면 거래, 도
> 박, 매춘, 갈취, 강절도, 고리대금, 사채, 기부 헌금, 기업 경영,
> 개발업, 유흥업, 종교 단체, 복지 법인, 무역, 외교 통상

재성과 십성 관계	
견겁	재화를 분리, 분탈하는 성분으로 일명 도둑이요, 겁탈자劫奪者이다.
식상	재원財源으로 지혜의 샘물과 같은 것으로 의식주 활동과 직업 활동으로 재화를 만들어 내는 수단과 능력이 된다. 식상이 발달하면 수단과 능력이 뛰어나며 식상이 없으면 수단이 부족하다.
재성	재화財貨로서 샘물이 모여든 강물 같은 것이니 재물창고, 금고가 되며 댐을 세워 수량을 조절하고 보관해야 한다.
관성	수재신守財神으로 시기적절하게 수위 조절과 수질 개선을 해내야 한다. 수량이 작은 댐은 바닥을 드러내고 수량이 넘치면 붕괴 위험이 따른다.
인성	활재活財로서 댐의 물을 현실적으로 활용하는 능력이다. 수질이 좋은 물은 생활용수 등 다용도로 사용하고 수질이 탁한 물은 농업용수, 공업용수, 산업용수로 사용하게 된다.

년주 정재	조상 부유, 상속, 조혼, 처, 공재公財, 부명富名
월주 정재	부모 부유, 상속, 공재관리公財管理
일좌 정재	현모양처, 금전 여유, 현금 지참, 실재實財, 사번事煩
시주 정재	만년해로, 자녀 선량 및 효심, 유재遺財, 실재實財

• 일좌 편재는 현금, 소비 낭비벽, 여명은 고부 갈등 따른다.

정관正官과 편관偏官

우주 만물과 인생이 음양이 상승하고 하강하는 생장수장하는 생로병사의 길을 걸어가고 있다. 성인은 이러한 천도의 운행 원리를 보시고 인의예지신의 인륜을 정하여 사회 풍습을 다스려 나가게 하셨다.

정관은 정상적인 사회생활 아래에서 정당하게 인간 생활을 영위할 수 있도록 행동을 통제하고 규제하는 도덕과 법 규범이 된다. 이에 반하여 편관은 비정상적인 사회 상황을 통제하기 위한 초법적인 강제 규범으로서 비상조치, 납세, 병역 의무 등에 속한다. 이러한 관성의 정신은 대의를 위해 자신의 이익과 권리를 기꺼이 양보하며 공동선을 위해서 노력하는 인예仁禮의 정신이며 부정과 비리에 대하여 추상같이 비판하며 강제나 통제를 통해서라도 비틀어진 비정상적인 상황을 바로 잡으려는 의지義智의 정신이다.

관성의 성격은 정해진 기본 틀 안에서 원리원칙을 고수하며 좌우에 치우치지 않는 공평무사를 실천하는 행동이 방정한 사람이다.

· 정관의 직업: 공직, 교직, 정치인, 국영 기업체, 전문가 활동, 입법 활동, 행정 업무, 국가나 대기업 납품, 국책 사업, 종교인, 구도자
· 편관의 직업: 검찰, 법원, 경찰, 교도, 정치, 세무, 감사, 세관, 군인, 질병 관리, 방역, 재난 구조, 119대원, 특수 부대, 정보 활동, 위험물 취급, 스턴트맨, 집달리, 흥신소, 깡패, 범법자, 관공서나 대기업 납품, 수행 분야, 명리 철학

제법삼화制法三化

· 殺印相生－德將 － 貪生忘剋

덕망으로 싸울 적의를 무너지게 하여 스스로 굴복하게 한다.

· 食神制殺－智將 － 一將當關 軍邪自伏

일갈호령으로 위엄을 보여 적을 굴복하게 한다.

· 羊刃合殺－勇將 － 權刃相停, 妹氏合殺

용맹함으로 적을 힘으로 제압하고 미인계를 써서 휴전 상태를 만든다.

년주 편관	신약에 형충이면 의식주 곤란에 질병, 범법 위험이 있다. 소시에 어려움이 많고 차남이라도 가정사에 책임을 져야 한다. 여명은 조혼이나 조기 연애
월주 편관	충을 대기한다. 제복이 되면 힘이 장사거나 고난 후에 발복한다.
일좌 편관	살왕하면 음험, 냉혹, 심독, 흉계가 있다. 살인상생이면 부귀영화하고 남자는 자식 사랑, 여자는 남편 사랑 지극. 타간지에 관살 있으면 외간 남자를 취하거나 남자 관련업
시주 편관	시주 외에 타주에 관살을 보면 여자는 재혼이라도 외정의 우려가 있다.

십성十星 신수身數 보기

① 비견운比肩運

공생 심리, 주체적, 개인주의적, 독립, 협력적, 동업, 친목 활동, 공정, 분배, 지출 소비, 고민, 활용, 비밀, 고생, 대응

② 겁재운劫財運

투쟁 심리, 이기적, 이탈, 조급, 충동적, 충돌, 폭력, 배신, 분리, 투

쟁, 차압, 불공정, 부도, 소모, 실패, 협박, 강탈, 손재, 불화, 수술, 살상, 색정

③ 식신운食神運

초지일관 심리, 의식주 풍부, 행복, 이익, 주관, 배려, 지혜, 총명, 학문, 연구, 교육, 지도, 창작, 문예, 건강, 의료, 긍정, 설득, 신규사 발생, 창조적 변화, 경사

④ 상관운傷官運

자유로운 심리, 개발, 생산, 독선, 객관, 총명, 다재다능, 구변, 봉사, 희생, 불편, 우환, 시행착오, 배신사, 이탈, 비판, 저항

⑤ 정재운正財運

자애 심리, 근면 성실, 고정 재산, 공평무사, 자율적 실천, 책임 완수, 보신, 인색, 처 덕, 현금 유통, 문서의 현금화, 현금의 문서화, 투자 이익, 확장성업, 급여 상승, 취업, 혼사

⑥ 편재운偏財運

영웅 심리, 승부사 기질, 사업 재산, 영토 확장 개념, 이권 개입, 기회 포착, 대재욕망, 과감모험, 호주호색, 허장성세, 자율적 실천 능력

⑦ 정관운正官運

공적 심리, 정인군자, 지혜 명철, 효도 충성, 품행 단정, 정통 보수, 명예 추구, 책임 완수, 행정 조직, 타율적 수행력

⑧ 편관운偏官運

　해결사 심리, 영웅호걸, 파사현정, 권위 과시, 임기응변, 군권, 법권, 정치권력, 위엄 질서, 개혁 진보, 무관 조직, 타율적 실행력, 심신다곤, 분망, 가난, 돌발사고, 불명예, 짜증, 반발 심리

⑨ 정인운正印運

　엄마 심리, 근본 인식, 도덕 윤리, 문필예능, 교육지도, 설계 기획, 책임 의무, 보증 결재, 공증 서류, 귀인 은혜, 자존덕망, 신앙구도, 안심 입명

⑩ 편인운偏印運

　계모 심리, 개혁 창조, 모사기묘, 임기응변, 문예 체육, 기술 과학, 의학 철학, 전문가의 별, 종교 구도, 역술 점술, 분리 산만, 고집야망, 신병신액, 의식불편, 불평불만, 주거불안, 정신 산만, 이탈, 단절, 고독

11

•••

격국용신格局用神 이야기

격국은 국가國家요, 용신은 수상首相과 같은 개념이다. 사람이 특정한 상황에서 특정한 행동을 반복한다는 것은 우연한 행동이 아닌 그 사람의 행동 패턴이기도 한데 이를 명리학에서는 격국과 용신으로 살핀다.

　그러므로 그 사람이 타고난 사주 속의 격국과 용신을 알면 마음의 흐름과 행동의 패턴은 물론 자기만 알고 있는 비밀한 부분까지 읽어낼 수 있으므로 진로나 적성, 직업 선택, 남녀 사이의 공감 정도를 쉽게 알아낼 수가 있다.

　미래를 준비하는 청소년에서부터 늙어 병들어 죽어가는 사람에 이르기까지 명리학은 적시적소에 필요한 고급 정보를 얻을 수 있는 위대한 학문이다.

　지구상 어느 종교나 도학, 그리고 철학이나 과학 이론도 인간의 생로병사의 전 과정을 정연한 논리로 설명한 것이 없다. 그러나 명리학은 수많은 세월 동안 때와 장소와 인물에 따른 맞춤형 해석을 통해 그에 필요한 고급 정보를 제공해 나왔다. 그것도 여덟 글자에 압축된 암호를 가지고 인간의 다양한 변화에 적응하는 정보를 풀어내는 것이니 학문의 위대함을 알 수 있고 이 학문을 접하는 것 역시나 기이한 인연이 아닐 수 없다고 할 것이다.

월령月令은 모성母性

평소에 누군가로부터 은혜를 받거나 사랑을 받고서도 감사함을 모르고 자기 바람이 채워지지 않는다고 상대에게 불만을 가지고 짜증을 내고 한다면 반드시 감사의 마음을 알게 하기 위해서 자연의 이치는 그로 하여금 불행한 체험을 하게 만든다.

우리가 현실적으로 불행하고 고통스럽다는 체험을 하고 있는 대부분은 평소 감사함을 모르고 사는 사람들로 하여금 감사함을 깨닫게 하려는 자연의 섭리인 것이다. 그러므로 감사의 생활을 하면 더욱 큰 감사할 일이 생기고 감사를 모르면 감사를 알게 하기 위해서 불행이 찾아온다.

부모에게 감사를 모르는 자식은 그 자식이 자기에게 감사를 모르는 불효를 행하고 부모에게 감사의 생활을 하면 그것을 보고 자란 자식들이 자연스럽게 자기에게 감사의 생활을 하게 된다.

현실적으로 주변을 둘러보면 부모에 대하여 불평불만을 많이 표출한 사람이 결혼해서도 배우자에게 불평불만을 하게 되고 그것을 보고 자란 자식들이 불평불만이 많은 문제아가 되어 자신에게 고통을 겪게 하는 돌림병이 되어 있는 경우가 대부분이다. 그래서 문제 아들은 반드시 그 부모, 특히 어머니에게 문제가 있다.

"옛말에 뼈는 아버지를 닮고 심성은 어머니를 닮는다고 하였다."

그만큼 자식 눈에 비친 어머니의 모습이 마음 사용하는 방법을 결정하게 하는 크나큰 원인이 되며 평생을 통해 영향을 미치니 "세 살 버릇

인연을 읽는 사주 명리학

여든까지 간다."는 속담이 생긴 것이다.

　가정사가 아무리 불행하더라도 어머니가 중심을 잡고 나아가면 자식들이 어머니의 마음과 함께함으로 심리적인 안정을 얻어 비뚤어진 길로 나가지 않지만 어머니가 심리적인 불안을 겪고 분노심을 갖게 되면 마음의 의지처를 잃고 그 후유증이 크게 나타난다. 그래서 사주명리학에서 어머니의 자리인 월령의 중요성이 강력한 것이다. 월령에 어떤 십성이 자리하고 있는가가 어머니로부터 물려받은 마음 환경, 세상을 대하는 태도 등이 된다. 그것은 자기의 어릴 적에 형성된 무의식이며 성격性格인 격국格局을 이루고 있다.

격국格局

　월령은 태양의 방위에 따라 24절기의 기후 변화를 일으키고 빈부귀천과 길흉화복을 만들어 내는데 영향을 준다. 또한 달이 지구를 중심으로 하여 공전하는 시간적인 경과에 따라서 공간의 형태를 드러낸다.

　만물이 드러나고 (식상), 펼치며(재성), 거두어들이고(관성), 저장하는 (인성) 사계절 운동을 통해서 음양오행의 기운이 구체적으로 그 모양을 나타내게 된다. 그래서 격국을 정하는 원칙은 사주의 배꼽인 월령을 살피는 것으로부터 시작한다.

　일간을 월령에 대비하여 격국을 정하는 것은 억부, 조후, 병약, 통관의 논리에 앞서 최우선적으로 중시되는 개념이다.

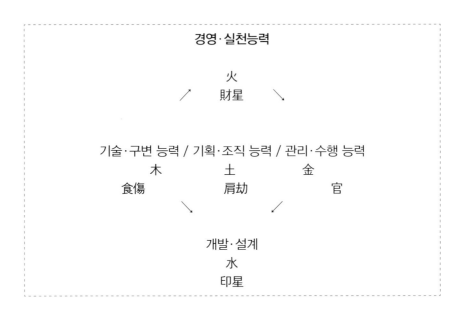

사계절이 일어나고 사라지는 과정에서 오행의 논리와 십성의 논리와 격국의 논리가 만들어짐을 안다면 월령에서 격국을 취한다는 것은 너무도 자연스러운 것이다.

연해자평淵海子平 계선편繼善編에 의하면 "욕지귀천欲知貴賤, 선간월령내제망先看月令乃提綱"이라 하여 월령인 제망을 먼저 살피라고 하고 있다. 운명의 귀천은 월령이 끌어가는 바에 의해서 나타나는 자연스러운 현상으로 작게는 인간 정신의 산물이며 크게는 군주가 신하를 부리며 국가를 통치하는 개념과 같은 것이다.

격국(고전적 의미의 용신 개념)은 국가라는 큰 단위를 두고 설명할 수 있다. 국가가 손상되면 나라가 망하는 것이니 어떠한 경우에도 국가는 손상되면 안 되는 것처럼 격국도 그러한 것이니 사길신四吉神, 사흉신四凶神을 막론하고 "용신불가손상用神不可損傷"이라는 정신이 여기에서 강조되게 된다.

그러므로 격국을 몰라도 사주를 볼 수 있다는 주장은 골격이 없이도 몸이 형태를 유지하고 살아갈 수 있다는 궤변과 다름없다.

죽은 시신이나 중병에 걸려 투병하는 환자나 죄를 짓고 교도소에 수감된 죄수나 세상 인연줄 다 끊고 출가수행한 사람이나 하루 벌어 하루 쓰고 사는 막일꾼이나 길거리를 배회하는 노숙인이나 거지들은 격을 따질 필요가 없다. 왜냐면 이미 사회적인 용도로 쓰일 이유가 없이 살고 있기 때문이다.

선가에서 쓰는 선문답하는 언어를 격외도리格外道理라고 한다. 세상 돌아가는 구조, 틀을 벗어나서 사유하고 행동하는 사람들에게는 격국이 존재할 수 없다. 그러나 사회 속에서 직분을 수행하고 가족을 부양하며 이웃과 함께 살아가는 속에는 반드시 그에 합당한 격이 있는 것이다.

용신이란 격국인 나라가 적으로부터 침공을 당했을 때 그 위험으로부터 격국을 보호하고 구제하는 일간의 능력을 말한다. 격국과 용신이 건왕하고 청하면 능력 있는 사람이 되어 운의 희기에 그다지 영향받지 않고 살아가게 되며 아무리 운이 없다 해도 하늘이 보살펴 먹여 살리는 것이다.

운의 영향에 민감하고 길흉이 다단하며 성패가 크게 일어남은 격국과 용신이 부실하고 탁한 명조이기 때문이다. 격국이 건왕한 자 중에서 운이 불길하여 출가수행의 길을 가는 경우를 많이 본다.

격국은 높은데 현실에서 입신할 기회가 주어지지 않으면 격이 높게 보장되면서 그다지 현실에 대한 책임을 갖지 않아도 되는 곳으로 삶의 무대를 옮기는 것이다. 그러므로 수도자나 종교인은 높은 상단(법상, 설교단, 제단)에 머물면서 신도들이나 추종자들이 제공하는 헌금이나 시주물을 받아 살아간다. 이는 본인들의 생산 활동을 통해서 취득한 재화가 아닌 상(격국)만 차려 놓으면 격(床)에 맞는 공양물들이 자연히 차려지게 되는 것이다.

격국이 파괴되면 몸이 망가진 것이요, 가정이 붕괴한 것이며 국가가 망한 것이다. 몸이 없으므로 정신이 쓸모가 없고 가정이 없으면 식구가 의지처가 없어지고 국가가 없으면 백성이 난민이 되어 이곳저곳으로 떠도는 수밖에 없다.

격이 망가지면 마치 밥상이 엎어져 음식물이 쏟아져 버린 경우이니 숟가락, 젓가락이 쓸모없는 것이다. 격이 망가진 자는 특단의 조치를 취하여 특성화된 자기만의 공간을 확보하는 데 노력을 해야 기본적인 의식주를 해결할 수가 있다.

용신用神

용신이란 몸을 이끌고 다니는 정신이요, 가정을 이끄는 가장이며, 국가를 통치하는 통수권자이다. 그러므로 격국은 그릇이며 용신은 그릇을 사용하는 용도가 된다.

그릇의 용도는 그릇 자체가 가지고 있는 틀에 따라서 현실적으로 활용하는 것인데 이를 판단하고 결정하는 가치 판단은 일간이 내린다. 격국은 그릇으로 체요, 공간이며 활동 환경으로써 일간의 능력을 펼치는 무대가 된다.

용신은 용으로서 공간을 장악하고 일간의 능력을 펼치는 역량이 된다. 일간은 격국과 용신을 운영하는 주인공으로서 변화의 순간마다 판단하고 결정을 내리는 사주의 주체이다.

얼마만큼 변화의 주도권을 행사할 수 있느냐에 따라서 길흉과 성패의 차이를 드러내게 되므로 일간은 신왕함을 요하는 것이다. 신약하면 우유부단하여 머뭇거리다가 기회를 놓쳐버리게 되는 일이 비일비재하다. 또한 한날한시에 태어난 수십 명의 사주자가 다른 삶을 사는 것은 운명을 주도하는 일간의 능력에 좌우되는 바 큰 것이니 일간은 매 순간 중요한 선택과 판단을 요구받아 대응해 나가는 데 있어서 보다 나은 결과를 만들어 내기 위한 끊임없는 자기 노력이 필요하다. 그러므로 정해진 운명이 자신을 주도하는 것이란 숙명론에 빠져서는 안 되며 일간 자신의 주도하에 삶을 얼마든지 변화시킬 수 있다는 것을 알아야 한다.

격국을 배라 한다면 용신은 사공이 되는데 사공이 두세 사람이 된다면 그 배는 산으로 올라가게 된다. 몸은 하나인데 그 몸을 끌고 다니는 정신이 두세 개가 된다면 분열과 혼돈 상황인 것이다.

몸이 어느 장단에 맞춰 춤을 추어야 할지 판단이 불분명할 것이니 혼란스럽고 산만한 몸짓이 일어나게 되어 노력은 많이 하지만 결과는 신통치가 않게 된다. 힘써 노력한 대가에 만족할 수 없으니 불평불만의 생활이 된다.

① 일간(船主)은 자기다.

② 격국은 배다.

③ 용신은 배를 운행하는 사공이다.

④ 대운은 뱃길(航路)이다.

⑤ 자기의 흥망은 사공, 즉 용신의 능력이다.

⑥ 판단의 주체는 자기이다.

⑦ 기신은 배를 공격하는 적군, 구신은 배 안의 반란군이다.

⑧ 희신은 자기의 마음이다.

격국은 배요, 용신은 사공이니 격국이 많으면 일터가 많고 먹여 살릴 사람이 많은 것이요, 용신이 많으면 마음이 산란하고 행보가 어지러우니 일손이 바쁘고 자칫 배가 산으로 갈 수 있어 실속 없는 인생살이가 될 수 있다.

乙甲丁丁 곤명

丑戌未未

격국이 네 개니 네 집 살림을 할 정도로 일터가 많고 일거리가 많아 마당발 인생살이다. 다만 관성이 드러나질 않았으니 일에 대한 결과물을 관리하고 지켜내는 힘이 미약하다.

"재주는 곰이 부리고 돈은 되놈이 가져간다"는 속담 마냥 죽도록 일해주고 욕만 먹을 우려가 있으니 자기 것에 대한 관리가 필요하다. 또한 내 것, 네 것에 대한 구분이 약하니 자기뿐 아니라 상대의 영역을 인정하고 지켜주는 노력도 필요하다.

운로에서 재성 격국 운이 다시 들어오면 일거리가 더 늘어나게 되어 힘이 드는데 재성이란 재물, 돈, 종업원, 몸의 건강도 되고 丑戌未로 삼형살이 가중될 수도 있으니 구설 시비가 분분하고 사고로 인한 재적 손실 및 몸을 다칠 수도 있으니 조심해야 한다.

丙癸戊戊 건명

辰酉午戌

오화 편인격에 수재신인 관성이 4개나 되어 배는 하나인데 사공은 4명이 되어 손발의 움직임이 쉴 새가 없이 바쁘니 눈만 뜨면 일거리를 만들어 내서 분망한 생활을 한다.

또한 사공이 많으면 배가 산으로 올라간다고 했듯이 출가하여 산속에서 사는 스님이 되었다. 그 산속에서도 불사를 한다고 일을 꾸준히 하고 있으니 어차피 실속 없는 인생살이인데 공공 사찰에 소속된 스님이니 헌신적인 노력에 대한 공덕은 길이 남게 될 것이다.

다만 염려가 되는 것은 일거리가 많으면 그에 따른 에너지 사용이 많아지는데 자신이 보유하고 있는 비축 에너지가 바닥이 보이니 그에 따른 후유증이 심히 염려된다.

己戊己戊 건명
未戌未戌

격국과 용신도 없으니 의식주 문제 해결을 위해서 생산적인 활동을 할 리도 없고 공동체의 안녕과 질서를 위한 일원으로서 지켜야 할 책무도 없고 인간으로서의 자질을 개발하고 인품을 갖춰야 할 필요성도 못 느끼며 놀고먹고 지내는 한낱 불량배의 운명일 뿐이다.

용신用神의 길

자기 색깔을 사랑하고 자기 색깔에 당당해지고 자기 색깔을 꽃피우라. 소는 소 소리, 개는 개 소리, 닭은 닭 소리, 물은 물소리, 바람은 바람 소리, 나는 내 소리, 너는 네 소리를 내고 사는 게 잘 사는 길이다.

개가 닭이 될 필요가 없고, 바람이 물이 될 필요가 없고, 내가 네가 될 필요가 없다. 밤하늘에 반짝이는 수많은 별은 각자 자기 자리에서 자기의 이름을 가지고 빛을 내며, 땅 위에 뿌리내려 피는 수많은 꽃도 각자 자기 자리에서 자기의 색깔로 피어 있다가 진다.

인간의 운명도 이와 같이 각자 자기가 해야 할 일, 가야할 길이 있다.

바로 '용신의 일, 용신의 길'이다. 이것은 인간이 인간답게 살아가는 길이며 과정상 어려움을 겪는다 해도 결국엔 성공하는 희망이 있는 길이다.

당신이 식신이라면 식신의 꽃을, 상관이라면 상관의 꽃을, 정인이라면 정인의 꽃을, 편인이라면 편인의 꽃을 피워야 한다. 자기만의 꽃을 피우는 삶이라야 즐겁고 만족스럽고 웃음 짓는 길이 된다. 세상살이를 제일 재미없게 사는 사람은 다름 아닌 끊임없이 자기를 주변 사람들과 비교하며 닮아 가려고 하는 태도이다.

내가 나로 살아가는 것이 아닌 주변 사람들에게 맞춰 만들어가는 생활은 결국 자기를 만족시키지 못하고 지쳐 주저앉게 한다.

부처님이 말씀하신 "천상천하 유아독존天上天下 唯我獨尊"은 신들의 세계와 이 세상에서 나 자신이 유일하게 소중한 사람임을 알라는 말이다. 그래서 자신을 타인과 비교치도 말고 비교가 되지 않는 절대적인 자기로서 살아가라는 뜻이다. 동시에 상대에 대하여 간섭하거나 자기의 기준을 들이밀어서 따르길 강요해서도 안 된다.

> 성격 파탄자는 파탄 인생을 살고, 성격이 균열된 자는 균열된 인생을 살고, 성격이 양호한 자는 부귀와 존경을 한몸에 받고 산다. 사흉신 격이라도 제화가 되면 양호한 격으로 쓰임 된다.

격국格局을 정定하는 원칙

누군가가 묻기를 "당신은 어디에서 태어났느냐?" 한다면 당연히 모친에게서 태어났다고 할 것이다. 사주학상 그 모친의 자리는 월지라는 공간이며 바로 격국의 자리이다. 국가에서는 수도 서울이요, 군에서는 명령을 하달하는 총사령부가 된다. 육친상으로는 모친인 정인正印이 된다. 이곳에서 인생의 모습이 천태만상으로 드러나고 형형색색으로 펼쳐졌다가 결실을 거둬들여 분리하고 정리하여 원래의 상태로 통일하고 저장하게 된다. 의식 활동에서는 색色에 대한 인식 과정인 수상행受想行을 거쳐 경험된 지식과 정보가 잠재의식 속에 저장되는 식識의 과정이 된다. 그래서 水를 지혜라고 하는 것이며 만 가지 움직임이 하나의 숫자에서 시작하여 그 끝은 원래의 시작점으로 돌아가는 귀일歸—, 통일統—의 길이라고 한다.

사주학에서는 인생의 출발점이면서 돌아가는 지점을 정인(어머니)이라고 하며 종교적으론 성스러운 경외의 대상으로 여기는 신神이요, 수행자가 추구하는 도道가 되며 절대絶對 평등平等한 가치의 영역인 양심良心이 된다.

효孝를 실천한다는 것은 모태 안에서 태아의 목숨줄인 탯줄과 같은 것으로 우주의 핵심 자리이며 중심을 관통하는 도道의 길로 나아감을 의미하며 교육敎育이란 효孝를 실천하는 곧 인성(人性=印星)의 배양에 있는 것이다.

그런 점에서 인성을 파괴하는 것은 정재가 되므로 정신의 가치를 높게 추구해 나갈수록 재물이나 돈의 집착으로부터 멀어지게 되는 것이 자연스러운 마음의 흐름이 된다. 이것이 월지 월령은 절대 손상되면 안 된다는 이유이다.

도덕과 윤리관이 무너지고 근본을 상실한 불효한 사람이라면 사람다운 품격을 지녔다고 할 수 없다. 그러므로 월지에 놓인 십성은 신성불가침 영역으로 손상될 때에는 자신의 근본이 무너지는 이유가 되므로 절대 보호되어야 한다.

팔격론 八格論

중앙 土	봄 木	여름 火	가을 金	겨울 水
비견, 겁재	식신, 상관	정재, 편재	정관, 편관	정인, 편인
1, 2	3, 4	5, 6	7, 8	9, 0
비견겁은 재물과 명예를 시샘하고 분탈, 강탈하는 성분임으로 격국으로 취하지 않는다.				

 무심, 무욕의 삶으로 세속의 가치를 멀리하고 살아가는 수행자나 성직자라면 모를까 현실에서 의식주 문제를 해결해야 하고 가정을 다스리고 사회적인 직분을 수행하기 위해서는 재성과 관성을 확보해야 한다. 재성이라는 재화를 획득하기 위한 식신과 상관의 활동과 사회적인 직분을 수행하기 위한 능력과 자격 획득에 필요한 인성은 필수적이다.

 이에 비견과 겁재는 재성을 분재, 분탈하며 관성이라는 직분 수행을 혼란시킬 뿐이다. 그러므로 격국을 정하는 데 있어서 재화를 획득하는 수단과 방법이 되는 식상과 직분 수행에 필요한 인성만은 정격으로 취하고 비견과 겁재는 격국으로 취하지 않는다.

 우주 만물의 운행 질서는 중간에 뒤로 물러나는 경우는 존재하지 않는다. 인류 역사 또한 그 흐름을 역으로 거슬러 물러나는 경우가 없다.

 육십갑자의 순서로 진행되는 우주 운행 질서는 갑자에서 시작하여 계해에서 끝이 나서 다시 맨 처음의 갑자로 시작하는 것이 원칙이다. 우리가 매일 사용하는 달력도 오늘이 내일로 내일이 모레로 진행되는 것이지 어떤 이유로든 오늘이 어제로 돌아가는 경우는 없다.

 십간의 이치는 자연수 1에서 시작하여 10까지 진행하여 나간다. 갑목

인연을 읽는 사주 명리학

에서 출발한 천간은 계수까지 가는 것이요, 자수에서 시작한 지지는 해수까지 진행하는 것이 불변의 법칙이다. 그러므로 격국과 용신을 정하는 원칙은 자연법의 진행 원리에 근거하고 있고 월지 오행(십성)이 진전되는 상생하는 질서 속에서 찾게 되는 것이다.

예로 월지가 식신(상관)이라면 격국은 식신(상관)이 되며 이때 용신은 월지오행(식신, 상관)을 공격하는 오행(정인, 편인)을 방어하는 오행(정재, 편재)이 되는 것이다. 8정격과 그에 용신을 정리하면 아래의 도표와 같다.

격국格局	용신用神	격국格局	용신用神
식신, 상관	정재, 편재	정재, 편재	정관, 편관
정관, 편관	정인, 편인	정인, 편인	정관, 편관

그리고 사길신(식신, 정재, 정관, 정인)은 모두 순수한 기운이니 그대로 사용하고 사흉신(편관, 상관, 편인, 양인)은 독성이 들어있는 약재와 같으므로 독성을 다스리는 법제 과정을 통해서 사용해야 순수한 기운을 갖게 된다. 만약 독성을 제거하는 법제 과정이 없이 사용하게 되면 반드시 그 독성에 중독되어 부작용을 갖게 된다.

사길격, 사흉격을 막론하고 이러한 원칙 위에서 격국과 용신이 정해져야 하며 단지 사흉신격은 제도가 있어야 하므로 극제 여부를 살펴서 격국의 맑고 탁함을 읽어내야 한다. 그래서 월지에 편관이 있다고 해서 제살하는 식신이나 상관을 용신으로 사용하는 것이 아니라 인성을 용신한다는 것이며 식신과 상관은 단지 편관의 살성을 제도하는 희신에 해당하는 것이다.

그런데 만약 월지에 일간과 같은 오행(십성)이 있을 경우에는 앞서 말씀드린 대로 인간의 삶은 식상이라는 의식주 활동으로 재화(재성)을 획득해야 하며 또한 사회적인 직분(관성)을 수행하기 위하여 지식과 기술을 습득하는 과정(인성)이 있어야 하는데 이때 비견과 비겁은 재성과 관성을 시샘하고 극상을 시키기 때문에 격으로 취할 수 없는 것이다.

그러므로 월지에 일간과 같은 오행(십성)이 있으면 월간의 오행(십성)으로 격국을 정해야 되는데 월간 역시나 일간과 동일한 오행(십성)이 있으면 시간에 있는 오행(십성)으로 격국을 정하게 되는 것이다. 격국을 정하는 순서는 아래의 도표와 같다.

시(實)	일(花)	월(苗)	년(根)
시간(3)	일간	월간(2)	년간(4)
시지(8)	일지(6)	월지(1)	년지(5)

격국格局의 득병得病과 약신藥神

일간이 무근하고 격국이 많아 득병인데 이를 치유하는 약을 얻지 못하면 품격이 바닥에 떨어지게 되고 병든 환경 속에서 힘겹게 먹고 생활하게 된다. 마치 병든 자가 제때에 치료의 기회를 제공받지 못하고 방치된 것처럼 어려운 환경에 몸부림치는 형국이 된다. 치료하는 약신을 만나게 되면 투병 속에서 뜻을 이루어내는 분투하는 인생이 되니 불행 중에 다행이라 할 것이다.

癸己辛戊 건명

酉酉酉戌

월지 식신이 월간에 수기秀氣되었으나 식신이 중중하여 득병인데 용신인 癸水 재성을 戊土 겁재 구신仇神이 합거合去해 버렸다. 또한 약신藥神인 火 인성이 없으니 운로가 불순하면 한순간에 나락으로 떨어지는 충격이 생기게 되니 조심해야 한다.

대문간에 구신인 戊戌 겁재가 버티고 서 있으니 재물이 움직이면 무술 겁재 도둑놈이 뒤를 따르고 또한 일확천금하려는 탐욕이 일어나서 재성을 겁탈당하는 불행이 생기게 될 것이다. 도충倒沖하는 卯木 편관이 도화에 해당하고 卯戌로 주색잡기에 유랑 방탕하여 낭패를 당할 수 있으니 여자나 주식 투자를 특히 조심해야 한다.

격국格局의 다양성多樣性

격국이란 하나로서 건왕해야 일심일사一心一事에 진력盡力하고 운이 도우면 소기의 목적을 이루어내는 것이다. 격국을 몸이라고 했을 때 이 몸은 오직 하나뿐이다. 그러나 격국이 하나 이상일 때는 두 사람 또는 그 이상의 몫을 해내야 하기 때문에 변화가 많고 바쁜 인생사가 펼쳐지게 된다.

격국을 가정이라고 볼 때 꼭 부모 슬하에서만 사는 것이 아니다. 이혼율이 많은 현대에 들어와서는 더욱 그러하다. 부모의 이혼이나 유고가 발생하게 되면 부모 따라 새롭게 변화된 가정에서 생활하거나 아니면 부모 슬하를 벗어나서 다른 집에서 양육될 수도 있다.

또는 부모들이 자식에 대한 기대가 커서 일찍 선진화된 세계 문물을 접하게 하고 세계화 시대의 일원으로 남들보다 한발 앞선 재목으로 키워내기 위해서 조기에 외국 유학을 보내는 경우가 많아지고 있다. 이런 경우들이 격국의 다양성이다.

그러므로 한국에서 태어나서 공부는 미국에서, 결혼과 직장생활은 독일에서 한다면 이 사람은 격국이 세 개가 된다. 국가는 국가 체제가 다르며 국민성과 생활방식과 풍습이 다르다. 이러한 사회 문화적 차이에서 오는 이질성을 극복하고 적응하면서 생활하려면 사주가 다양성을 수용할 수 있는 코드가 마련되어 있어야 한다.

辛庚辛丁 건명
巳申亥巳

사범대학을 졸업하고 초등 교사를 하다 그만두고 일본 육사를 졸업하고 일본군 장교로 활동하다 해방 후에는 대한민국 육사를 졸업하여 군수사령관을 지내다 5·16 쿠데타를 일으킨 후 18년 동안이나 절대 권력을 행사한 분이다.

똑같은 시대를 살아간 분 중에 기본 격국만을 가지고 있던 분들은 변화된 환경에 적응치 못하고 구국 운동을 하다 죽임을 당하는 판국에 또 한편에서는 줄 위에서 곡예를 하듯이 국가와 민족의 경계선을 넘나들고 이질적인 환경에 적응해 내는 것은 기본 격국만 가지고는 불가능한 일이다.

그러므로 다중 격국이란 새로운 체제와 환경에 적응하는 순발력이며 기본 격국만 있는 경우에는 변화된 새로운 세상에 부적응하게 되어 무능한 사람이 된다.

인연을 읽는 사주 명리학

쌍둥아 격국용신법格局用神法

근묘화실根苗花實의 순서대로 쌍둥이 사주를 살피게 되어 있음을 실관을 통해서 확인할 수 있었다. 한날한시에 태어난 형제자매라도 격국과 용신과 희신이 다르며 격국과 용신을 정하는 방법은 앞서 격국을 정하는 순서에 따라 정하면 된다.

그리고 대운의 적용은 양남음녀는 순행하고 음남양녀는 역행한다는 기존의 대운 적용법을 그대로 사용하면 된다. 기존에 알려진 방법들을 살펴보면 사주 여덟 자를 합시키는 방법, 충시키는 방법, 일주를 합, 일주를 충, 월지지장간이나 시지지장간의 순서를 따라 정하는 방법, 첫째는 월지로 둘째는 시간으로 보는 방법, 일란성과 이란성을 구분하여 보는 방법 등 실로 다양한 방법들이 적용되어 왔으나 딱히 이것이 맞는다고 할 방법이 없었다.

아래의 사주의 실례를 통해서 세쌍둥이의 경우를 살펴보기로 한다.

(둘째 식신격)		(첫째 식신격)	(셋째 편재격)
庚	戊	庚	壬
申	子	戌	寅

격을 정하는데 있어서는 일간과 같은 오행은 제외하고 취격해야 한다.

사흉신四凶神이 제화制化 되어야 하는 이유

사흉신四凶神의 격국格局은 왜 제화制化를 해야 하는가? 격이란 앞서 얘기한 대로 사회적으로 활용 가능한 그릇을 살펴보는 방법이다. 그러므로 성격자成格者는 완제품으로 미성격자未成格者는 미완의 제품으로 파격자破格者는 쓸모없는 제품으로 시장에 나서야 하는 상황이 된다.

양인羊刃, 상관傷官, 편관偏官, 편인偏印은 가난과 질병과 생활 속 우환, 근심, 고통의 환경에 노출되어 그 출발선에서부터 어려움을 극복해야 하는 문제를 안고 있고, 그러한 상황에서 도망치거나 벗어나야 하는 심리적 특성을 갖게 한다. 이것은 정신적 혼란, 물질적 결핍, 문화적인 이질감으로 고통이 주어진다. 그래서 이 사흉신격四凶神格은 반드시 제화制化를 통해서 본인에게 주어진 문제점을 직시하고 극복해 낼 수 있는 조치(制化)가 되어 있어야 한다.

그래야만이 사길신격四吉神格처럼 정신적 안정, 물질적 충족, 문화적인 적응을 원만히 해낼 수가 있게 되며 어떠한 악조건하에서도 참으면서 삶과 죽음을 넘나드는 위험, 위기 속에서도 기회를 잡아 목적 달성을 이뤄내는 사람이 된다.

사흉신격은 현실적인 욕구와 승부사 기질이 강하며 목적 달성을 위해서는 비난받을 행위도 주저치 않는다. 그러므로 제화制化가 되지 않는 사흉신격四凶神格은 수단 방법을 안 가리고 자신이 원하는 바를 이루기 위해서 불법, 편법도 아랑곳하지 않고 주변의 비난도 무시하며 행동하는 무서운 흉기가 될 수가 있으며 예상치 않는 재앙을 초래할 수가 있는데, 파격破格인 경우에는 그 난폭성이 더욱더 커서 난장판 인생을 살게 된다.

인연을 읽는 사주 명리학

잠재적으로

겁재는 재성을 노린다.

상관은 정관을 노린다.

편관은 일간을 노린다.

편인은 식신을 노린다.

그러다

겁재는 재성을 보면 겁탈에 나선다.

상관은 정관을 보면 미쳐 발광한다.

편관은 일간을 보면 치고 들어온다.

편인은 식신을 보면 상을 뒤엎는다.

기신이 중중하면 탁한 사람으로 인간적 자질이 낮으니 사회적 이목이나 체면을 무시하고 하루살이처럼 사는 무지몽매한 사람으로 제도가 어렵다.

12

인연因緣 이야기

인因은 타고난 사주팔자 시간 개념天緣이고 연緣이란 태어난 지역, 출생 가문, 부모의 유전자, 학교 학과, 직장, 거주지, 배우자, 종교 등의 지연地緣과 인간관계人緣를 말하는 것이라네.

격국은 가문, 직장, 하는 일, 사회 활동이 되니 격국의 인연이면 집안과 하는 일이 불같이 일어난다네.

용신은 사공이니 용신 인연이면 하는 일마다 손발이 되어 뛰어주니 하는 일이 술술 잘 풀린다네.

일지는 가정궁이니 일지가 도우면 가정이 안정되어 평화롭다네.

시지는 안방이니 길신이 도우면 부부 화락하여 웃음꽃이 핀다네.

기신, 구신은 적군과 반란군과 같으니 밖에서 치고 들고 안에서 들고 일어나서 사사건건 충돌에 손해만 끼치고 도움은 되지 않는다네.

사길신(식신, 정재, 정관, 정인)을 파극破剋하면 성정이 불량하고 자기주장에 자기 이익만 챙기는 이기적인 처신으로 가정을 혼란에 빠트린다네.

사흉신(겁재, 상관, 편관, 편인)이 많으면 항상 긴장해야 하고 편할 날이 없다네.

식상은 상대를 다루는 성분이라 장사, 영업, 상담, 소개, 중개, 매매를 잘하고 언변과 처세가 뛰어나다네.

재성은 식구와 백성이 먹고사는 양식이니 재성이 길 작용을 하면 가정과 국가가 부강하게 된다네.
관성이 흉성 작용하거나 중병이 들거나 무력하면 공부를 못한다네.

년상은 군사부君師父이며 웃어른, 상사에 해당하니 합이 좋으면 충효열忠孝烈의 정신이 발현되며 큰 사랑을 받게 된다네.

일간은 삶의 주체이니 길신이 합하면 한 몸 한뜻으로 작용하니 길하게 된다네.

득병에 병신病神 인연으로 들어오면 고질병을 가중시키고 삶에 짐만 되니 신세 한탄이다. 해주는 음식에 병 기운이 서려 있고 간병을 해도 치병에 도움이 되지 않는다네!

여명에
子午卯酉, 寅申巳亥, 辰戌丑未가 다 있으면 생리사별을 겪는다네.
상관살이 있으면 남편이 한 번은 큰 실패를 겪는다네.

상관견관이 있으면 남편이 반드시 망한다네.
형살이 있으면 시집의 화목을 깨트린다네.

괴강, 천라지망, 과숙살이 있으면 남편이 성공키 어렵다네.

도화나 욕지 삼합자는 정조 관념이 약하여 불화가 일어나며 기신 삼합자도 그러하다네.

편인도식이 강력하면 자식 낳기 어렵고 낳아도 기르기 어렵고 길러도 효도 받기 어렵다네.

편관이 제화가 안 되면 살로 변하여 삶의 여러 문제를 발생시키고 결국 자신의 몫이 되어 심신이 고달프고 탄식 소리 절로 난다네.

관성이 입묘되면 불길한 조짐이니 운세 작용을 잘 살펴 살아야 한다네.

남명에
관살이 강력하고 일주 허약하면 처가 가권을 쥐고 흔든다네.
일주 무근에 재성이 득세해도 부부 풍파를 겪는다네.
정인이 격국이나 용신인데 재성이 기신되어 파인破印하면 처나 처가 식구가 집안을 망친다네.
사생四生, 사맹四孟, 사고四庫가 다 있어도 부부 풍파 생리사별이 발생한다네.

비겁이 중중해도 부인이 유혹에 개방되어 있어 외정이 생길 우려가 크다네.

배우자궁에 기신이 자리해도 부부 불화에 가정의 기운이 기운다네.

남녀 모두
년상이 기신이나 사흉신이면 군사부의 덕이 없고 천한 사람이 되기 쉽고 차라리 천업으로 나가는 것이 좋다네.

월지 공망이면 터전이 무너진 격이니 이주하여 새 삶을 꾸려야 되며 다시 옛터로 돌아가면 망하게 된다네.
일지 상관은 질서가 무너져 함께하기 어렵다네.
안방이 전쟁터에 차려지면 혼란스럽다네.
자기보다 사공의 힘이 강왕하면 종이 주인을 능멸한다네.
희신은 자기의 마음이니 손상이 되면 마음이 혼란스럽다네.
관살이 강왕해도 극약해도 질서 이탈 심리가 발동한다네.
재성이 양호해야 아랫사람을 먹여 살려 안정된 환경을 유지한다네.
기신구신이 강세를 떨쳐 감당키 어려우면 한평생 고난의 길이니 종교에 귀의하거나 수행의 삶을 살아야 한다네.

참회와 건강한 삶을 위한 조언

몸을 오랫동안 씻지 않으면 때가 끼어서 몸의 땀구멍, 털구멍을 막고 오염된 공기에 노출되면 콧구멍이 막혀서 여러 가지 몸의 기능 이상을 불러온다. 그래서 몸을 자주 씻어야 하고 코안을 청결하게 유지해야 한다. 옛날에는 목욕을 오래도록 안 해서 몸에 이가 득실거릴 때도 많았다.

마찬가지로 우리 인생길에 어려움을 이것저것 겪는 것도 사실은 마음으로 통하는 마음 구멍이 막혀서 일어난다. 그 마음 구멍을 깨끗이 수리하는 작업이 바로 참회인 것이다.

알게 모르게 남의 마음을 아프게 하여 그들로부터 날아와서 내 마음 구멍을 막아 기의 소통을 막고 있는 업장을 뚫어내려면 참회해서 그 뭉쳐있는 어두운 원망의 기운들을 해체시켜야 한다.

우리는 이 생뿐 아니라 전생과 전 전생을 통해서 알게 모르게 무수한 사람을 힘들게 하여 그들로부터 원망하는 나쁜 파장을 많이 받아서 어두운 업장을 만들어 왔다. 그것이 현실적으로 우리 앞길을 어둡게 만들고 힘든 삶이 되게 하니 참회 과정이 필요하다.

참회는 나를 살리고 내가 힘들게 했던 상대를 동시에 살려내는 작업이다. 그러면 마음 구멍이 뻥 뚫려서 마음먹은 대로 일이 술술 풀려나가게 된다. 그래서 참회를 열심히 하는 사람은 좋은 팔자를 타고나게 된다.

마음 구멍이 뚫려있는 사람은 건강하고 재물이 풍족하고 명예롭고 가정 화목하게 잘 살아간다. 그러므로 참회의 생활을 미룰 필요가 없다.

참회한 연후에 마음을 빛나게 가꾸는 '내려놓음', 즉 마음 안에 무질서하게 널려있는 생각들을 정리하는 작업을 하여야 한다. 곧 생각의 움직임과 몸의 움직임을 하나하나 살펴서 내려놓는 작업을 말하는 것이다.

마음 구멍을 막은 것은 탐하고 화내고 어리석어 상대에게 피해를 주고 상처를 주어서 원망의 기운이 쌓여 만들어진 것이다. 참회하며 용서를 비는 과정이 필요하고 그 후에 마음 안을 빛나게 하는 생각의 정리, 곧 내려놓음의 수행이 필요하다.

앉으나 서나 걸으나 생각하거나 말하거나 행동하거나 '이것이 무엇인가?' 하는 지켜봄의 태도와 '난, 모르는 일이다!'라는 내려놓음의 태도가 바로 수행이며, 그래서 가부좌를 틀고 앉아 있는 것만 아니라 하루 24시간 내내 수행의 시간인 것이다.

'기절했다', '기통 차다', '기가 막히다' 등의 말이 보여주듯이 기의 움직임이라는 것이 바로 마음의 파장인 것이다.

이 마음의 파장은 현대 과학으로 증명할 수 없는 물질을 통과하고 있는 비물질이다. 그런 점에서 과학에서 말하는 에너지와 다른 개념이다. 이 마음의 파장이 모여서 이뤄진 것이 업(기운 모인 것)이라고 하는 정체이다.

기억력記憶力

이미 경험한 정보를 선별하고 기억해 내는 창고로 해마hippocampus가 거론되는데 신경 세포 다발로, 길이 5㎝, 지름 1㎝로 성인 새끼손가락 정도의 크기라고 하는 기억 제조 공장이다. 참선 체조에서는 뇌의 건강을 위해서 뇌를 자극하는 몇 가지 운동법을 지도하고 있는데 꾸준히 실시한 결과 많은 분이 효과를 보고해 와서 이곳에 실어본다.

① 귀를 손바닥으로 108번 마사지
② 귀 위에 3차 신경 다발을 36번 손가락 끝으로 톡톡

③ 관자놀이를 36번 손가락 끝으로 톡톡

④ 위아래 이를 36번 부딪친다.

⑤ 손가락 끝으로 머리 전체를 골고루 두드려 준다.

⑥ 목을 좌우로 3회씩 원을 크게 그리며 아주 천천히 돌려준다.

필자가 명리학 연구를 하면서 기억력이 특히 좋으신 분들에 대하여 관찰해본 결과 월지 식신격과 주중에 양인을 본 분들이 유난히 치밀하고 기억력이 좋으신 것을 알게 되었다. 식신이란 일간이 이미 저장한 기운을 발산하는 기능을 말하는 것이니 이것이 기억력과 더불어 총명한 정영을 설하는 것으로 나타나는 것 같다. 그러므로 모든 격국 중에서 식신격의 총명지수가 단연 최고라고 할 것이다. 각계각층의 유명한 인사들 중 많은 분이 식신격이라는 것도 우연이 아닐 것이다.

그리고 양인이란 날선 검이나 끝이 뾰족한 무기나 수술 도구 및 작업 도구에 해당한다. 전쟁 중에 상대가 살상 무기를 휘두르며 자신의 목숨을 위협할 때 이를 피하고 상대의 급소나 명줄을 단칼에 베어야 자신이 살아나는 경우를 생각하면 양인이 기억과 관계되어 있다는 사실이 충분히 이해가 간다. 자기 목숨을 지키기 위해서 상대의 목숨을 해해야 하는 순간에 모든 몸과 맘이 혼연일체가 되어 움직임으로 그 몸과 맘의 기능이 최고조에 이르게 되는 것이다.

또한 외과 의사가 수술을 집도할 때 오직 죽어가는 환자를 살려야 한다는 일념 이외는 그 어떤 잡념도 일어나지 않을 것이다. 마치 마음의 스승이 화두에 몰입되어 있듯이 정신 기능이 최고조에 이르러 있는 것이니 맑은 거울같이 사물을 명료하게 밝혀내게 될 것이다. 그러므로 수행자는 기억력 지수가 떨어지면 수행에 중대한 장애가 일어난 것으로 알아야 할 것이다.

자식을 가질 때 꼭 알아야 할 점

농부가 가을 결실을 보기 위하여 봄이면 씨를 뿌리고 여름에 가꾸느라 수고를 마다치 않는 것이다. 그런데 철부지 농사꾼이 되어 가을에 씨를 뿌린다면 머지않아 찾아올 겨울 추위를 어찌 감당할 수 있겠는가?

마찬가지로 부모의 마음에서 자식 농사를 잘 지어 가문을 빛내고 큰 성공 인생을 살게 하고 싶지만 자식 농사가 부모 맘대로 되는 것은 아니다. 전국의 교도소에는 수많은 재소자로 만원을 이룬다고 한다.

내가 살고 있는 동네에도 제법 규모가 큰 교도소가 자리하고 있는데 만원이 되어 조만간에 더 큰 규모로 신축한 교도소로 이사를 간다고 한다. 이 많은 이들도 자기를 낳고 길러준, 자식을 사랑하는 부모님이 계실 것인데 무슨 이유로 자식 농사가 쓸모없이 되었는지 생각해 보지 않을 수 없다.

교수와 의사가 직업인 자식이 재산 문제로 부모를 살해하기도 하고, 얼마 안 되는 용돈 때문에 아버지를 죽이기도 하고, 보험금을 타내기 위해 정부와 짜고 남편을 죽이기도 하고, 자식 다리를 분질러 보험금을 타내려고 꾸미기도 하는 등 참으로 현실은 이해할 수 없는 일이 한두 가지가 아니다.

그런가 하면 자식이 부모 봉양을 안 하려고 부모를 버스터미널에 내려놓고 도망을 가거나 모친이 바람이 나서 정부와 도망가는 바람에 고아원에 맡겨진다거나 부모가 자식을 강간하거나 매춘을 시켜서 돈벌이 수단으로 삼는 등 부모와 자식지간이 꼭 사랑과 효도만으로 이뤄지는 관계가 아닌 것을 보여주고 있다.

왜 그런 것일까? 바로 인과의 이치 때문이다. 부모로서 모성과 부성을 잃고, 자식으로서 효성을 잃고, 몰인정하고 흉악한 일이 벌어질 수밖에 없는 부모와 자식 사이의 고약한 인과가 있기 때문이다. 인연의 이치를 활용한다면 귀한 자식은 못 둔다 해도 불효나 패륜아 자식은 낳지 않을 수 있다.

그러므로 자식을 낳아 태교를 하기 전에 몸을 정갈하게 갖고 마음의 기운을 맑게 하여 평화로운 마음 상태를 유지하도록 기도나 명상을 권하는 바이다. 모든 것은 상응하는 법칙이 있는 것이니 씨를 뿌리기 전에 밭갈이를 하여 씨가 잘 자랄 수 있는 환경을 만들어야 한다.

개운開運의 길

매일 신령스러운 약을 만들어 먹자.

'음미'하지 않는 식사는 병든 몸을 만들고 '음미'하는 식사는 건강한 몸을 만들어 준다. 서양 의학의 창시자 히포크라테스는 "음식으로 다스리지 못하는 병은 약으로도 치료할 수 없다"고 하였다.

마음을 수행하는 사람의 식사는 단순히 먹는 것을 넘어서 부처님께 불공 올리듯이 정성을 다하여 먹어야 한다. 적당히 씹어 삼키는 음식물은 몸 안에 들어가 쓰레기가 되고 독이 되지만 정성껏(한 숟갈에 150~200번 깨문다) 먹는 음식물은 몸에 들어가면 신령스런 약으로 변한다.

수행하듯 천천히 깨물며 맛을 '음미'하며 입안에 고인 침과 함께 삼키도록 해보자. 천천히 음식물을 씹으면 침샘에서 많은 침이 흘러나오는데 이것이 바로 무병장수을 하게 하는 '감로수甘露水'가 되는 것이다.

그렇게 하면 신장의 해독 기능이 좋아지면서 세포가 생기를 띠게 되어 얼굴이 신선의 용모처럼 단정하고 윤기가 흐르고 눈은 맑고 밝은 기운을 뿜어내게 된다. 또한 건강한 몸을 넘어서서 탁한 기운을 물리치고 밝은 기운을 당겨오는 운명 개척의 비법이기도 하다. 21일 동안만이라도 실천해보면 그 결과는 몸이 말해준다.

내 몸이 부모님의 몸이다

옛말에 "인체발부 수지부모身體髮膚 受之父母"라 하여 머리카락 하나까지 부모로부터 받은 것이니 함부로 다루면 불효자라 하여 소중히 다루어 왔다. 그러나 각박하고 험난한 세상에서 살아남기 위해서 앞만 보고 뛰다 보면 몸을 돌볼 마음의 여유나 시간도 허용되지 않는 경우가 허다하다.

그 결과는 죽도록 일하여 돈은 벌었으나 몸이 만신창이가 되어 벌어 놓은 돈 재밌게 써보지도 못하고 약값으로 써야 하는 처량한 신세로 전락하는 경우가 허다하다.

몸은 주인인 마음의 뜻에 따라 수족처럼 움직이는 꼬리와 같다. 머리와 꼬리는 한 몸, 한뜻으로 일심동체인 자기 자신이다. 혈기왕성한 청소년기에는 몸과 마음이 함께 움직이지만 나이가 들어가면서 수족 역할을 해오던 몸은 여기저기가 아파오기 시작한다.

종처럼 부려 먹다 보니 힘이 부치고 기능 저하에 따라서 기운을 회복하고 치유하는 시간이 필요한 것이다. 챙겨주는 시간을 놓치기라도 하면 나중에는 돌이킬 수 없는 지경에 이르게 되는데 그것은 꼬리가 주인이 되고 마음이 꼬리가 되는 역전 현상이 그것이다.

보지도 듣지도 맡지도 못하는 꼬리가 머리를 끌고 다니게 되면 머리를 이리저리 부딪치게 되어 만신창이가 된다. 결국 머리와 꼬리는 움직임조차 제대로 할 수 없게 되니 그 피해는 가족이나 주변 사람에게 돌아가게 된다.

그러므로 그러한 사태를 맞이하지 않으려면 평소에 몸을 잘 관리해 줘야 한다. 그래서 서양 속담에 "재물을 잃는 것은 작게 잃은 것이요, 명예를 잃으면 많이 잃은 것이요, 건강을 잃으면 자기의 모든 것을 잃게 된다"고 하였고, 우리 말에도 "복 중에 최고의 복은 건강"이라고 한 것은 다 인생을 살아본 지혜의 말씀들이다.

건강이 무너져 버리면 인간관계, 직업 활동, 재산 증식, 사회적 명예, 평안과 휴식 생활 등을 할 수가 없게 되니 자기의 모든 것을 잃어버리게 된다.

몸은 어머니 모태에서 280일 동안 만들어 나온 것으로 원래부터 소유자가 부모님이시다. 그러므로 몸을 부모님께 효도를 하듯이 정성스럽게 예우할 필요가 있는 것이다. 몸을 종 부리듯 마구 사용하여 힘들게 하면 나중에는 몸의 반격을 받아내야 하는 절체절명의 위기를 맞이하게 되니 큰 불효가 아닐 수 없다. 정신이 없고 얼이 빠져나가도 숨이 멈춰 죽기 전까지는 나와 함께 해야 할 숙명이다. 잘 살고 잘 죽어가려면 몸을 잘 보살피도록 해야 한다.

그래서 몸을 잘 관리해 주는 방법으로
① 해가 뜨면 기상하고 해가 지면 자리에 눕도록 한다.
② 해가 있을 때는 햇빛을 받도록 하고 해가 지면 오래도록 불빛에 노출되지 않도록 한다.
③ 아침은 간단히 소식하며 가능하면 위에 부담이 적은 죽이나 과일을 먹는다.

④ 점심은 먹고 싶은 음식 위주로 많이 먹도록 한다.

⑤ 해가 떨어지면 몸의 기능이 쉬기 시작하므로 빨리 소화되고 흡수될 수 있는 삶은 야채 위주로 먹도록 한다.

⑥ 해가 완전히 떨어진 저녁 7시 이후에는 물 이외에는 섭취하지 않도록 한다. 오후 9시경이면 잠자리에 눕고 새벽 3시경이면 기상하도록 한다.

⑦ 주 4회 운동을 하고 운동 시간은 50분 정도 몸에 땀이 날 정도로 한다. 젊은 층은 헬스 등 과격한 운동을 해도 되지만 나이가 들어갈수록 굳어진 몸 근육을 풀어주는 스트레칭, 가볍게 걷기 운동 위주가 좋다.

⑧ 밤늦게까지 일하거나 하시는 분들은 별도의 몸 관리가 필요하므로 위에 열거한 것을 다 지킬 수가 없으니 자기에게 맞는 관리 프로그램이 있어야 할 것이다.

운명 개척을 위한 해독_{解毒} 수행

인간이 현실적으로 겪는 질병을 포함한 모든 삶의 고통은 탐진치_{貪嗔痴} 삼독_{三毒}에 중독되어서 일어나는 것이다. 해독이란 곧 몸과 마음에 쌓인 독소를 풀어내서 본래의 건강한 몸, 평화로운 마음을 복원해 내는 과정을 말하는 것인데, 그 방법은 '판단 중지', '내려놓음', '비움' 세 가지다.

① 현실은 끝없이 변화에 의한 자극을 받으며 이에 대한 판단과 결정을 요구받고 있다. 일어나는 마음과 생각하는 마음의 기능을 정지

하고 오직 바라보는 마음만을 지키는 '판단 중지'를 통해서 변화에 초연한 평화로운 마음을 지킬 수 있다. 이러한 '판단중지' 수행을 지속하면 두뇌가 총명해져서 순간의 직관력이 발휘되게 된다.

② 명상을 통해서 몸과 마음의 움직임을 주시하면 가슴에 쌓인 독소가 풀어지고 지극한 양심, 곧 감성이 깨어나는 과정을 체험하게 된다. 이를 큰 사람, 대자대비, 어짐, 선함이라고 한다.

③ 몸을 비워내는 방법으로 전통적으론 물 이외엔 일체의 음식물을 끊는 금식의 방법을 시행했으나 현대에는 과학적인 프로그램으로 하루 한 끼의 점심을 먹거나 아침과 저녁에는 약간의 과일을 먹으면서 독소에 중독된 세포를 풀어내는 데 필요한 물과 건강보조식품(칼슘제, 비타민제, 미네랄제)을 제공하여 준다.

부처님께서 하루 중 사시(오전 9시~11시)에 한 끼의 식사를 하시는 것으로 85세까지 건강한 생활을 하실 수 있었던 것도 알고 보면 위에 언급한 머리는 '판단 중지' 하고 가슴은 '내려놓고' 몸은 '비우기'를 하는 세 가지 자연 건강 요법을 실천하신 데 있었다.

이와 함께 음식물을 섭취하거나 물을 마신 후에는 햇볕을 쬐며 가볍게 걷는 운동이 좋다. 이는 빈 병에 물을 넣고 흔들어주면 병 속의 이물질이 깨끗이 씻기어지듯이 독소에 중독된 세포를 해독시키고 세포에 영양물질을 공급하는 데 도움을 준다.

水(세포) 해독

인체의 70%인 물이 생명의 종자 역할을 한다. 세포에 저장된 에너지가 독소에 감염되면 깊은 마취 상태에 빠져 잠을 잔다. 이를 '깨어나게'

하는 것이 독소를 풀어내는 해독 과정이다.

- **품**品: 물건을 쌓아둔 모양처럼 세포가 쌓여서 몸을 이룬다. 세포가 독소에 중독되어 병이 든 것을 '병病'이라 하고 그 병이 목숨을 위협할 정도가 되면 독소가 산처럼 쌓였다는 의미로 '암癌'이라고 표기한다.

식신이란 면역 기능과 대사 기능에 해당하는데 편인(잘못된 식생활을 통한 독소의 증식)에 의해서 도식倒食(식신 기능 저하)이 되면 병에 대한 저항력이 떨어지고 몸을 건강하게 유지하지 못하게 된다. 편인의 잘못된 식생활로 인하여 식신의 기능들이 망가져 몸을 독소가 점령하게 되는 상황을 도식이라고 하는 것이다.

편벽된 음식 습관으로 몸에 해로운 음식물을 섭취해서 소화와 흡수가 되지 않는 음식물들이 장 안에서 부패하여 독소를 배출하게 되고, 독소는 다시 염증을 일으키고 염증이 모이는 곳의 세포가 병이 들어 통증을 호소하게 된다.

이를 바로 잡으려면 편재로서 편인을 제도해야 한다. 예를 들어 비싼 돈을 지출해서 편인의 잘못된 식생활 습관을 바로 잡도록 해야 효과를 극대화할 수 있다는 말이다. 피 같은 돈이 비싸게 지출이 되어야 돈이 아까워서라도 해독을 위한 주의 사항을 엄격하게 지켜낼 오기가 생기는 것이다.

또한 편재는 양명지원養命之財으로 우리 몸에 해당함으로 지금 당장 몸을 수리하지 않으면 생활에 큰 장애가 발생하거나 심하면 죽게 된다고 할 때에나 움직이게 된다는 말이기도 하다. 몸의 독소를 해소하는 일을 지금 착수하지 않으면 죽게 될 수도 있다는 경각심을 가지고 시도해야 한다.

그런가 하면 우리네 삶을 병들게 하여 불행하게 하는 원인인 탐진치 貪嗔痴 삼독三毒을 해독하는 수행 과정도 제일 먼저 금쪽같은 재물을 내어 놓는 보시로부터 시작한다. 보시가 있으므로 해서 그다음 단계인 지계, 인욕, 정진이 가능하게 된다.

하나뿐인 자기 몸을 쓰레기 봉지 버리듯 길거리에 방치하는 사람은 없을 것이다. 하나뿐인 내 몸을 걸고서 삶의 이치를 깨닫고자 하는 수행자이기에 왜곡되고 뒤집힌 사물의 안목을 바로 세울 수 있는 것이다.

그런가 하면 일간을 공격하는 편관(七殺)은 바이러스가 몸을 곧바로 치고 들어온 것과 같고 갑작스러운 위기 상황이 발생하여 몸이 위험한 지경에 노출되는 것과 같은 것이다. 이때 식신이 몸을 지켜내는 수호신 역할을 함으로 수성壽星이라고 한다. 몸에 해로운 인스턴트 음료나 밀가루 음식이나 기름진 육류를 멀리하고 몸에 이로운 과일과 채소 위주로 섭취하면서 필요한 칼슘, 미네랄, 비타민 같은 건강식품을 챙겨 먹는다면 몸은 하루하루 기능 향상이 이뤄져서 건강을 회복하게 되는 것이다. 그러므로 식신의 기능이 활발하게 작동되도록 하는 것이 몸 해독의 핵심이며 마음 수련에서의 삼독심三毒心을 제거하고 마음을 평화롭게 만드는 첩경이다. 그래서 몸이 오염된 사람은 마음 또한 어지럽고 마음이 평화로운 사람은 몸이 정화되어 있다고 할 수 있다.

평소 먹고 마시는 음식의 질들이 마음의 질을 만들어 내고 탐욕으로부터 멀어진 평화로운 마음이 몸을 건강하게 만들어 내게 된다.

해독 수행이란 한 마디로 '맨 처음 자기로 돌아가는 것, 생명의 근원으로 돌아가는 것'이며 악운을 극복해내는 길이기도 하다. 갓난아기나 병상에 누운 환자처럼 생존에 필요한 기본만 충족시키고 긴장 없는 자유로운 상태에 머물면 생명력이 서서히 회복되게 된다.

그러므로 몸에 병이 있거나 마음의 상처가 생기거나 악운을 이기려면 '죽은 듯이' 처신하면 된다. 죽은 자는 음식, 생각, 움직임, 말, 잠 등이 멈춰 있다. 그래서 죽은 사람처럼만 행동할 수 있다면 악운도 피해갈 수 있다. 이미 죽은 것이나 다름없이 생존에 필요한 욕구 이외에는 더 이상 바랄 것이 없는 상태를 조성하였으니 죽음의 기운도 어찌할 수 없게 된다.

세상에 갓 태어난 갓난아기나 죽음을 목전에 둔 노약자는 기본적인 생존 욕구 이외에는 더 취할 수도 없고 더 취하려는 마음을 일으키질 않는다. 사람은 누구나 자기의 본모습에 가까워지면 무소유한 마음이 되어 몸과 마음이 청정해진다. 그런 점에서 수행이라는 원리, 해독 원리, 악운을 이겨내는 원리는 같은 것이다. 선가禪家에 전해지는 악운을 극복하는 비결 하나를 아래에 소개하니 참고하시기 바란다.

1. 소식하고 늦은 시간에 먹지 마라.
2. 일찍 자고 일찍 일어나라.
3. 조용히 마음의 움직임을 관찰하라.
4. 남의 인생사에 간섭하지 마라.
5. 안다고 말하지 말고 벙어리처럼 지내라.

마음 씀씀이가 업業의 정체

어르신들이 직업 활동이나 사회 활동을 놓고 쉬게 되면 하시는 말씀이 "업을 놓고 쉰다"고 표현하신다. 주변에 늙어 병이 들어 휴식하며 치유의 시간을 가져야 하는데도 일만 하는 어르신들을 보게 되면 안타까운데 그런 분을 보면 "참 저 어르신은 업도 두텁다"라는 생각이 들기도 한다.

꼭 수입을 목적으로 하지 않고 친목 다짐이나 취미 활동을 하면서 건강도 챙기는 경우라면 모를까 가족을 먹여 살리거나 자기 손을 필요로 해서 챙기지 않으면 안 되는 분이 있는 경우는 정말 '업이 무거운 분'이라고 할 것이다.

업을 인간관계에서 보면 서로 상생했던 삶은 안락한 생활로 만나지고 서로 상극했던 삶은 고통의 생활로 만나지게 되는 것이 자연 원리이다.

업의 정체는 마음 씀씀이에 있으므로 고통을 떠나 안락한 삶을 살고 싶으면 상극에서 상생으로 마음을 쓰도록 해야 한다. 그러므로 업의 정화나 소멸은 마음을 바로 사용하는 것으로부터 시작되니 항상 이 순간의 마음의 상태를 관찰하는 것을 잊지 말아야 한다. 상생은 상생을 낳고 상극은 상극을 낳으며 돌고 도는 인생사다.

상생의 생활방식으로 바꿔서 서로 힘들게 주고받고 있는 고통의 사슬이 있다면 끊어버리도록 하자. 세상을 살면서 고통이 없다면 신불을 찾을 이유가 없다. 자기를 힘들게 하는 사람을 미워하는 마음을 내려놓기로 하자. 쳐다보기도 생각하기도 지겨운 그런 사람이 있더라도 나로 하여금 부처님을 만나게 한 공덕이 큰 것이다. 그가 아니었다면 어떻게 내 마음이 부처님을 찾을 수 있기나 했겠는가?

그러므로 내게 어리석은 짓을 한 그를, 손해를 끼쳤던 그를, 상처를 준 그를 용서해 주며 잘 살아가도록 축복하여 보자. 죽음 앞에 서면 인생사가 모두 부질없이 느껴지고 용서 못 할 일이 없는 것이다.

이 생에서 일음일양–陰–陽하고 일생일극–生–剋하며 주고받는 업장業障(업으로 인한 고통스런 상황)을 풀어서 자리이타自利利他(나도 너도 이익되는) 상생의 길로 나아가도록 관계를 새롭게 해야 한다.

인과의 원리로 볼 때 우리에겐 자기를 힘들게 한 사람을 용서해 줄 수 있는 권리와 책임이 동시에 주어져 있음을 알아야 한다. 그러므로 이유 없는 용서란 없다.

13

천간天干 이야기

갑목 대장 기질 지닌 선봉장 나를 따르라!

甲木

대림목大林木, 직목直木, 강직한 성품, 머리, 정신, 대들보, 서재, 도서실, 신문. 방송실, 학교, 학원, 고층 건물, 광고판, 보일러실, 전산실, 문화 전시, 서점, 의류, 산신당, 등산 장비, 피혁, 표구, 천막, 농장, 숙박업소, 조각, 조경, 식물, 설계, 건축, 미술, 현악기, 디자인, 연기, 연출, 기획, 창작, 연구, 개발, 광고, 홍보, 교육지도, 식료품, 전봇대, 송수신 탑, 상승지기로 고집이 강하고 자존심과 뚝심이 있다.

甲木은 乙木 가지가 많으면 큰 재목으로 성장하지 못한다. 甲木이 겨울에 태어나고 金을 사용할 수 있으면 대들보 역할을 하게 되니 큰 인물이 된다. 甲木이 겨울에 태어나고 화국火局을 이루면 자신을 태워 세상을 밝히는 활인지명活人之命이다.

乙甲丙己 곤명
亥午子丑

겨울 甲木이 금을 봐야 벌목을 하여 대들보로 사용될 수 있는데 보이지 않고 乙木 가지만 늘어져 있으니 얼어 죽을 판국인데 丙火태양이 떠

있으니 추운 겨울 어두운 밤중에 일거리를 쫓아 분주히 밖으로 돌아다니는 형국이 되어 고생이 말이 아니다.

甲木이 봄여름 달에 태어나면 성장하는 나무이니 癸水 비가 내리고 丙火 태양 빛을 받으면 크게 결실을 맺게 된다. 그러나 癸水와 丙火가 붙어 있으면 태양 빛을 가려 먹구름을 만들기 때문에 멀리 떨어져 있어야 한다.

甲甲丙癸 곤명
戌辰辰卯

甲木이 봄철에 태어나고 기름진 辰土에 뿌리내리고 丙火 태양 빛을 받으니 성장 결실하기에 좋은 조건인데 癸水 비가 내리니 태양이 먹구름 속에 갇히게 되어 나무가 성장할 수 없게 되니 癸水 부모가 원망스럽다.

乙甲癸庚 건명
亥寅未辰

6월 염천炎天의 계절에 癸水가 나와 있으니 丙火 태양이 드러나지 않고 인중병화人中丙火로 암장되어 있음이 아름다운데 년시로 을경원합乙庚遠合하여 나뭇가지를 수시로 잘라주니 평생 부귀가 따르게 된다.

申酉戌월에 태어나면 대들보로 다듬어서 사용되게 되니 길하며 壬癸水를 보게 되면 소금물에 담가 썩지 않게 처리하니 천년 세월을 지나도 부패하지 않는 대들보가 되어 국가 사회에 크게 쓰이게 되어 대길하다.

인연을 읽는 사주 명리학

甲甲乙庚 곤명

戌子酉子

가을 甲木이 벌목이 되어 자수욕지子水浴地에 껍질이 발가벗겨지고 깨끗이 씻겨졌으니 대들보감이다.

을목 독종 기질로 악조건 속에서도 살아남는 강인한 생명력

> **乙木**
>
> 화초목花草木, 넝쿨, 미술, 유아 교육, 의상, 밍크코트, 사진, 간호, 보육, 간병, 현악기, 창작, 광고, 설계, 측량, 조경, 증권, 복권, 수표, 어음, 지폐, 문구, 표구, 궁도, 포목, 약초, 채소, 회계, 사서, 여행, 관광, 수공예품, 완구, 과일, 가로수, 가구, 골프, 당구, 포장, 화장, 미용, 피부, 네일아트, 문신, 서예, 시, 전선, 뇌 신경, 수족, 화초, 새, 실, 붓털, 조종사, 옷, 사치, 춤(날갯짓)

을목은 외모 화려하고 화려한 생활을 추구하고 인기가 따르나 운로가 불길하며 겉치레만 있고 속 빈 강정이 될 수도 있다.

가을 을목은 금 기운이 강하니 임계수를 봐야 하는데 병정화를 보게 되면 벌 나비는 어디 가고 똥파리만 날아들어 꽃잎을 시들게 하고 죽게 하니 남자마다 하나같이 귀신들만 만나니 차라리 혼자 사는 것이 팔자가 좋다.

丁乙癸己 곤명

丑卯酉亥

가을 을목되어 서리를 맞은 형국이라 낙엽되어 떨어질 상황이라 태어나면서부터 어려운 환경의 피해자가 되기 쉽다. 부모의 보호 아래 챙김을 받기보다는 일찍부터 가정의 어려움을 해소하는데 동원되어야 하는 불운을 겪게 된다.

그러나 다행으로 월상계수가 통관하여 위기를 수습하여 나아가게 되는데 년상기토(가정경제)가 해수 위에 자리하여 흙탕물을 일으키니 인성이 흐려져서 계발되는데 어려움이 생긴다. 기묘 대운 임진년에 남편이 현장에서 일하다 사고사하였다.

丙乙乙辛 곤명

子巳未丑

여름 을목 화초가 축미 충으로 뿌리가 흔들려 있고 년상신금은 때아닌 우박이 되어 떨어지니 꽃이 시들어 땅에 떨어질 위기에 놓였다. 다행히 시상병화 태양 빛이 우박을 합하여 단비가 되게 하여 구사일생은 하나 더운 날씨에 밖으로 다니느라 고생이 말이 아니다.

을목 일주 사를 보면 사지死地되어 질병이 떠나지 않아 몸이 종합병원이다. 을축(衰地), 을사(浴地), 을해(死地) 일주들은 질병이 떠나지 않는 걸 많이 본다. 신금 첫 남자 을미 백호가 을신충, 축미충 하여 자살하고 말았다.

己乙丙丁 곤명

卯卯午酉

여름의 화초인데 기토 편재를 보았으니 길거리에 핀 화초라서 지나는 길손들이 너나 할 것 없이 서로 손을 뻗쳐 꺾으려는 유혹이 많이 일어난다.

관성이 유기하여 관리가 잘 되면 액을 면하나 아니면 일부종사하기 어렵게 된다. 탁하면 화류계에 몸을 담고 청하면 방송, 문화, 예술 등 많은 사람의 관심을 받고 인기로 먹고 살아가는 길을 가게 된다.

무토는 높은 산이라 고독한 마음의 소유자요, 기토는 도리어 남자들에게 치여 괴롭게 될 소지가 많으나 돈은 있다.

戊乙丙甲 곤명
寅丑子午

겨울의 화초되어 가정에 병화 상관이 떴으니 자식 낳고 남편의 힘이 빠지기 시작하게 된다. 집안으로 질병, 근심, 걱정이 따르며 밖으로는 진행하는 일이 장애가 많고 중단하기도 하며 믿음이 원수로 돌아오고 가까이 있는 사람과 좋지 않은 일로 헤어지는 상처를 겪게 된다.

추운 겨울의 꽃이 병화 태양을 보면 밖으로 돌아다니며 먹고 살기 위해 고생하고 남편 복, 자식 덕이 없는 편이 많다. 자식이 어른 노릇 하며 자기에게 간섭하고 잔소리를 늘어놓으니 결국 멀리하게 된다.

또한 몸에 냉기가 강해서 꽁꽁 얼어있는 몸이 되어 남자를 원하지 않는다. 그래서 과부 소리를 듣게 된다. 辛卯생 남편 폐암으로 사망하면서 먹고살 재산은 남기고 가셨다.

병화 명랑한 성격으로 세상을 인도하며 봉사하는 리더

태양화로 만물을 기르는 것을 본업으로 하니 교육을 본업으로 한다. 병 일주가 을목을 보면 화초를 키우는 마음이라 벌 나비의 마음이 되어 꽃놀이를 좋아하니 남녀 모두 바람을 조심하여야 한다.

甲丙癸辛 건명

午辰巳巳

병 일주는 경금을 보면 망신살이요, 신금을 보면 여자에 마음을 빼앗겨 함몰되어 버릴 수 있으니 조심해야 한다. 화기가 강한데 이를 제어하는 수 관성의 힘이 약하여 욕망을 참아내기가 힘들다. 병신 합하여 수기를 만들어서 욕정을 해소하려고 80세가 다 되도록 바람을 피우고 산다.

己丙庚辛 건명

亥子寅酉

봄에 태양 되어 떠오르며 나무를 키워내는데 경신금 우박을 만나 꽃도 피우지 못하고 죽을까 염려스럽다. 경금은 망신살이요, 신금은 주색 잡기를 탐하는 마음이 되니 항상 재물과 여자를 탐하는 마음을 경계해야 한다. 현재 丁卯생 여자를 만나 사귀고 있는데 화초를 키우는 마음이 되어 꽃놀이에 빠져 세월 가는지 모르고 지낸다.

丁丙庚丙 곤명
亥子子申

남자는 경신금이 기신인데 나와 있으면 망신살이 되어 주색잡기에 빠져 사는 경우가 많고 여자는 재물을 탐하는 마음이 강해 돈을 불리려다 망조든 경우가 생긴다. 겨울에 우박을 맞고 비에 꽁꽁 얼어붙어서 꼼짝하지 못한다. 정화를 보아 큰 태양이 작은 빛에 의지하여 얻어먹어야하니 치사하고 체면이 말이 아니다.

정화 따뜻한 가슴으로 어둠을 밝힌다

丁火
등불, 달빛, 별빛, 등대, 조명, 온돌, 불꽃, 교육, 언론, 문화, 출판, 예술, 창작, 신, 정신, 심정, 기도, 광명, 정보통신, 전자 전기, 의료 장비, 의약품, 광고, 홍보, 화술, 웅변, 안경, 사진, 문화의 거리, 번화가, 극장, 호텔, 홍등가, 술집, 이미용, 차, 주차장, 퀵서비스, 대리운전, 보석, 인테리어, 액세서리 디자이너, 경마, 촛불, 향불, 정신, 혼불, 불씨, 가스, 석유, 타오르는 불

정화 일주가 신금이 기신이면 불길 속에 보석을 던지고 사는 사람이니 돈을 버리러 다니는 사람이다. 자기는 물론 남까지 망조 들게 하는

사람이다.

辛丁丙辛 건명
丑亥申丑

정화 일주가 병화 겁재에게 신금 편재를 합거당하니 보석을 형제나 친구, 지인들에게 탈취당하는 형국이다. 설사 봉사나 기부 차원에서 이뤄지는 형식을 띤다 해도 상대편의 치밀하고 계획적인 움직임 속에서 신금 보석을 내놔야 하는 상황이 만들어지게 된다. 가까이 다가오는 사람들의 속내가 자신으로 하여금 재물을 지출케 하는 경향을 띠니 밥을 사고 차를 대접해야 하기도 하며 배고픈 겁재들을 챙겨야 한다.

甲丁乙己 곤명
辰酉亥酉

관인격에 신약이니 인성을 쫓아서 살아야 하는데 유금편재성이 중중하여 달콤한 편재의 유혹에 종종 가야 할 바를 놓치는 경우가 생길 수가 있다. 그러므로 재를 쫓는 마음을 내려놓는 수행과 보시와 봉사의 생활로서 균형 잡힌 생활이 필요하다.

본 사주의 메시지는 재물은 생활할 수 있는 만큼만 추구하고 시간과 에너지를 아껴서 자연과 대화하며 심성을 다듬고 인문학적 소양을 길러서 참인간이 되는 길을 걸어가면서 이웃을 위해서 교육하고 봉사하며 살라는 것이다. 이런 사주자가 재물을 쫓으면 인성이 파괴되어 부모에 불효하고 주변으로부터 믿지 못할 사람으로 평가되며 욕을 얻어먹게 된다.

인연을 읽는 사주 명리학

무토 타협의 명수, 함께 공생의 길을 가자!

> ## 戊土
> 건토乾土, 적재 공간, 무지개, 저녁노을, 산성토山城土, 고산준령高山峻嶺, 교차로, 광장, 담장, 사통팔달, 시장, 토속신앙, 지리, 풍수, 단학, 고분古墳, 역사 유적, 관광지, 골동품, 장판, 매트, 운동장, 담장, 광장, 큰 무대, 큰 공간, 대로大路

庚壬戊甲 건명

子子辰午

기토는 논밭이라 충하면 옥토가 되어 생기를 분출하지만 무토는 큰 산이라 충을 하면 지진이 난 형국이 되어 무너지고 만다. 무술년 진술 충으로 댐에 균열이 생겨서 활동 무대를 흔들게 되니 오술 합하여 남방이나 화의 지역으로 피난을 가야 할 운세다.

남북 스포츠, 문화 교류와 정상회담 추진 관계로 한미 합동 훈련의 규모가 최소화되었고 미 함정들의 입항이 전무한 상태고 보니 일감이 거의 없어 손을 놓게 되고 대신 일본에는 함정들이 활발하게 드나들게 되어서 거의 일본에 상주하며 일을 보면서 신규 사업 건으로 바쁘게 움직이고 계신다.

무일 화왕인데 목이 없으면 산불이 나서 재만 남았으니 승려 팔자가 되고 을목이 나오면 꽃동산이 되어 겉치레가 요란하고 재물을 헤프게 쓰며 주색잡기를 하게 된다.

己戊丙己 건명

未午寅巳

戊午 일주는 배우자궁에 칼 방석을 놓았으니 부부간에 우로의 정을 논할 수 없어 불미하고 산에 불이 난 격이니 산짐승이 다 도망간 형국이라 배우자가 자리에 붙어 있을 수 없다. 일 점의 수기가 없는 중에 화기태심하니 건강에도 문제가 올 수 있다. 혹 乙亥생 배우자를 만난다면 액을 면하고 해로하게 된다.

辛戊庚庚 건명

酉辰辰戌

봄철 무토 큰 산은 나무를 키워내야 하는데 나무도 태양도 보이지 않고 바위 돌만 가득한 쓸모없는 돌산이다. 진술 충으로 지진이 나서 무너져 내리는 형국이다. 굴러 흘러내리는 바위 돌에 지나가는 길손이라도 있으면 재수 없게 맞아 죽을 수 있으니 위험천만한 일이 아닐 수 없다.

戊戊癸辛 건명

午午巳丑

화기가 강하고 일 점의 계수 또한 무계 합화로 수증기로 증발되어 버린 물인데 한 그루의 나무가 없으니 불난 산에 잿더미가 남은 형국이다. 출가 수행하는 승려의 운명이다.

辛戊乙乙 건명

酉子酉未

가을 산에 단풍이 빛을 보지 못하였으니 색이 우중충한데 해는 서산에 걸려 있고 찬바람에 단풍잎이 우수수 떨어지니 을씨년스럽기만 하

다. 쌍 자유로 귀문이 강하게 동하니 술독에 빠져 죽은 술 귀신이 빙의
된 것 마냥 환갑이 넘도록 돈을 벌어본 적이 없으며 매일 술독에 빠져
살고 있다.

기토 끌어모아 품고 길러내는 살림꾼

己土

습토濕土, 저장 공간, 안개, 구름, 논밭, 평야, 마당, 화원, 판화, 맛집, 잔디밭, 화
분, 도자기, 약초, 정원, 농토, 무덤, 공원묘지, 술집(꽃 방석집), 토목, 설계, 농업,
비닐하우스, 건축자재, 분식, 부동산 중개, 제빵, 제과, 장의업, 풍수지리, 커피
원료, 작은 무대, 작은 공간

기토는 논밭이기에 진술축미 충으로 땅을 일궈 다경다작多耕多作하여
많은 수확을 거두는 옥토가 된다. 기토는 을목 꽃나무를 보면 열매가
없으니 겉치레가 요란하며 바람기가 있어 망신수를 조심하여야 하는데
운명이 탁류로 흐르면 화류계로 진출하기도 한다.

기토는 임수가 기신이 되어 기토탁임己土濁壬에 해당하면 흙탕물이 되
므로 년간에 있으면 조상 때에 망하고 월간에 있으면 부모 때에 망하고
시간에 있으면 자식 때에 망하게 된다.

己己己甲 곤명

己酉己寅

여름철의 기토가 좌우 기토들과 갑목의 뿌리를 붙들고 하늘 높이 키

워내고 있는 형국이라서 협력의 공으로 부와 명예를 만들어 나가게 된다. 3인이 한 조가 되어 움직이면서 해독 프로그램을 보급, 지도하는 분이다. 사화는 의식주성에 관련된 성분이요, 유금은 식품, 약품인데 둘이 합신하였으니 해독 제품이 되고 인사형으로 몸을 관리하는 일이 되었다.

戊己庚庚 곤명
辰酉辰申

봄에 태어난 기토가 나무도 물도 태양도 보이지 않고 흙과 바위와 돌멩이만 가득한 황무지가 되어 가는 데마다 천덕꾸러기가 되어 버렸다. 부친은 돌아가시고 모친이 자기를 꼴 보기 싫어해서 멀리 떨어져 사시고 결혼해서는 남편이 자기를 꼴 보기 싫다며 가까이 오지를 않는다. 쌓이는 스트레스를 먹는 걸로 해소하다 보니 비만증에 걸려서 하루하루를 힘들게 살고 있다. 결국 이혼을 생각 중인데 슬하에 딸만 셋을 두어서 어찌 처리할 것인지 고민 중이다.

경금 개혁적이며 무섭도록 신속한 추진력의 소유자

庚金
사통팔달, 철도, 도로, 자동차, 화물, 항공사, 여행사, 관광회사, 통신, 전화, 은행, 조선소, 조폐공사, 엘리베이터, 군부대, 산업단지, 중장비, 철강, 술독, 기술자, 기계제작, 도검, 절단, 농기계, 자연 원석, 바위, 무쇠, 탱크, 철퇴, 고집, 싸움, 범법자, 스포츠, 어리석음(石頭), 군경, 판검사, 전문가 겨울 경금이 정화가 없으면 병화라도 있어야 하는데 없으면 빈천요사하거나 거지의 명이다. 경금이 丁甲을 보면 어느 운으로 가든지 발전하며 명예로는 대관이요, 사업으로는 대재를 이룩한다. 경금이 정화로 제련되고 갑목을 다듬어서 동량지목을 이루게 되니 큰 인물이 된다.

경일 임수가 있는데 기토가 함께 있으면 기토탁임己土濁壬이 되어 흙탕물이 되니 온몸을 흙탕물에 담근 것이 되어 여자는 똥통에 몸을 담고 사는 인생이요, 남자는 깡패다.

丁庚丙甲 건명

丑戌子午

겨울의 경금이 丁甲을 보았으니 운로가 어느 방향으로 흐르든지 성공할 수 있는 재목감인데 금수상관희견관에 해당하는 병화 편관을 보아 명예가 드높다. 상관견관하는 자오충이 흠이 되는데 갑목으로 통관되어 부친의 공력으로 해소되게 된다. 부장검사로 재직하다 현재는 변호사로 활동 중이다.

辛庚辛丁 건명

巳申亥巳

겨울의 경금으로 태어나서 총명한 머리에 지혜로운 사람이다. 자신도 배가 고픈데 주변의 무리 또한 배가 고픈 형국이다.

배고픔을 해결하기 위해서는 사람들을 계몽하고 전문성을 익히게 하면서 잘살 수 있는 삶의 환경을 만들어 내야 한다고 생각하게 된다. 그래서 혁신적인 사고, 혁명적인 행동방식이 몸에 자연스럽게 배어있는 사람이다. 사화 편관과 충발하는 식신 제살의 길을 따라서 교사에서 군인으로 군인에서 대통령까지 일생 살아온 과정이 점차 충발을 강하게 확대해 나오는 족적을 보이면서 최종적으로 절대군주의 자리까지 쟁취하게 되었다.

신금 깔끔한 외모에 말은 직선적이나 정신은 맑다

辛金

주옥금珠玉金, 생산물, 현금, 최첨단 기기. 무당, 기생, 칼, 방울, 요령, 장신구, 장식품, 술잔, 퇴폐업소(색시장사), 제기, 식기, 도자기, 유기류, 패물, 불상, 사찰, 종, 마이크, 최첨단 전자기기, 시계, 세균, 유산균, 발효식품, 양조장, 은행, 당구장, 기원, 치과, 한의원(침), 의상(바늘), 액세서리, 금속공예, 예민, 결벽증

공주 기질과 신사 기질이 있어서 스스로 보석이라고 뽐내는 스타일이며 용신이 되면 더욱더 그러하다.

己辛癸壬 곤명

亥丑卯戌

봄철에 신금이 묘목(을목)을 보니 어린싹에 서리가 내려서 망한 것이 되니 어릴 적 부모 속을 무던히도 태웠을 것이다. 신금이 묘월이면 칠살로 작용하니 자기가 태어나고 부모가 어려움에 처하게 된 경우다. 봄의 어린싹은 태양 화를 봐야 성장하는 나무가 되어 결실을 기대하는데 천지간에 물이 범람하고 기토탁임己土濁壬까지 되어 얼굴에 흙탕물을 뒤집어쓴 꼴이 되었다. 태양 화 따라 잠시 일본에 머물면서 취업했다가 돌아와서 목포에 작은 업체에 근무 중이다.

신일 임수가 있는데 기토가 함께 나와 있으면 기토탁임己土濁壬되어 얼굴에 흙탕물(화장을 떡칠함)을 칠하고 사니 가는 데마다 욕을 얻어먹는 사고무친이요, 여자는 화류계로 진출하여 천한 생활을 하는 경우가 많다. 신일 화왕인데 임수를 쓰면 끓는 물을 사용하는 격이니 머리가 돌거나 정상을 벗어나서 가는 데마다 욕을 먹는 부끄러운 사람이다.

壬辛辛甲 건명
辰巳未午

6월 염천에 사오미방국되어 화기 태심한 중에 임수를 희신하는데 다행히 물 창고인 진토 중에 근을 내린 임수라 길하다. 갑술 대운에 진술 충파되니 물 창고는 터지고 오술 합으로 불 창고는 강해지는 중에 미술형, 사술귀문 흉성이 가중하여 정신 이상이 발생했다.

신 일주가 임수가 나오면 보석을 물에 씻어 맑으니 성격이 까다롭고 인물이 출중하며 돈복이 있다.

己辛丁壬 곤명
亥酉未子

염천지절 정화의 화염이 강렬한데 임수를 합하니 화기를 제압하고 신금도 깨끗이 씻기어 빛을 밝게 하니 좋다. 어둠을 밝히고 더러움을 씻고 닦아내어 광채가 나게 정화하는 작업이 필요하다. 또한 삶의 문제를 해결하는 조언자로서의 역할도 잘 맞으니 청소업, 세탁업, 목욕업, 상담, 소개, 중개업무도 잘 맞다.

신금 해월은 욕패지되어 꽁꽁 얼어있는 구정물에 몸을 비비고 사는 형국이니 구역질 나는 밥을 먹고 사는데 계수까지 나오면 얼어있는 길바닥에서 몸을 비비며 사는 더러운 운명이니 여자는 몸 파는 여인이요, 남자는 화류계 생활이나 술독에 머리를 담고 일없이 소일하는 쓸모없는 사람이 되기 쉽다.

戊辛己辛 건명
戊丑亥亥

신금 해월은 도세주옥으로 머리가 총명하고 인물이 준수하며 몸매 또한 잘 빠진 사람인데 해해 자형으로 물이 혼탁한 중에 기토가 투간되어 기토탁임己土濁壬이 흙탕물을 얼굴에 뒤집어쓰게 되었으니 체면이 말이 아니다.

성난 파도가 일렁일 때는 튼튼한 제방이 버텨 줘야 주변의 좋은 환경의 보호를 받으며 인덕으로 쉽게 이루어지는 공이 있다.

초년은 신고한탄辛苦恨歎의 세월을 보내다 己酉생과 배연으로 일간의 록근이 되고 유축합신하니 축술형이 풀리면서 튼튼한 제방이 물을 가두어 안정된 환경이 만들어지고 인덕이 생겨서 길하게 되었다.

丙辛甲庚 곤명
申酉申申

가을 신금은 결실을 코앞에 둔 시기인데 밥은 한 그릇인데 여섯 명이 나눠 먹어야 하니 배고픔이 여전하다. 그렇다고 주변의 배고픈 무리들을 외면할 수도 없는 노릇이니 항상 불만일 수밖에 없지만 대외적인 명분 따라 사는 인생이니 불만도 자기 몫이라고 참으며 잘 지낸다.

흙이 없으니 마음에 여유가 부족하고 포근함이 없다. 수도 없이 주어진 상황대로 맞춰서 살아야 하니 융통성이 부족하다. 여자가 금 일색으로 이루어지면 재관이 뿌리 내리기 어려워 빈천한 과부나 첩 팔자인데 39세 되도록 시집을 가지 못하고 공무원으로 살고 있다.

임수 출렁이는 마음, 비밀이 많고 열정적인 삶

壬水

호수, 바다, 흙탕물, 대변, 먹구름, 소낙비, 홍수, 임신, 성인, 지혜, 유명한 도시, 문필, 도서道書, 명리학, 주역, 기도, 구도, 선방, 명상, 요가, 물리치료, 물감, 해변, 음료수, 주류酒類, 해산물, 세탁기, 목욕탕, 수력 발전, 군함, 상하수도, 해수욕장, 세차장, 원자력, 밀실, 지하실, 양조장, 사창가, 양식장, 잠수함, 수영, 수산물 가공, 통조림, 냉동 창고, 수족관, 화장품

壬癸癸癸 건명
戌亥亥巳

제방인 무토를 보면 영웅성이 발휘되니 파도가 끊임없이 제방에 부딪혀 물보라를 일으키듯 영광을 위해 고난, 역경에도 좌절치 않고 싸우다 죽을 작정으로 분투하며 앞으로 나아간다. 제방인 무토가 없으면 규율이 무너져 제멋대로 흘러넘치니 무법자가 된다.

庚壬戊甲 건명
子子辰午

임수가 무토 제방을 만났으니 영웅성이 발휘되어 불리한 악조건 아래에서도 굴복하지 않고 개척 정신을 발휘하여 사업을 해나가시더니 지

금은 국내외에 여러 개의 회사를 운영 중이시다.

제방인 무토가 나온 여성은 남편과 해로하지만 기토가 나온 여성은 흙탕물이 되기에 불량한 남자와 만나 고생하며 자신도 흙탕물 속에 몸을 담고 사는 경우가 많다.

癸壬癸壬 곤명

卯戌丑辰

임수가 겨울에 태어나 세 개의 크고 작은 물을 만났는데 제방인 토(진축술)가 형충을 맞아 무너진 격이니 혼돈의 상황에 내몰리게 되어 온몸에 흙탕물을 뒤집어쓰고 살아가는 몸이 되었다.

만나는 남자마다 모두 뚜렷한 직업이 없이 소일하는 불량한 남자들만 인연이 되어 고통을 안겨 주었고 젊었을 때는 술집 생활을 하다가 나이가 들어서는 파출부 생활하며 힘들게 살아가고 있다.

임수가 봄에 태어나서 병화 태양을 보게 되면 다용도로 활용되는 물이 되어 다재다능한 능력에 어느 분야로 진출하든지 성공률이 높은 인생을 산다.

꽃밭에 물을 주는 역할도 하면 주변에 인기도 많다. 그러나 을목 꽃나무가 기신이 되는 경우에는 남녀 모두 잠깐 바람 속에 휘날리다 처량하게 되고 노후가 불쌍하게 되니 미리 대비책이 필요하다.

수가 왕하여 무토의 제방 역할이 절실히 필요한데 없으면 거센 물결에 흘러다니며 길거리 무법자가 되기 쉬우니 평지풍파의 인생을 산다.

癸壬壬壬 건명

卯寅寅寅

식신이 문창귀인되어 창의성이 뛰어나고 현실 변화에 영향을 미칠 수 있는 자기만의 연구력이 있다. 병오 대운 들어 출시한 작품이 대박을 터트려서 명예와 재물을 크게 얻었다.

丁壬乙戊 건명

未辰丑午

임수 겨울생은 재관의 기운이 무력하여 구박 덩이로 태어난 경우가 많아 자수성가 인생을 많이 경험한다. 관살이 혼잡하고 충파되었으니 관살이 귀살로 변하여 자신을 공격할 수 있는데 인성이 없으니 덕망으로 다스리지 못하고 을목 상관으로 악을 쓰고 덤비게 되는 반항적인 성향이 폭발하게 된다.

때때로 편법, 불법적인 일에 유혹이 들어온다. 자기 관리가 소홀하게 되면 흙탕물에 몸을 담그는 후회를 남기게 되니 조심할 일이다.

甲壬甲壬 곤명

辰午辰寅

진토 편관이 공망되고 식신의 제살 작용이 과도하여 남자를 우습게 보고 자기 하고 싶은 말을 다하게 되니 남자는 더욱더 무력하게 된다. 집에 들어와도 남자요, 밖에 나가도 남자인 형국이며 진토가 공망을 맞았으니 차라리 종교인이나 수행 분야에 종사하는 사람을 남편으로 둔다면 액땜을 하게 될 것이다.

계수 <small>눈물이 많고 동정심도 있으며 끝을 보는 강인함</small>

癸水

우로수雨露水, 생명수生命水, 맑은 물, 내리고 흐르고 스며드는 물, 종자, 정액, 잉태, 수돗물, 목욕물, 수영장, 양어장, 화장실, 하수돗물, 소방수, 저승, 도적, 경찰, 정보원, 검사, 흥신소, 실험실, 지하실, 산부인과, 유흥업소, 요가, 물리치료, 매춘, 명리철학, 물리, 미생물, 해양 수산물, 잉크, 먹물, 탕약, 귀신, 샘물, 눈물, 소변

계수가 봄철에 태어나면 꽃에 물을 주는 역할이라서 벌 나비의 연회가 일어나니 남녀 모두 인기가 있고 바람이 불기 쉽다. 무토가 나오면 비 온 뒤에 무지개가 뜬 형국이니 문명지상이 되어 아이디어가 풍부하고 아름다움을 창조하는 재능이 있다.

乙癸戊甲 곤명

卯未辰寅

계수가 봄철에 태어나고 무계합화 문명지상을 이뤘는데 하늘을 찌를 뜻 솟아오른 소나무와 꽃나무가 우거진 화원을 거느리고 있으니 미적 감각이 뛰어나고 아이디어가 풍부하며 교육지도의 적성이 보인다.

丙癸戊戊 건명

辰酉午戌

계수가 여름철에 태어나서 매력이 있고 인기 있어 이르는 곳곳마다 환영받는 사람이며 노력 이상으로 이뤄지는 공력이 있다.

다만 태왕한 재관을 감당하기 버거워 항상 수기가 부족하니 서둘러 물 공급을 받아야 하는 위험이 도사리고 있다. 수기는 신장이 담당함으로 결국 심혈관 질환이 생기고 고혈압, 신부전증, 심장병으로 투병하게 되었다.

丙癸甲癸 건명
辰丑子卯

계수가 겨울에 태어나서 다시 계수를 보아 눈보라가 휘몰아치는 가운데 한습이 심하니 자수성가 운명인데 다행히 갑목과 병화 태양이 떴으니 다재다능한 재주를 발휘하여 풍성한 결과를 만들어 내게 될 길할 운명이 되었다.

壬癸辛壬 건명
戌丑亥寅

계수가 겨울에 태어나서 수를 거듭 보았으니 큰 물속에 휩쓸려 들어간 작은 물이 되었으니 토 제방이 긴요한데 축술형으로 제방이 무너져 버렸다. 이에 신금 눈보라마저 휘몰아치니 버림받은 사람이요, 태어나면서 집안이 망하고 가는 곳마다 문전 박대를 당하는 서러움이 따른다.

> 일간이 월령에 통하면 강하고, 불통하면 약하니 무근無根한 일간이라도 겁재의 조력을 받으면 강해진다.

14

· · ·

직업職業과 적성適性 이야기

공직公職·국정國政 분야

객 공직이라면 예나 지금이나 직업 선택에 있어 우선되는 분야라고 하겠습니다. 명예로운 길이면서 안정된 생활이 보장되기 때문일 것입니다. 공직을 선호하는 사주의 구성을 보면 격국, 용신, 희신이 관성이나 록을 본 경우로서 인성을 갖추며 더욱 원하는 것 같습니다.

주 네, 그렇습니다. 국가 조직에 몸을 담는 관성官星이나 그에 따른 봉록俸祿은 우주 대자연의 도요, 질서요, 법칙입니다. 국가 사회 조직을 운용하는 국법 질서요, 법률이며 법령이기도 합니다.
그래서 격국, 용신, 희신이 록이나 관성에 해당하는 자는 부모에 효도하고 형제 우애하며 공익을 우선하는 공인으로서 삶의 가치를 중히 여깁니다. 가정을 다스리고 국가 사회에 나가 봉사하려는 마음은 덕망과 자비심이 있으며 어디에도 치우침 없는 공평무사한 정신은 자신의 삶을 공직으로 나아가게 하는 것입니다.

객 그런데 관성官星이나 록祿에 인성印星을 격국, 용신, 희신으로 삼을 경우에는 더욱 품격을 갖추게 되어 고위 공직까지 오르게 되는 것 같습니다. 이것은 관성과 록이라는 공직 성분에 인성이라는 결재 권을 행사할 정도의 실력을 갖추고 그 능력을 인정받기 때문이라 생각됩니다. 그리고 공기업체나 정부 산하 기관과 국회나 국정에 참여하는 것으로도 봐야 할 것 같습니다.

그렇지만 관격官格이나 록祿을 내린 사람이라도 관살이 혼잡하거나 상관이 정관을 보거나 식상이 강하게 편관의 활동을 파극하는 제 살태과制殺太過자는 공직 수임이 어려워 보이기도 합니다.

주 네, 옳으신 말씀입니다. 관성官星이 유기有氣하고 청수淸秀하여야 가능한 것이지 혼탁하고 무기력한 자는 공직 입성이 어렵다 할 것입니다. 그리고 인성이란 가문에서는 정통성을 계승하려는 정신이 강하고 조상숭배 사상, 효도 정신의 계승에 열중하는 성분입니다. 심성이 어질고 용모 단정하며 학문에 정진하고 재예才藝 비상하며 부모 조상의 후덕한 심성을 이어받아 덕망 있고 후덕한 마음을 지니고 있습니다.

진리탐구, 종교신앙, 구도수행, 예의범절, 도덕윤리, 경천숭조, 지혜총명, 모범생활, 성현이나 위인을 흠모하며 어른과 윗사람에게 각별한 예우를 다 하기도 하는데 이러한 인성의 요소들이 관성官星이라는 직장과 국가나 사회 조직에서 주는 월급이나 연봉 등과 같은 록祿과 연결되면 공직이라는 직업을 원하게 되는 것으로 보시면 되겠습니다.

법法·검檢·경警·군軍 분야

객 공권력을 행사하는 분야로 진출하는 분들의 사주학적 특징이 무엇인지 살펴보는 시간을 가졌으면 합니다. 우수한 두뇌를 소유하고 부와 귀를 아울러 누리는 사람들이면서 이 사회에서 중요한 위치를 점유하며 큰 영향력을 미치는 사람들이라 운명을 공부하는 사람으로서 이들의 사주 조합들이 궁금합니다.

주 이들의 사주 구성을 보면 신왕관왕身旺官旺, 양인합살羊刃合殺, 식신제살食神制殺, 상관제살傷官制殺(合殺), 살인상생殺印相生, 형살刑殺, 수옥살囚獄殺, 라망살羅網殺, 철쇄개금鐵鎖開金, 격용신과 희신이 丙, 庚을 본 자입니다. 또한 격국, 용신, 일간이 청(清)하고 술해천문성戌亥天門星을 놓은 자 등이 많음을 확인할 수 있습니다.

재정財政·금융金融·기업企業 분야

객 개인과 국가 사회의 재화를 관리 운영하는 재정과 금융 분야의 적성은 사주학상 어떤 성분이 있어야 가능한 것인지 살펴보고자 합니다.

주 재고財庫는 재물창고財物倉庫와 금고金庫이며 관고官庫는 재물창고財物倉庫와 금고金庫를 관리하는 직장職場, 관청官廳을 의미하니 이러한 재고

(財庫)나 관고(官庫)가 격국과 용신, 그리고 희신에 해당한다면 적합하다 할 것입니다. 창고倉庫가 없다 해도 재관격財官格이나 재성財星이 유기有氣하여 합신合身한 자도 많이 해당하는 것을 보게 됩니다.

객 재정財政, 금융金融 분야라는 것은 국가國家 기관, 공공公共 기관, 그리고 금융金融 회사나 일반一般 회사를 총망라해서 돈과 재물을 관리 운영하는 것을 말한다고 보겠습니다. 대체적으로 꼼꼼하고 주도면밀하며 치밀한 성격의 소유자들이므로 돈과 재물의 출납을 정확하게 점검해 낼 수 있는 사람들이라고 여겨집니다.
그런데 기업을 경영하는 분들은 재정財政, 금융金融 분야와 다른 특징을 가지고 있는지 궁금합니다.

주 재정財政, 금융金融 분야와 연관되어 있으면서 또 다른 특징들이 있습니다. 식신격이 용신인 재성을 보아 손상이 없는 자, 상관격이 패인이 되어 용신인 재성을 보아 손상이 없는 자, 신왕재왕에 관의 수재가 따르는 자, 신왕에 지지삼합국을 이루며 관성이나 록을 갖춘 자입니다.
또한 신왕자에 시상편재일위귀격을 이룬 자, 신왕자에 세덕부재격이 관성의 수재를 받는 자 등을 생각할 수 있습니다. 이들은 가업을 승계하거나 창업을 통해서 대재를 만들어내고 관리 운영해 나갈 수 있는 능력자라고 볼 수 있습니다.

인연을 읽는 사주 명리학

외교外交·통상通商 분야

객 외국에 파견되어 국가를 대신하여 업무를 본다든지 해외를 드나들면서 국익을 위한 비즈니스 활동을 하는 사주상의 특성은 어떠한지 알고자 합니다. 그리고 꼭 외국에 몸이 머물지 않더라도 국내에서 외국 대사관, 외국계 기관이나 단체에 소속되어 일하는 것도 비슷한 사주 구성을 이루고 있지 않겠나 하는 생각을 해봅니다.

주 외국과의 외교 활동이나 통상교섭 자체가 국익을 대변하는 행위이기 때문에 십성으로는 관성官星, 인성印星, 편재偏財가 작용하고 신살로서는 역마驛馬, 지살地殺 등이 작용한다고 하겠습니다.

관성官星이란 일터, 하는 일, 명예가 되며, 인성印星이란 문서, 역마驛馬와 지살地殺은 먼 곳을 분주하게 오가며 활동하는 것이요, 편재偏財는 이익을 위해 노력하는 성분으로 분주 다망한 역마 성분이기도 합니다. 그러므로 격국, 용신, 희신에 관성, 인성, 역마, 지살, 편재성이 함께하면 외교外交, 통상通商 분야에 몸을 담을 수 있게 됩니다.

객 정관, 인성, 역마, 편재성의 작용은 외교관外交官이나 통상 전문가通商 專門家로 활동뿐 아니라 외교 통상 업무外交通商 業務를 지원支援하는 것과 각종 국제기구國際機構나 단체團體에 몸을 담고 활동하는 것으로 정리할 수 있겠습니다.

종교宗敎·수행修行 분야

객 종교적 신앙이란 믿음의 성분인 인성과 그 믿음의 실체를 궁리하고 설명하는 식상의 성분을 격국, 용신, 희신을 삼는 경우라 생각이 됩니다. 그리고 문명과 문화를 일으키는 힘과 지혜의 근본을 상징하는 목화통명木火通明, 금수쌍청金水双淸, 추수통원秋水通源이나 술해천문성戌亥天門星을 본 자와 천살天殺, 월살月殺, 화개살華蓋殺, 귀문관살鬼門關殺 등의 신살을 놓은 자가 종교적 신앙생활을 많이 하고 구도수행과 도학 연구에 몰두하는 경향을 갖는 것을 많이 목격하였습니다.

주 네, 그렇습니다. 그러한 분들이 신앙심이 돈독하고 삶에 대한 근원적인 의문을 갖게 되고 이의 문제를 해결하기 위하여 몸소 수행의 삶을 살게 되는 경우가 많습니다.

요즘은 마음 수련, 기공, 단학, 명상, 요가 등이 현대인의 기호에 맞게 재구성되어 적응하기 편리하게 만들어져 있는 것 같습니다. 말씀해 주신 내용과 함께 토가 많다거나 '山'의 형상을 하고 있는 사주자 중에 수행에 전념하는 사람들이 많은 것을 알 수 있습니다. 이들은 생사를 판단 짓는 진리를 논하기 때문에 식신제살食神制殺, 양인합살羊刃合殺, 살인상생殺印相生, 형살刑殺, 철쇄개금살鐵鎖開金殺, 천의성天醫星, 천희성天喜星 등을 격국, 용신, 희신을 삼는 경우에도 많이 해당하는 것을 볼 수 있습니다.

문화_{文化}·예술_{藝術}·체육_{體育} 분야

객 문화, 예술, 체육 분야는 아무래도 인성과 식상을 중히 여기며 술해천문성_{戌亥天門星}, 묘술춘추문필_{卯戌春秋文筆}, 무계문명지상_{戊癸文明之象}, 목화통명_{木火通明}, 금수쌍청_{金水双清}을 갖춘 사주 특징을 보이는 것 같습니다.

주 격국, 용신, 희신이 그에 해당하면 문화, 예술, 체육 분야 적성을 가진다고 할 수 있을 것입니다. 덧붙이자면 문화, 예술 분야에는 깊은 감성 속으로 몰입할 수 있는 편인과 뛰어난 끼, 재능을 발산하는 것이니 상관 성분을 고려할 수 있겠습니다.

체육 분야에는 체력과 기량을 겨루는 것이니 형살_{刑殺}, 양인살_{羊刃殺}, 망신살_{亡身殺}, 겁살_{劫煞}, 역마살_{驛馬殺} 등의 성분도 해당합니다.

교육_{敎育}·언론_{言論}·방송_{放送} 분야

객 교육, 언론, 신문, 방송, 문화, 예술, 분야에 몸담은 분들의 사주를 보면 인성과 식상이 격국, 용신, 희신으로 활용되는 사주 특징을 보여주고 있는 것 같습니다. 그리고 식신제살_{食神制殺}, 상관제살_{傷官制殺}을 놓은 경우에도 많이 해당하는 것 같습니다. 또한 지식과 정보의 획득과 전달이라는 측면에서 공망_{空亡}과 역마살_{驛馬殺}의 일주합신_{日柱合身}이 되어 있는 것을 많이 목격하게 됩니다.

주 네, 대체적으로 이해와 정리를 잘하고 계십니다. 인성은 지식과 정보의 수집 능력이며 식상은 이를 발표하여 널리 알리는 성분입니다. 그리고 식신제살食神制殺과 상관제살傷官制殺의 성분은 '문제가 있는 곳에 답이 있다'라는 의미로 치열하게 답을 찾아 분투하는 성분입니다. 그러므로 학문 연구, 강의, 토론, 연설, 통역, 정보의 전달에 적합합니다.

신살로는 역마살驛馬殺, 문창귀인文昌貴人, 문곡귀인文曲貴人, 학당귀인學堂貴人, 술해천문성戌亥天門星, 을병정삼기乙丙丁三奇, 임계신삼기壬癸辛三奇나 천을귀인天乙貴人이 가미되면 더욱 가능성이 많아지고 명성을 높이 얻게 됩니다.

의료醫療 분야

객 재물에 대한 중요성이 증대됨과 함께 과거에는 천직이나 평인들이나 갖던 것으로 여겨졌던 직업들이 오늘날에는 부와 명예를 누리는 직업으로 변화하였습니다. 꿈 많은 청춘들의 선망의 대상이 되기도 하는 등 직업에 대한 인식의 변화가 크게 일어나고 있습니다.

주 의료 분야 쪽으로 진출하는 사주자들은 물리력을 사용하여 상황을 강제한다는 특징이 있습니다. 천의성天醫星, 현침살懸針殺, 철쇄개금성鐵鎖開金星, 형살刑殺, 병지病地나 득병득약得病得藥의 구성 속에서 격국과 용신과 희신에 위의 성분들이 임한 경우를 포함하고 있다는 것을 염두에 두고 살펴보시면 되겠습니다.

객 네, 저도 실전에서 확인해 보면 위에 말씀이 맞는다고 생각됩니다. 단지 한의사는 격국, 용신, 희신이 木(甲乙寅卯)성에 해당하는 경우가 많은 것을 확인할 수 있었습니다. 이는 아마도 우리나라가 한의학의 연원이 된 것에서 그러한 것이 아닌가 하는 생각이 들며 약초(木)를 주로 사용하기 때문이기도 하다는 생각이 듭니다.

주 한의학의 연원이 동이족에서 비롯되었다는 설이 있기도 한데, 말씀하신 대로 목을 격국, 용신, 희신으로 삼는 경우에 해당하는 걸 보면 전혀 틀린 얘기도 아니라는 생각이 듭니다.

역술易術·상담相談 분야

객 역술을 직업으로 삼는 분들의 사주 특징을 보면 천의성天醫星, 철쇄개금鐵鎖開金, 형살刑殺, 편인偏印, 천문성天門星을 놓은 분들과 제화되지 않는 상관을 사용하는 자, 귀문관살鬼門關殺, 상관견관傷官見官을 놓은 자도 많이 보게 됩니다. 그리고 인성이 강한 분이 관성이 무력하여 식상을 희신 삼아 왕자설희旺者洩喜로 나아가야 한다든지 하는 경우에도 보게 됩니다.

주 역술 상담 분야는 세 치 혀로 인생사의 흥망성쇠와 길흉성패를 판단해야 하는 것이니 활인의 성분을 사주 특징으로 하여 격국, 용신, 희신으로 삼는 경우에 해당한다 할 것입니다. 그러나 사주가 파격에 구응救應이 없고 혼탁득병混濁得病한 명은 역술을 직업으로 삼는다 해도 학문의 깊이가 짧아서 임기응변을 위주로 하여 나아가기에 중도 포기하는 경우가 많습니다.

대체적으로 보면 역술 분야에서 명성을 떨치는 사람은 관성과 인성을 격국, 용신, 희신으로 삼는 자가 많습니다. 이는 학문을 중시하여 지속적인 탐구심을 유지할 수 있고 운명을 논하는 사람으로서 자부심과 사명감이 강하기 때문일 것입니다.

15

이런저런 이야기

이런저런 이야기

갑 대운이 오면 위로 치솟는 기운 따라 자기가 제일이라는 마음이 일어나 남 앞에서 우뚝 서려고 하는데 희신이면 장長이요, 기신이면 앞장서서 설치다가 패가망신하게 된다.

또한 병 대운이면 하늘 위에 떠서 세상을 내려보며 종교의 교주처럼 군림하며 호령하려고 하니 주위에 많은 사람이 모이게 된다. 희신이면 욱일승천하게 되고 기신이면 일이 잘못되어 세상에 더러운 이름으로 소문이 나서 패가망신하니 조심해야 한다.

甲辛辛辛 건명

午亥丑亥

용희신인 갑오가 시주에 놓였는데 학부모인 갑오생 인연을 만나서 중책을 맡게 되고 자신의 적성 중에 하나인 협공된 자수천의성과 천간의 신금을 따라 미국에서 침술 공부를 하게 되었다. 앞으로 긴요하게 사용할 수 있으리라고 본다. 사주에 그림과 상가, 커피, 등산용품 등이 있으니 참고하면 길하게 될 것이다. 토 일주에 토 비견겁이 기신이 되면 돈 거래를 하지 마라. 물처럼 흘러가 회수가 어렵게 된다.

庚戌庚壬 곤명

申子戌寅

그렇지만 재물을 지키는 수호신이 튼튼하면 돈 관리가 잘 된다. 위의 명조는 수재신인 인목 관성이 약하여 종종 누수 현상이 생기게 되므로 금전 거래를 통해 어려움을 겪게 된다.

壬戌戊庚 건명

子申寅戌

토 일주에 토 비견겁이 기신이 아니며 관성을 격국으로 정하였기에 배고픈 비견겁 무리들을 끌어모아 직업 훈련을 시키고 일터를 제공하여 돈을 벌어오게 한다.

년월상에 상관이 뜨면 하극상이니 가정의 질서가 무너지고 자신이 가권을 쥐고 흔들며 큰소리치니 남편의 기운이 쇠락해진다. 종업원이나 아랫사람을 두게 되면 꼭 상전 노릇 하니 속을 썩게 된다. 차라리 자기 혼자서 할 수 있는 일과 규모면 액을 면한다. 대운에서 상관이 들면 더욱 그 흉함이 기승을 부린다. 년월상이나 대운은 윗사람이 되어 아랫사람이 윗사람 노릇을 하니 기가 막힐 일이 생긴다.

乙甲丁丁 곤명

丑戌未未

남편과 의견 차이로 잦은 언쟁을 하며 이별가를 수시로 부르나 이혼까지는 가지 않고 산다. 작은 교습소를 운영하는데 애들이 속을 썩여도 상전 모시듯 하며 참고 지내는데 자꾸 애들이 떨어져 나가 힘들다고 한다.

여자가 일시에 진, 술이 있으면 괴강살이 되어 잘난 척하고, 아는 척하고, 있는 척하면서 살아야 하니 자존심이 강하다. 사회 활동은 능력 있게 왕성하게 하여 열 명에 아홉 명은 성공한 인생을 살지만 가정에서는 남편에게 대들며 살게 되니 결국 남편의 기운이 꺾이어 과부 소리를 듣고 사는 경우가 많다.

甲庚乙戊 곤명

申戌丑戌

정편인 혼잡에 관성이 무력하고 경술 괴강 일주가 되었으니 처음 만날 때 하늘같이 우러러 보이던 남편도 살다 보니 땅으로 내려다보이게 되는 경우를 만나게 된다. 존경심을 상실한 남편은 더 이상 용납될 수 없으므로 존재감이 사라지게 되는 것이다.

丑土은 되새김질(위장이 4개)을 하는 동물임으로 한 번 머리에 입력이 되면 두고두고 생각하게 되어 좋고 나쁘고 간에 확실한 반응을 일으키니 한 번 섭섭하게 하면 두고두고 잊지 않고 앙갚음을 하려고 한다. 그래서 찰거머리처럼 끈질기고 한 번 잡으면 놓지 않는 성향을 보이며 남녀 사이에도 한 번 마음을 정하면 끝까지 밀고 간다.

저장 탱크가 4개이니 남모르는 비밀을 많이 가지고 있고, 재물(음식물)도 죽자 살자 끌어모으는 집요함이 있고, 천적으로부터 자기를 보호하며 먹잇감을 해결하려는 초식동물의 비애가 현실에서는 저축하여 관리하고 돈을 불리는 이재 능력으로 나타나게 된다.

戊己庚辛 곤명

辰丑子丑

배고프고 춥고 삶에 지친 비견겁 무리를 이끌고 먹을 것, 입을 것을 챙겨주고 편히 쉴 수 있는 휴식 시간도 제공해주는 등 서비스 성분이 강하다. 축토가 두 개가 되니 피아노 학원, 커피숍, 식당, 술집, 사회복지, 간병, 어린이집, 운명 철학, 종교 등 관련 일이 잘 맞는다.

丁己己癸 곤명

卯丑未巳

기토 여름에 태어나 화기가 맹렬한데, 일 점의 계수 단비가 내려주니 재물의 복이 있다. 저금통과 금고인 축토가 자기 자리에 놓였으니 재물을 만들어 내는 이재 능력이 좋다. 어린 묘목은 자라는 동안만 화려하고 인기가 따르나 끝에 가서는 열매가 없으니 노년이 허망하고 쓸쓸할까 걱정이 된다.

辰土는 육해공을 자유로이 날아다니는 동물이라서 상상력이 풍부하고 화려함이 넘치고 음식도 잡식성이 되어 꺼리지 않는 식탐이 있고 싸움을 잘한다. 용의 조화는 세상을 놀라게 하는 힘이 있으니 선악 간에 큰일을 거침없이 잘 해내게 되어 영웅도 되고 흉악범도 될 수 있다.

丁戊戊壬 건명

巳申申辰

어떤 악조건 아래에서도 자신의 소신을 굳게 지키며 분투하고 독재자 앞에서도 자기 할 말을 거침없이 쏟아내는 것이 용의 용맹성이다. 민주화 투사에서 국회의원과 국무총리를 역임하였다.

辰土	옥토, 물 창고, 물 항아리
戌土	부스러지는 땅, 불 창고, 불 항아리
丑土	썩은 땅(진흙), 금 창고, 금 항아리
未土	단단한 땅, 목 창고, 목 항아리

인연을 읽는 사주 명리학

辰戌丑未는 천라지망이 되어 범죄인을 생포하는 밧줄, 수갑이 되어 희신이면 군경 인연이요, 기신이면 범죄 인생이나 자폐 인생, 잡신, 신흥 종교, 윤락가에 빠져 갇힌 삶을 살기 쉽다.

未土는 높은 산 중에 산양이므로 자존심과 고집이 강하고 자신만이 잘 났다는 공주병, 왕자병이 있어 도도하다. 그래서 남의 말은 잘 듣지 않는다.

비견겁이 많으면 주변이 도둑놈들로 보이니 항상 경계하며 의심을 한다. 재성이 드러나 있다면 더욱 더 그런 성향이 강하다.

辛庚辛丁 건명
巳申亥巳

비견겁이 많으니 주변 사람을 쉽게 믿지 못하는 의심병이 있어서 항상 경계하며 불안한 심리를 가진다. 그래서 주변 사람들이 함부로 대하지 못하도록 강력하게 통제하며 견제한다. 자리를 위협할 정도의 힘을 특정인에게 실어주기 어려워 제2인자를 키우지 않는다. 그러다 운로가 불길하여 결국 심복의 배신으로 인생의 마지막을 장식하게 되었다.

壬辛庚辛 건명
辰丑子巳

비견겁이 많으니 주변을 의심하는 성향이 강하여 불안 심리를 가진다. 그래서 안방 깊숙이 재물을 묻어두고 지내게 된다. 그렇지만 언제 주변 사람들이 도둑으로 변하여 재물을 빼앗아 갈지 모른다는 마음이 항상 따른다.

2인자를 키우면 자신의 재물과 권력을 위협할 수 있다는 의심과 불안 심리는 인간적인 깊은 정을 나누기 어렵게 하고 공감 능력 또한 기대하기 어렵게 만든다. 한순간 눈 밖에 나는 사람이 있으면 재물을 보호하려는 과잉 심리가 발동하여 배신자를 처참하게 응징하듯이 내치기도 한다. 그래서 자신의 재산과 권력을 혈연 중심으로 관리하게 된다. 그러나 수족으로 부렸던 심복들의 배신으로 인생 말년에 형액을 당하게 되었다.

辰戌丑未 중 丑은 밥통이 4개로 되새김질을 해서 고집이 제일 세다.

乙木은 화초라서 겨울이 되면 보온하여야 하는데 정화를 보면 실내라서 편안한 삶이요, 병화 태양을 보면 밖으로 쫓아다녀야 하니 실내에 들어오면 춥고 밖에 나가도 추우니 고생이 말이 아니다.

戊乙丙甲 곤명
寅丑子午

겨울생 을목귀인 화초가 병화 태양이 떠오르는데 무토 제방으로 추위를 막아주고 갑목을 타고 오르니 외롭기는 하지만 항상 의지하는 든든한 언덕이 있어 의식이 풍족하다. 다만 신금 남편이 쇠지에 들어있고 축오탕화+상천+원진+귀문으로 살성이 중중하는 중에 축인으로 독수공방살까지 가중하였으니 불미한 것이다.

土일주는 금이 나오면 돌멩이만 있고 잡초만 가득한 황무지다. 그러나 병정화가 나와서 금 돌멩이를 주워내면 다행이다.

壬己壬癸 건명

申酉戌卯

늦가을 기토 논밭에 임계수가 범람하고 신유술로 돌자갈을 깔고 있는데 이를 제지하는 병정화가 보이지 않는다. 약한 묘목이 재물을 호시탐탐 노리는 늙은 술토에 붙들리고 신유금으로부터 강력한 제압을 당해 준법정신이 약해져서 난동을 부리게 되니 법보다 주먹이 앞서는 불량인간이 되고 말았다. 도박과 주색잡기에 빠져서 날이면 날마다 어둠의 생활을 한다.

정관正官이 있는데 대운에서 상관운이 들면 궤도 이탈이 되어 교통사고, 불륜, 관재구설 시비가 일어나니 조심해야 한다. 또한 집안으로 우환, 근심, 걱정이 일고 밖으로 진행하는 일이 판단착오가 생기며 주변 사람들이 떠나가고 사업자는 거래처가 떠나가는 일이 생기며 믿는 도끼에 발등 찍히듯 배신을 당하기도 한다. 세운에서만 들 때에도 위의 경우들이 스치고 지나가니 조심할 일이다.

甲丁乙己 곤명

辰酉亥酉

월지 해수 정관을 보았는데 무술년 상관년이 되어 충분한 점검 없이 갑작스럽게 일을 저지르고 후회를 남길 수 있으니 새로운 일 시작을 조심해야 한다. 진술 충으로 상관성이 기승을 부리고 시야가 보이지 않을 수 있으니 근심 걱정에 잠을 설치는 날이 많은 한 해를 보내게 된다.

년주年柱에 기신이면 부모 조상과 어긋나가는 삐딱한 성질이 발동하니 불화하게 되며 년간이면 아버지와 년지면 어머니를 대적하게 된다.

년주年柱와 월주月柱는 그 사람의 모국어母國語이다. 사람은 태어나서 3살 되는 시기까지 그 사람이 세상을 어떻게 바라보고 이해하고 대응할 것인지 하는 모국어母國語가 프로그램으로 깔린다. 그래서 어떤 가족 환경에서 자랐는지가 매우 중요한 것이며 그 이후의 경험 과정은 모국어母國語의 바탕 위에서 덧씌워지는 정보라고 생각하면 된다.

예를 들자면 태어나서 곧바로 할머니 손에서 자라는 아이는 그의 모국어母國語가 할머니의 정신세계, 생활습관, 표정, 언어, 정서, 관계 등이 지배하게 되고 진짜 자기 어머니는 또 하나의 어머니가 되어 그의 정신세계에는 두 어머니가 존재하게 되는데 이것은 좋게 작용하면 사고의 융합 능력, 다양성의 이해와 조합, 삶의 다양한 코드 등으로 나타나게 된다.

그러나 부정적으로 작용하면 이중 인격자, 새로운 환경에 대한 부적응으로 나타나기도 하며 신경 쇠약, 정신분열이 일어나기도 한다. 이러한 부분이 어떻게 구성되어 있는지는 년주와 월주의 상태를 보면 읽어낼 수 있다.

관성官星이란 욕망을 억제하고 공동체의 질서에 순응하는 정신인데 관이 없으면 밖으로부터 간섭과 잔소리를 듣지 않으려 하고 자기주장만 하며 고집을 부린다.

귀문鬼門이란 우주 간에 흐르는 신묘한 기운에 간섭받고 간섭하는 정신 기능의 소유자들이라서 기가 허약한 사람들은 허령虛靈에 괴롭힘을 당하거나 접신 현상이 일어나고 기운이 강한 사람이라도 영적인 영향속에 있기 때문에 정신적인 기복을 조정하기 위한 정신 수행이 필요하다.

戊己辛庚 곤명

辰亥巳戌

巳戌 원진에 귀문인데 戊戌년되어 재차 巳戌 원진 귀문이 가세하니 불구덩이 속에 빠져드는 위험천만한 일이 벌어질 수 있으니 각별하게 조심해야 한다. 화재, 차량 폭발, 전기 감전, 홧병 등이 우려된다.

丙癸庚辛 곤명

辰亥寅亥

월지 상관은 다재다능한 재주를 가지고 있지만 배우자의 인연이 불미스러운 경우가 대부분이다. 辰土 정관이 남편인데 진해 쌍원진에 귀문이 걸렸다. 甲午 대운, 상관 대운, 庚寅 상관년, 戊寅 상관달, 癸巳일에 배우자가 교통사고로 돌아가셨다.

庚乙丁己 곤명

辰亥巳亥

월지 상관에 식신이 투간되어 겉으론 침착하고 점잖게 보이나 실은 성급하고 호기심 많은 청소년 심리를 가지고 있다. 巳亥 쌍충으로 역마가 충을 맞았으니 안에 들어오면 나가고 싶고 밖에 나가면 들어오고 싶고 행보가 어지럽고 辰亥 쌍귀문 되어서 마음이 갈팡질팡이다. 기도나 명상 등 정신 수련을 통해서 마음을 다스리지 않으면 큰 혼란 속에 빠질 수 있다.

비견比肩이 일지에 있고 천간에 다시 비견 있으면 바람을 피우게 되고 일지 지장간에 비겁이 암장되어 있으면 그 배우자 바람이 의심된다. 여자가 비견겁이 많으면 남편의 바람이 일어나게 된다.

丁己己癸 곤명

卯丑未巳

일지 비견에 월 간지가 己未로 비견이니 자신과 남편이 함께 바람을 피웠으며 결국 이혼하였다.

己甲乙辛 곤명

巳寅未亥

일지 비견에 월상에 을목 겁재를 보았다. 신금 정관 남편은 자기보다 을목 겁재와 더 가까이 놓여있다. 부부 함께 바람이 일어날 조짐이 보인다.

년간年干이란 대외적으로 자신이 보이고 싶은 마음이요, 시간이란 자신이 관심을 두고 쫓는 대상이다. 그러므로 시간에 재성이 있으면 장사꾼이요, 정관이 있으면 명예를 숭상하고 인성이 있으면 학문과 인간적인 자질을 중시하는 사람이다. 그러므로 시주에 인성 용신인 자는 선생님이다.

甲丁乙己 곤명

辰酉亥酉

월지에 해수 정관을 놓고 시간에 갑목 용신이 년간에 기토 식신과 원합遠合하였으니 연구심이 깊고 교육 지도에 뛰어난 자질을 갖춘 사람이다. 정화는 어두운 환경에서 밝은 빛을 발산함으로 사회의 그늘진 곳이나 춥고 어둡고 배고픈 자리에서 활동하는 것이면 환영과 인기가 따르므로 사회복지, 건강 의료, 보험 설계, 운명 상담, 종교 활동, 교육자, 학원업 등에 진출하면 좋다.

예성藝星인 식신은 일반적으로 기분, 곧 감정의 흐름을 표현해내면서 스트레스를 해소하고 마음의 상처를 치유하고 우울한 마음이나 성난 마음을 조정해 내는 음주 가무를 말하며 전문 영역으로는 예악禮樂이나 시서화詩書畫를 통해 자신의 감정을 표현하고 조정해 내며 즐기는 것이기도 하다.

庚戌庚壬 곤명	甲戌戊庚 곤명	甲戌戊庚 건명
申子戌寅	寅子寅子	寅戌子寅
화가	무용	도학자

양인羊刃이란 총칼이나 기구, 또는 주먹을 사용해서라도 자신이 의도하는 상황을 만들어내는 재능과 힘을 상징한다. 배짱이 두둑하고 승부욕이 강하며 강력한 경쟁력을 가지고 있다.

자기 생각대로 밀고 나가야 직성이 풀리기에 남의 간섭이나 잔소리를 듣지 않으려 하며 독립된 업무를 선호하거나 강력한 권력의 질서에 따라 움직이는 명령 계통이면 힘의 논리에 복종하는 타입이다. 그러므로 가정에서도 가부장적인 권위를 내세워 일방적인 순종을 강요하게 되므로 가정불화가 따른다. 그래서 공권력 계통, 정치, 의료 분야, 조직의 수장, 종교인, 스포츠맨, 디자인, 건축설계, 공연기획, 기술 전문가 등이 적합하다.

庚丙甲辛 곤명

寅寅午未

미국 출생 교포로 미국에서 미대를 졸업한 후 건축 디자이너로 활동 중

戊庚辛癸 건명

寅午酉丑

대학에서 문화 콘텐츠 전공 후 공연 기획자 및 고위층 의전 담당을 한다.

辰과 戌로 이루어진 괴강살과 백호대살에는 천을귀인이 임하지 않는다. 그래서 辰戌冲은 큰 사건 사고가 일어나니 무서우며 인연이면 고통스럽게 하는 고약한 사람을 만나게 된다.

戊甲丁丁 건명

辰戌未未

戊辰 백호가 배우자궁을 辰戌로 冲破하니 결혼하여 배우자가 들어오면 辰戌 충으로 甲木의 근지_{根地}를 흔드니 뿌리가 뽑혀서 쓰러지게 된다. 그러니 배우자를 정할 때 신중해야 한다.

용신이 재성이면 돈이, 관성 용신이면 명예가, 인성 용신이면 공부가, 식상 희신이면 활동이 죽을 때까지 있는데 손상되어 쪼가리가 되면 작은 규모로 이어진다. 그래서 용신이 무기력하면 해당 성분이 온전하지 못한다.

癸癸癸壬 곤명

亥亥丑辰

겨울에 癸水가 천지간에 물이 중중한데 丑辰破로 관성이 무너져서 수제를 하지 못하니 물이 범람하여 남김없이 쓸고 흙탕물이 흘러가는 형국이다.

乙亥 일주는 사궁死宮되어 죽음을 노래하는 새가 되었으니 고독하고 사색적이며 생사에 대한 주제가 삶에 큰 의미를 차지하게 된다. 종교적 신앙, 구도수행, 학문 탐구 등으로 물질보다는 정신적인 가치에 비중을 두게 된다. 자월 태생이 되면 철새가 되어 뇌에 입력된 내비게이션을 작동하여 철을 나기 위해 먼 거리를 이동하는 감지 능력을 지니고 있으니 선견지명이나 직관 능력이 뛰어나니 일명 인공지능, 정보통신이라고 한다.

재다신약財多身弱하면 재를 두려워하니 집안에서는 부인이 가권을 쥐게 되고 처를 두려워하게 되며 처가에 굽신거리게 된다. 또한 돈이 많이 생기면 재파인財破印을 당하여 재물로 인한 폐해가 발생하게 된다. 부모에 불효, 질병 발생, 인간성 약화가 우려된다.

여자에게 재성은 남편에 대한 내조의 정신인데 신약일 경우에는 재생살이 되어 아무리 남편을 챙겨도 욕만 돌아올 뿐이며 시어머니가 남편을 충동질하여 자신을 공격하게 되니 가혹한 현실을 겪게 된다.

정재는 티끌 모아 태산을 이루는 근검절약이 몸에 배어 있어서 안정된 생활을 추구하고 또한 얻어진 결과물을 지켜 내려는 소유 욕구가 대단하다. 그러므로 재물의 낭비란 있을 수 없으며 일을 하더라도 돈이 되는 것을 따라 움직이고 돈 안 되는 일은 움직이지 않는다.

편재偏財는 대외적인 명분이나 체면을 중시하는 영웅성이 있기에 성격이 호탕한 기분파이며 돈 씀씀이가 크다. 결과보다는 일의 과정을 중시함으로 일을 즐기는 타입이며 꼭 돈이 안 된다 해도 주변의 관심과 환호가 따르면 기꺼이 무슨 일이라도 해 나간다.

일확천금을 노리는 편재는 기회를 읽어내는 안목이 있으며 수단과 방법을 다하여 원하는 결과물을 만들어 내는 추진력이 있다. 이런 점에서 안정을 추구하고 결과물을 지켜 내려는 정재는 원점을 정하여 재물을 끌어모으는 스타일이며 개척과 모험을 즐기는 편재는 일확천금을 추구하며 결과물을 함께 나누려고 하며 영토 확장을 추구하여 밖으로 뛰어 나아간다.

丁乙癸乙 건명
丑未亥未

재다신약하니 재성을 두려워해야 한다. 재를 좇아가면 재극인을 당하여 신의를 저버리게 되어 욕된 삶을 살게 될 것이다. 재물이나 여색이 정신을 혼란스럽게 할 것인데 관성의 다스림이 없으니 자제력을 잃고 끄달려서 재물 망신, 여자 망신을 조심해야 한다.

일이나 직장을 볼 때는 격국과 용신, 그리고 시간을 함께 살피도록 한다. 시간은 마음이 흘러가는 지향점이기 때문에 무엇을 중시하는지 읽을 수 있다.

乙癸戊甲 곤명
卯未辰寅

계수가 시상 을목 식신인 묘목 장생지에 근하여 천을귀인에 도화가 되어 묘미합신한다. 봄철에 화단이나 넓은 들판을 아름답고 고급스럽게 단장할 설계를 하는 성분인데 장생득지하여 지칠 줄 모르는 의욕으로 생기를 분출해 낸다.

교육 지도, 생활 설계, 디자인, 자연요법, 운명 상담, 생활풍수, 타로, 손금, 해독 전문 등 다양한 적성을 갖게 된다.

욕패지浴敗地가 충이나 형을 당하면 강제적으로 옷 벗김을 당할 수 있으니 각별하게 이성을 조심해야 한다. 자신 또한 유혹에 개방되어 과도한 옷차림이나 몸짓으로 성적인 도발을 촉발할 수가 있으니 조심해야 하는데 남자일 경우에는 자신이 성적인 가해자가 되어 곤욕을 치를 수 있다.

庚乙丁乙 곤명　　　　**甲乙乙丁 곤명**
辰巳亥巳　　　　　　　申巳巳酉

두 사주 모두 을사 욕패지가 되어 충을 만나 엎어진 목욕물에 몸을 더럽힌 꼴이 되었으니 스스로 불륜을 저지르든지 아니면 타의에 의하여 성적인 수치를 당할 수 있으니 조심할 일이다.

도화살桃花殺이나 홍렴살紅艶殺이 없어도 사주가 조열하거나 한습하면 체온을 조절하기 위해서 바람을 피우게 된다.

乙丁丁癸 건명
巳巳巳巳

사월 정화가 화기가 천지에 가득하여 목이 말라 죽을 지경이다. 을목 편인의 제극과 계수 편관의 생조를 위해서 사중경금(목욕) 재성에 마음이 간다. 또한 사신인합되어 신금재성을 끌어오기도 하여 재성이 중중하고 형합되어 재성으로 인한 고통이 따르게 된다.

甲丙丙壬 건명
午午午午

오월 병화가 화기 충만하여 사방에서 뜨거운 불길이 치솟고 있으니 물을 찾아 헤매듯 여색을 찾게 된다.

상관(傷官)이 년월에 있으면 부모가 온전치 못하고 그래서 자기가 어른 노릇 하며 큰소리치게 되고 결혼해서는 가정의 결정권을 자신이 쥐게 된다. 자식을 낳으면 자식이 어른 자리에 앉아서 큰소리치게 되니 상관의 폐해를 대물림하는 현상이다.

또한 종업원을 부리면 하극상이 벌어지고 종이 주인을 호령하는 형국이 벌어진다. 상하 간에 질서가 붕괴하여 평지풍파가 일어나니 조직 직장의 생활은 맞지 않아 전문성을 길러 구속과 간섭 없는 자유로운 생활을 하여야 한다.

상관이 기신되어 년상에 자리하면 손아랫사람이 머리 상투를 쥐고 흔들어대는 형국이니 신뢰가 배신으로 돌아오고 크나큰 낭패를 불러온다. 일의 규모를 크게 펼쳐 나가려 하면 꼭 하극상을 일으키게 되니 수하 단속을 잘해야 한다.

일지상관은 배우자가 온전치 못하고 시상상관은 늙어 죽을 때까지 일하러 뛰어다니니 부부가 온전하기 어렵고 특히 시상상관에 관성이 무기력하면 가사도우미, 다방, 술집 근무자나 허드렛일을 돕는 사람들이 많다. 상관은 위아래 질서를 무시하기에 육친 간 불화하며 평지풍파를 일으킨다.

배우자와 자손 그리고 안방에 해당하는 일시가 충을 놓으면 전쟁을 치르는 듯이 배우자와 자손 문제로 충돌이 잦고 안정이 없다. 망신살, 겁살, 원진살이 가세하면 그 흉함이 더욱 가중되니 불행하다.

인연을 읽는 사주 명리학

己丁庚丙 건명
酉卯寅申

년월이 상충하니 조부와 부친이 무덕하고 일시가 상충하니 배우자와 자손 모두 고통거리만 안겨주며 마주 보기만 하면 불화가 일어나서 서로 등을 돌리게 된다. 조상으로부터 자식 대에 이르기까지 서로 충돌하게 되니 집안에 마음을 둘 곳이 없고 외로운 마음은 술과 담배의 중독을 가져온다.

여자 양일간은 식신을 보면 관성을 상대로 하여 볼일을 보는 사람이니 치밀함과 당당함이 몸에 배어있는데 관성이란 직업만 되는 것이 아니라 집안의 남편도 되니 남편에게 사사건건 대항하는 태도를 취하게 되어 가정불화가 일어나기 쉽다. 심하면 자득부별이 되어 자식을 낳은 후부터 더욱 남편에게 공격적으로 변하며 불화하게 되고 심하면 이별에 이르기도 한다.

여자 음일간은 상관을 보면 열린 입이 되어 관성인 남편에게 악을 쓰고 대들게 되니 부부불화가 일어나게 된다.

丙己庚壬 곤명
寅丑戌寅

학문과 교양과 수행의 성분인 병화 인성이 미쳐 날뛰는 상관의 흉함을 억제하고 재성인 먹거리를 제공하여 상관패인하고 재생관하니 정관인 남편의 기운이 상하지 않고 잘 보호되고 있는 명조이다.

이러한 구조는 자기를 성찰하는 힘이 인내와 겸손을 알게 하고 재물을 추구하는 남편의 직업 활동의 힘으로 도리어 남편에게 집중하는 마음을 가지게 만든다. 남편이 돈을 많이 벌어다 주어 여유로운 생활이 가능하면 여자는 그 돈맛에 길들어 남편에 대한 태도가 느슨해지는 것이다. 그러나 남편이 돈을 제대로 벌어다 주지 않으면 곧바로 상관이 발동하여 미친 척 남편에게 덤벼들게 되는 것이다. 그러므로 이러한 구조는 돈을 많이 버는 사업가나 학문과 교양과 수행을 업으로 하는 남편을 만나야 해로할 수가 있다.

> 시간은 지향하는 바가 무엇인지, 시지는 안방 분위기를 어떻게 꾸미고 유지하고 사는지를 알 수 있다.

겁재劫財는 집안 살림과 재산을 겁탈하여 가정 경제를 바닥에 떨어지게 하고, 편관과 편인은 가난과 질병과 고통이 휘몰아쳐서 육체적 정신적으로 굶주린 마음을 만들어 내고, 상관은 가정 질서나 사회 규범이 무너져서 밖으로부터의 제약이나 간섭을 거부하니 마치 고삐 풀린 망아지가 미쳐 날뛰는 것이 되어 불량아가 되기 쉽다.

그러므로 년월주에 이러한 겁재, 편관, 편인, 상관이 자리하고 있으면 그가 출생한 환경이나 자라나온 어릴 적 환경이 몹시 어려웠고 고생이 많았다는 증거이며 그 마음속에는 그 흉성들의 피해망상 증세가 자리하고 있다. 이러한 성장 환경에서의 영향들이 사고와 행동방식의 기본 바탕을 이루게 되니 이를 그 사람의 '모국어'라고 하는 것이다.

己甲壬甲 곤명
巳午申辰

갑목이 월지에 편관을 보니 태어나자마자 잘려나가야 하는 운명이니 아무런 준비 없이 독립의 길로 내몰리게 되는 험난함이 따른다. 태생적 환경이 자기를 따뜻하게 거두지 못하고 아이가 철들기 전부터 어른 노릇 하느라 힘겨운 삶이 시작된다. 월지 편인이니 경제적으로 궁핍함이 따르니 세상에 태어나서 가난의 불편과 슬픔부터 배우게 된다. 결혼 후에는 배우자의 배신으로 남편과 맞서야 하는 고통이 기다리니 산 넘어 산이 되어 심고가 끊이질 않아 신세 한탄이다.

여자가 관살혼잡하거나 정편인 혼잡하면 남편의 덕, 복, 사랑받기가 어렵게 되어 남편에게 의지하지 못하고 자기 팔 자기가 흔들고 살아야 한다. 그러므로 일찍 남편을 만나면 생리사별하고 많은 남자를 겪게 되는데 다 별 소용이 없는 남자들이다.

丁癸戊戊 곤명
巳丑午午

관살이 혼잡하고 원진에 귀문살까지 가중되었는데 일간은 뿌리가 약하여 감당하기 어려운 상황이다. 격국과 용신이 중병이 들어 있으나 이를 구제할 약신이 없으니 중병이 든 상태로 삶을 살아야 하는, 하늘 보고 탄식하는 운명이다. 8세에 삼촌에게 성적인 망신을 당한 후에 정신질환으로 고통이 따랐다.

여명에는 욕지가 형, 충을 당하면 성적인 망신살이 뻗치는 것을 조심해야 한다. 특히나 식신, 상관(생식기)이나 관성이 욕지에 해당할 때는 더욱 그러하다.

壬丙己乙 곤명
辰寅丑亥

월주는 부모궁인데 상관격으로 배신살이 잠재되어 있으니 부모를 믿다가는 배신살이 발동하여 뜻하지 않는 변고를 치를 수 있으니 조심해야 한다.

辛卯 대운은 卯木 인성으로 욕패지가 된 어머니로 인하여 자신이 발가벗겨질 수가 있으니 각별하게 조심하여야 한다. 戊子년에 식신과 정관이 들어오면서 子卯 형살이 되니니 子水는 남자요, 묘목은 어머니가 되어 발가벗겨지는 기운이 동하니 조심하여야 한다.

壬庚丙甲 곤명
午子子寅

子水 상관이 중중하는 중에 午火 정관이 욕패지가 되어 상관 견관 충을 맞고 있으니 성적 망신살을 조심해야 하는데 십대 후반 庚午년에 욕패지 정관이 子水 상관과 충을 때리니 동네 불량자들에게 성적인 망신을 당하게 되었다. 여자가 재관인이 투간하면 남편을 우러러 보아 화목하고 편인, 상관, 겁재가 투간하면 남편 알기를 우습게 알아 불화한다. 그러나 제화되어 있으면 그냥 넘어간다.

己辛辛壬 곤명
亥酉亥寅

월지 상관격이 년간으로 수기되었는데 시지 또한 상관이다. 욕패지 亥水 상관이 己土 편인을 보아 기토탁임己土濁壬이 되었는데 운로가 손발을 꼼짝 못 하게 묶어 놓게 되어 정상적인 방법으로 생활할 수가 없게 되었다. 할 수 없이 흙탕물에 몸을 담그게 되었다. 20대 초반에 조혼하여 자득부별하고 슬하에 1녀를 키우면서 50세가 넘도록 노래방 도우미 생활을 하고 지낸다.

간여지동干如支同은 이별 아니면 사별인데 손재수와 상처하는 것을 많이 본다. 특히 甲寅, 乙卯, 丙午, 戊戌, 庚申, 辛酉 일주가 심한데 다시

인연을 읽는 사주 명리학

흉악살이 가중되면 틀림없다.

戊甲乙甲 곤명

辰寅亥寅

甲寅 일주는 간여지동으로 이별 아니면 사별을 겪는다고 하는데 년주와 복음이 되어 부부의 정을 논할 수 없다. 또한 일시에 독수공방살까지 더했으니 부부 해로가 어려우니 꼭 일반적인 가정 형태를 고집할 필요가 없다.

상관이 투간된 자는 자기가 옳다고 큰소리치고 남편을 무시하고 살아야 하니 스스로 가정의 안정을 깨고 가권을 쥐고 흔들어야 직성이 풀린다. 밖에서는 잘난 척, 있는 척, 아는 척하니 구설을 몰고 다니며 비밀을 노출시키고 남의 험담을 잘하고 다닌다. 또한 상하 질서를 어기고 어른에게도 대드니 직장생활은 평지풍파를 초래하기 쉽고 사람들을 모아 조직을 만들어도 사람들이 따라주질 않으니 어렵다. 인성의 제화가 되어 있고 관성이 살아 있으면 다행이며 배우자 인연으로 제화되어도 흉의가 억제된다.

丁丁戊癸 곤명

未未午卯

戊土 상관이 투간되어 자신이 어른이라 어른을 모시는 생활은 어렵다. 戊土 상관+癸水 편관으로 상관합살이 되어 전문가 성분이 되었다. 오행 土를 따라 역사 선생님이시며 50세가 넘도록 독신으로 산다. 癸水 남편이 자기 자리(일지)에서 입묘入墓됨으로 남자가 생기면 등을 돌리게 된다.

비견겁이 태왕한 사람은 형제나 친구의 덕이 없으니 가까이 지내면 언제 그들이 돌변하여 재물로 피해를 겪게 할지 모르니 경계해야 한다. 또한 챙겨주지 않으면 가까이 다가오지를 않을 것이다.

壬癸癸癸 건명
戌亥亥巳

형제의 덕이 없으니 형제들이 가까이 다가오기만 하면 돈을 내놓으라고 하고, 친구의 덕이 없으니 밥 사주고 술 사줘야 다가오고, 주변이 온통 보태주는 사람은 없고 뜯어 먹을 사람들만 우글거린다.

甲申, 乙酉, 庚寅, 辛卯 일주는 간지상충이니 함께하면 싸우고 희신에 해당하면 쉽게 헤어지지도 못하고 온갖 박해를 겪으며 지낸다.

壬甲丙庚 곤명
申申戌子

甲申 일주되어 부부가 극단적으로 대치하니 살벌할 수밖에 없다. 원수끼리 만난 것처럼 보기만 하면 극단적인 언사와 폭행을 휘두르니 전생의 업보가 중하다 할 것이다. 그래서 참고 살아야 하니 신세 한탄 절로 나는데 경자생, 기해생을 만나면 액이 감소한다.

일지는 배우자 궁이 삼합, 반합이 되면 축하객이 모여드는 형국이라서 결혼 운이라 한다.

백호대살白虎大殺에 형, 충을 맞으면 비명횡사를 조심해야 하고 불치, 난치병으로 큰 수술을 하고 투병 생활하거나 사람 구실 못하게 될 수도 있으니 본인이나 해당 육친을 잘 살펴야 한다. 그래서 약을 오랫동안 복용하여 약물 중독으로 합병증까지 앓을 수 있으니 혈압약, 갑상선약, 당뇨약, 신경정신과 약 등을 장기 복용하는 경우가 많다.

丙癸甲癸 건명
辰丑子卯

癸丑 백호대살이 丑辰 파살破殺을 맞았다. 운로에서 丑戌未 삼형을 때리면 암이나 사고수를 조심해야 한다.

乙 일주는 태양을 좋아하여 밖으로 돌아다닌다. 庚申金이 남자가 되니 성질이 고약한 사람과 인연되는 경우가 많다. 화초를 시들게 하고 자기 맘대로 다루는 못된 사람에게 걸리기 쉽다.

丙乙乙辛 곤명
子巳未丑

여름에 乙木 넝쿨이 丙火 태양을 보아 뙤약볕에 땀 질질 흘리며 밖으로 돌아다녀야 하는 팔자다. 여자는 壬水와 亥水를 생식기로 보며 식신, 상관이 자식을 임신하는 자궁이니 자식이요, 자식을 기르는 유방으로 본다.

남자는 水를 신장의 기운으로 정력을 보며 생식기로 본다. 남녀 모두

壬水(亥水)가 강하고 신강하면 섹스 능력이 강하다. 또한 甲木 일주는 하늘로 솟구치는 힘이 강하여 섹스 능력이 뛰어나다.

壬癸癸癸 건명

戌亥亥巳

水 기운이 천지를 가득 채우고 있으니 정력이 강하다. 집에서는 일 년 내내 팬티를 벗고 살 정도로 열이 많으며 주 4~5일은 골프장에서 운동하며 열정적인 생활을 하신다.

합이 많으면 정이 많고 정이 많으면 이곳저곳 인연 맺는 사람이 많아서 남녀의 애정 전선에 평지풍파를 조심해야 한다. 특히 여자는 남편의 외도나 빼앗기는 일이 많이 발생한다.

천간합은 물론 지지의 육합이나 삼합도 그러하다. 여자의 애정 전선을 살필 때는 비견겁과 관성의 동태를 읽어볼 줄 알아야 한다. 그래서 관성이 비견, 비겁에 합하거나 동주하고 있으면 첩이거나 첩에게 남편을 빼앗길 수가 있다.

甲己己癸 곤명

戌丑未巳

甲木이 남편인데 甲己로 합하여 부인과 애인 사이에 시기하는 일이 발생하게 된다. 丑戌未 삼합되어 부부간에 정이 있을 수 없다.

중풍은 金木상쟁이요, 암은 水土상쟁이나 水火상전이다.

辰戌丑未 화개가 배우자성이면 배움이 있고 신앙심이 깊은 사람과 인연된다.

甲壬甲壬 곤명

辰午辰寅

통상적으로 子午卯酉는 도화살, 寅申巳亥를 역마살, 辰戌丑未를 화개살이라고 하기도 한다. 일시에 있는 辰土 화개가 공망에 해당하니 본인이 불심이 깊고 남자친구나 배우자가 불심이 깊은 사람에 해당하기도 한다.

己土는 전답이라 壬癸水가 천간에 나와서 지지가 무너지면 홍수로 인하여 작물을 망쳐서 신세한탄이다.

壬己壬癸 건명

申酉戌卯

가을 돌 자갈밭에 홍수가 휩쓸고 지나가니 땀 흘려 곡식을 뿌리지도 않고 가꾸지도 않았으니 추수해 드릴 양식이 없다. 먹고는 살아야 하니 흙탕물에 뒹굴면서 산다. 여자는 술집에서 몸을 파는 신세요, 남자는 업소에 근무하거나 깡패나 범죄 인생이 되거나 주색에 중독되어 패가망신하게 된다.

용신이 천간에 있으면 하늘에서 자연히 이뤄주고 지지에 있으면 자기 노력의 결과이다.

입술은 의지의 표상이니 크면 인내와 욕망이 강하고 작으면 조급한 성격자다.

용신이 천간에 있으면 하늘에서 자연히 도와주는 공덕이 있고 지지에 있으면 자기 노력의 결과이다.
용신이 무력하거나 없으면 먹고 살기가 힘이 든다. 그러므로 자기만의 전문성이나 기술을 연마해야 한다.

재성은 아내, 재산, 주거지가 되고 관성은 자식이 되니 재관이 없으면 운수납자요, 여자는 재성이 남편을 섬기는 정신이요, 관성이 남편이 되니 재관이 없으면 정처 없이 떠도는 팔자이다. 또는 남자가 재성이 절지에 놓이거나 여자가 관성이 절지에 놓여도 무당이 많다.

辛戊庚庚 건명
酉辰辰戌

재관이 보이지 않고 토금중탁으로 중병이 들었으니 구름 따라 물결 따라 흘러야 하는 유랑객 팔자다. 건설 현장을 누비며 일용직 노동자 생활을 하든지 아니면 온갖 험난한 일을 하면서 하루 벌어 하루 쓰고 살아야 할 것인데 흉악한 범죄를 저지르고 수감자가 되었다.

辛戊戊丙 건명
酉辰辰戌

재관이 보이지 않으나 신금 상관이 유금록지에 앉아 있고 병화 태양이 병신으로 합수하여 상관패인격이 되었다. 신금은 마이크로 소리요, 병화는 태양으로 멀리까지 소식을 알리는 전파요, 화면이 되어 유명한 가수가 되었다.

편재는 일명 마당발로 이르는 곳마다 자기의 존재 가치를 드러내 보이며 주변의 이목을 자기에게 집중시키려는 영웅 심리가 강하다. 그래서 속 좁은 사람이 아닌 통 큰 사람으로 인식되길 원하여 "말만 해, 내가 다 들어 줄게!" 하는 식으로 뭐든지 다 할 수 있는 양 처신한다. 그래서 씀씀이가 보통 이상이다. 자기를 드러낼 수 있는 자리면 무리를 해서라도 통 큰 기부를 거침없이 한다. 그러다 보니 정작 어려울 때는 푼돈이 없어 절절매는 일이 생기기도 한다.

상대의 손에 쥐어진 카드가 맘에 들면 무리한 대가를 치러서라도 자기 것으로 만들려는 사람이기에 통 큰 결단도 가능하다. 단, 관성의 수재가 없으면 절제력이 부족하고 판단착오를 일으키므로 과도한 지출, 투자가 자기의 사정을 옥죄는 고통스러운 상황을 불러오기도 한다.

甲甲丙癸 곤명

戊辰辰卯

봄에 태어난 갑목이 병화 태양을 보니 하늘 높이 치솟아 오르려는 기상이 엿보이는데 계수비가 내려서 먹구름이 끼고 말았으니 비가 자신의 발목을 붙잡는 장애물이 되었다. 또한 재성 중중하니 여기저기 일거리 마당은 잘 펼치지만 관성의 수재가 없으니 판단착오가 생기게 되고 내 것을 지켜내고 네 것을 지켜주는 관리의 힘이 부족하다. 편재의 배짱으로 내 것 네 것 모두 끌어다가 일시에 잃게 되는 재물 손실이 우려된다.

신금은 주옥금이니 임수를 보면 깨끗이 씻기어 빛이 나고 계수를 보면 쇠가 빗물을 맞은 격이니 녹이 슬어 버린 몸이 된다.

壬辛庚癸 곤명

辰卯申亥

가을의 신금이 임수를 보면 주옥금이 빛을 발하니 인물 좋고 두뇌 총명한데 년상계수 비가 내리니 주옥금이 녹슨 쇳덩이가 될까 우려스럽다. 월지제왕 겁재를 보고 관성의 제어가 없으니 감정 억제력이 약하고 공인으로서의 책임성도 없다.

마치 제왕이라도 된 듯 자기 생각과 기분대로 절제 없는 행동으로 주변을 시끄럽게 할 수 있겠다. 년지가 모두 귀문과 원진으로 되어 있으니 심한 감정 기복을 조정해내지 못할 것이니 마치 신들린 무녀가 한 입 가지고 두 마디 공수를 내리는 형국이다.

재다신약은 평생 돈타령을 하며 재물 고생이 따르며 재물이 모일수록 몸이 망가져서 병을 얻고 인성이 망가져서 부모에게 불효하고 주변으로부터 인심을 잃게 된다. 여자는 첩 팔자가 되고 남자는 천대받고 살게 된다.

壬丁辛戊 건명
寅酉酉子

재성을 거듭 보고 뿌리 없는 일주가 임수 정관을 붙들고 있다. 뿌리 없는 일주는 의지처를 찾아 인목 정인 사궁으로 마음이 흘러간다. 인생사 어려움을 겪다가 산으로 들어갔으나 적응치 못하고 하산하게 되었다.

수왕자는 무토의 제방이 없으며 이곳저곳 떠도는 삶이 되기 쉽다. 자기 억제나 관리가 되지 않아서 자기 기분대로 사니 주변에 신뢰를 주고 살기 어렵다.

壬癸癸壬 곤명
子亥丑辰

겨울에 계수가 수태왕하니 무토 제방이 긴요한데 없다. 지지에 일 점의 술토라도 있었더라면 다행이련마는 보이지 않는다. 축진파로 진흙밭만 보이니 온몸을 흙탕물에 담고 욕된 인생을 살아야 하는 운명이다.

인연을 읽는 사주 명리학

갑목은 곧 죽어도 대장질하려 하고 을목은 어떤 난간도 타고 오르니 독종 기질이 있고 생명력이 강하며 바람살이 되어 주색잡기가 일기 쉽고 이별의 시기로 많이 작용한다.

병화 태양은 지존이요 교주처럼 세상을 지배하려 하고

정화는 어둠을 밝히고 추위를 녹이게 하니 어두운 곳과 추운 곳에 머물면 귀인으로 환호를 받게 되고

무토는 산으로 모성이 강하니 이것저것 품어 안으려 하고, 기토는 뜸들임을 잘하고 소처럼 움직임이 둔하다. 경금은 투박하고 투쟁적이며 싸우려고 하고 전차를 모는 군인처럼 추진력이 대단하다. 그래서 무인이나 스포츠맨이면 좋고, 임수는 밀고 나가는 투지력이 강하고 계수는 자존심이 강하여 남의 말을 듣지 않으려 하고 또한 천간의 끝 자이니 끝을 보려고 하며 눈물이 되어 울길 잘한다.

자월이나 축월에 태어난 사람은 집안 환경이 북풍한설 몰아치는 춥고 꽁꽁 얼어있는 경우가 되어 출생할 무렵에 집안 환경이 우환, 근심, 걱정거리가 많아 고생을 하게 된다.

丙丙甲癸 건명　　　**壬辛庚辛 건명**　　　**癸戊辛辛 곤명**

申申子卯　　　　　　辰丑子巳　　　　　　丑寅丑卯

승려　　　　　　　　이명박　　　　　　　박근혜

남자에게 견겁은 며느리요, 여자에게 관성은 며느리니 운로에서 잘 살펴라.

을 일주가 임수 정인이 모친이 되는데 사궁되어 만나면 싸우고 만약 동거를 한다면 건강에 해롭고 병화는 상관 태양으로 목욕궁이 되어 꽃

몽우리가 활짝 열려서 빛으로 목욕을 하는 형국으로 예쁜 사람이 많다. 또한 을 일주나 을목을 용신하는 자는 꽃이 되어 얼굴 예쁜 사람이 많다.

庚乙丙丁 건명

辰亥午酉

오화 식신 도화격이 되어 한 송이 어여쁜 꽃처럼 멋있는 용모를 지녔다. 해수정인 모친이 배우자궁에 앉아있어 사궁이 되고 진토 정재 부인과 진해로 원진, 귀문을 놓았으니 부모가 반대하는 결혼을 억지로 해서 어른들과 왕래 없이 지내고 부부 사이도 겉으론 아무 탈 없이 보이나 안으로는 심한 갈등을 겪으며 지낸다.

> 대운은 월지를 기점으로 진행되는 계절의 개념이니 격국과 용신이 어느 계절로 진행되면서 어떤 작용이 일어나는지를 살펴보라.

관살혼잡에 신약이면 관살을 감당하지 못하고 치이게 되니 여자는 남자로 인하여 질병이 따르고 뒤치다꺼리로 힘들며 고생해도 욕을 먹고 살기 쉽다.

乙甲丙丙 곤명

丑戌申申

가을 갑목이 뿌리가 없고 을목 넝쿨이 줄기를 휘감고 있으니 고립무원이다. 신금 편관이 2개인데 축토, 술토가 토생금하니 재생살이 되었다. 환갑이 지나도록 부모 형제를 경제적으로 힘들게 하면서 가난과 질병과 남자 뒤치다꺼리로 세월만 보내고 지낸다.

인연을 읽는 사주 명리학

오화는 파발마로 소식을 가지고 뛰어다니니 기자, 방송, 대변인, 웅변, 강사 등이 많고 퀵서비스, 대리운전, 택배 기사, 부흥 목사 등이 잘맞다.

庚乙丙丁 건명
辰亥午酉

오월의 을목화초인데 병화 태양이 떠 있으니 만개한 꽃이 되었다. 또한 을목은 전선이요, 병화는 방송 전파이며 정화는 조명이 되고 유금이 마이크 성분이 된다. 그런가 하면 을목은 비둘기로 소식이 되어 방송국에 근무한다.

양인은 대검이요, 비인은 비수요, 상관은 평지풍파살이요, 형살은 물리력을 행사하는 성분이니 희신이면 권세가 따르고 기신이면 깡패처럼 범죄 인생이 되기 쉽다.

辛戌庚庚 건명
酉辰辰戌

재관이 없으니 힘써 노력해서 명분 있는 인생을 살기가 어렵다. 전문 지식이나 기술로 나아가야 하는데 격국이 어지럽고 기신이 난동을 부린다. 식신격이나 백호와 괴강이 충을 하고 안으로 상관의 흉의를 품었으니 산적이 되어 평지풍파로 나아간다.

살인상생殺印相生 살殺을 설화洩化하여 일간을 생조生助케 하는 것으로 인성이 살殺을 이끌어 가는 구조다. 살殺을 교화敎化하고 순화純化시켜 갱생更生의 길을 갈 수 있도록 전문 교육을 베풀고 도덕과 윤리 의식을 고취해

양식 있는 사람으로 거듭나게 인도해 준다. 살殺의 인화印化는 지덕智德을 베푸는 것이다.

살殺은 무예武藝가 되고 인印은 문채文彩가 되어 문무예능文武藝能에 뛰어나고 귀貴하게 되는 성분임으로 기신忌神이 천간에 나와 있지 않고 운로가 순탄하면 행정, 사법, 군부에 입신한다.

식신제살食神制殺 살이란 인생사 제반 해결해야 할 난제를 의미하는 것으로 의식주와 성적인 문제, 건강과 수명 문제, 행복한 삶을 위한 문무예능성의 발휘를 말하며 이를 위한 능력을 식신이라고 한다. 그러한 식신은 남들이 가져다주는 것이 아닌 자기 스스로 분투 속에서 쟁취하는 전리품과 같다.

살이란 편관성으로 불의한 자를 징치하는 성분에 해당함으로 불의한 행동을 하게 되면 반드시 관의 제제를 당하게 되는 불행이 따르기도 하니 불법, 편법적인 언행을 조심하여야 한다.

관을 상대하는 것이므로 공적인 명분을 걸고 대의를 위해 움직이면 대중의 영웅으로 아낌없는 지지를 받게 되지만 사리사욕을 위해 움직이면 대중에게 오해를 받는 불명예가 따른다. 그러므로 식신은 개인 용도가 아닌 공적인 용도가 되어 봉사생활과 사회에 기여하는 활동 성분이다.

식신은 정영(精英:꽃 몽우리)을 설기(泄氣:터트림)하므로 외유내강하니 마음에 여유로움과 덕망이 있고 무에서 유를 창조하는 과감한 도전 정신은 정신 기능과 물질 생산 능력이 뛰어남을 천부적으로 갖추고 있다.

학문 연구, 교육 지도, 기술 개발, 제품 생산, 예능 창작 활동, 설계와 기획 능력, 기회 포착, 위기 대응 능력 등으로 나타나며 일간이 신강身强하면 물질로 정면 승부수를 띄우고 신쇠身衰하면 정신 위주의 지적재산으로 안정을 취하며 운신運身한다.

식신은 편인의 도식을 두려워하므로 재성을 용신하며 또한 겁재가 재성을 탈재함을 두려워하므로 관성으로 하여금 재성을 수호하게 해서 강력한 법질서를 세워 겁재의 난동을 방어해야 한다.

그러나 제살이란 살을 제어하는 것인데 제어가 너무 태과하면 도리어 부작용이 초래된다. 병자에게 약이 필요하다 하여 과다 복용케 하면 약물 중독으로 또 다른 병을 불러오고 심하며 생명을 위협하게 하는 것이다.

사람을 만들겠다고 과도하게 조치하면 도리어 역작용으로 발악을 하며 덤벼들 수가 있다. 고양이에게 쫓겨 막다른 골목에 이른 쥐가 고양이를 물려고 달려드는 경우와 같다.

식신제살은 적을 제압하더라도 덕망을 얻기에 자신을 보호하고 지켜낼 수 있지만 상관제살은 수단 방법을 다하여 악을 쓰며 제압하기 때문에 덕망을 잃어 언제든지 반격을 받아 상황이 뒤집힐 수 있는 위험이 있으므로 자신을 위기로부터 보호하고 지켜내기 어려운 부분이 따른다.

살을 대항하는 방식인 식상과 상관을 사용하는 구도의 사주자가 식상과 상관의 힘이 빠질 때 도리어 살의 공격을 받아 신변이 위태로운 지경에 빠지는 경우를 항상 우려해야 하며 자신과 주변에 불법 부당한 일들이 없는지 항상 살피는 것이 필요하다.

작은 잘못이라도 보이면 살의 먹잇감이 되어 자신의 처지를 곤경에 빠트리게 되기 때문이다. 그러므로 제살의 위엄은 세우지만 덕망을 잃지 않는 적당한 선에서 제압해야 한다. 독립운동가, 노동 운동가, 반체제 인사, 대학 운동권, 정치인, 법조인 등에서 많이 본다.

상관합살傷官合殺 살이란 삶의 어려운 난제를 의미하며 합살이란 난제를 자신의 의지와 노력으로 극복하여 성공케 한다는 의미이다. 그러나 식신제살과 달리 상관제살은 악을 쓰며 달려들어 난제를 해소해 내는 것이니 그에 따른 부작용도 우려하지 않을 수 없다.

대중에게 봉사하고도 결과적으로 욕을 얻어먹게 된다든지 관청으로부터 제제를 당하거나 불리한 평가가 따를 수 있고, 인간관계에서는 배신과 거래상 복잡한 잡음이 우려되기도 하여 심신을 고달프게 한다.

상관합살은 학문 연구, 교육 지도, 기술 개발, 제품 생산, 예능 창작 활동, 설계와 기획 능력, 기회 포착, 위기 대응 능력 기자, 군인, 경찰, 체육인의 길도 적합하다.

공재관리公財管理 정재격에 정관 용신자는 공적인 용도로 세상에 태어났으니 개인사업으로 나가면 상관운에 인간배신, 시행착오, 장애 등을 만나서 부도를 맞을 수 있다. 그러므로 공적인 재산 관리만을 위주로 살아야 안정된 생활이 보장되며 설사 겁재운과 상관운을 만나도 가벼운 손재와 구설 정도로 넘어가게 된다.

잡기재관인수격雜氣財官印綬格 주중에 재성, 관성, 인성이 모두 있어야 성립되는 격으로 어느 하나라도 빠져있으면 운에서라도 연결되어야 발복하여 국가 사회적인 명예를 얻게 된다. 그러므로 조기에 진로를 공인으로서의 삶을 살게끔 지도해줄 필요가 있다. 운이 순탄하면 고시 합격자가 되어 국가를 위해 봉사하는 동량목이 된다.

또는 사업을 하더라도 국가 정책 사업에 참여하거나 국가(외국) 기관이나 대기업에 납품하거나 바다 건너 외국에 수출하거나 하는 등 국가나 국제적인 차원의 규모 있는 활동을 하게 됨을 많이 목격하게 된다.

공무원, 정치가, 법률가, 전문 경영인, 토목 기술, 건축 건설, 도시 개발, 국토 환경 분야, 종교직에도 적합하다. 그러나 사주에 인성이 없고 운에서마저 따라주지 않는다면 총명한 두뇌를 개발할 기회를 갖지 못하게 된다.

양인합살羊刃合殺 살상무기인 양인은 무법자요, 이를 방어(합살)하여 적의 공격을 힘으로 제압하여 명성을 얻는다는 뜻이니 공권력을 집행하는 분야에서 용맹을 떨친다.

(매씨합살妹氏合殺: 누이를 적장의 여자가 되게 하는 미인계를 써서 휴전 상태를 만든다.)

군겁쟁재群劫爭財의 폐해는 재물을 겁탈하고 명예에 손상을 입히는 무리들이 관성에 의해서 제압(살아 있는 권력일 때)을 받을 때는 일사불란하게 일주의 뜻에 따라서 움직이는 자기 세력들이 된다. 그러나 관성의 영향력이 약해지는 시기가 되면 함께 해 온 군겁들이 탐욕스런 본성을 드러내면서 그동안 뇌물을 받거나 재물을 부당하게 탈취하거나 또는 지위를 이용한 이권 개입이나 청탁 등의 사례들이 폭로되면서 군겁들의 추악한 실제 모습이 드러나기도 한다.

폐해가 심해질 때에는 일주 자신의 영역까지 치고 들면서 군겁들이 나의 재산을 파재하고 명예에 먹칠을 하는 일들이 생기며 배신자가 일어나서 자신의 목을 겨누는 족쇄가 되기도 한다.

식신생재食神生財 식신의 활동이 결과적으로 재물을 취득하게 하는 흐름을 말한다. 이러한 구조는 설사 운로에서 인성을 만나게 되어도 두려울 것이 없다. 일간의 기운을 설기하여 재를 쫓는 구조는 일간이 강왕함을 우선한다.

만약 일간이 쇠약한 경우에는 재물의 취득이 원활치 않고 설사 취득했다 해도 그로 인한 후유증을 겪게 된다. 상관이 재성을 생하는 구조는 돈에 대한 집착이 강하여 돈 냄새를 맡으면 수단과 방법을 가리지 않고 재성의 취득을 위해 돌진하는 스타일이 된다.

식신공망食神空亡 모든 십성에서의 공망이란 물질적 현상이 사라지고 물질의 근원인 기적 상태로만이 존재하는 것을 말한다. 그러므로 형이상학적인 성분이 되므로 물질에 밝지 못해 물질적인 장사나 사업으로 하게 되면 고전하고 실패하기 쉬우니 원칙적으로 두뇌 정신을 개발하여 입으로 복을 만들어 가도록 해야 한다.

전문지식이나 기술, 예술적인 개발을 특성화하는 것이 안정된 삶을 살아갈 수 있다. 그러나 일간이 강왕하면 왕희설신旺喜洩身하여 재물을 만들어 내는 충분한 역량을 갖추고 있으니 사업의 길로 가도 무방하다.

일간의 장생칠살을 식신이 형충하면 심신의 곤고함이 따르고 시비가 분분하게 일어나지만 대변혁을 시도하여 대중의 지지를 이끌어내 자기의 뜻을 관철시켜내는 위인성이 있다. 그러나 원국에서 형충을 맞았는데 운로에서 재차 형충을 때리면 말도 많고 탈도 많은 일을 만들어 죽을 고생을 하게 된다.

식신이 공망이면 청고귀명한 인품과 맑은 정신의 소유자니 학문 연구, 교육 지도, 탐구 개발, 이론 투쟁, 언변 출중, 외교 통상, 외국어 능통, 웅변, 스피치 전문, 종교, 철학, 구도 수행, 모험, 영웅성 등이 있다고 볼 수 있다.

인연을 읽는 사주 명리학

상관패인傷官佩印 상관의 오만방자함을 정인이라는 인성 교육과 교양 훈련으로 제도하고 먹거리를 해결할 전문 지식, 기술 교육을 해서 현실에 안정하게 하는 구조를 의미한다.

유병무약有病無藥 큰 병을 앓고 나면 인간은 큰 성숙을 하게 된다. 목숨을 잃을 수도 있다는 절박한 지경까지 이르러서 지금까지 자신이 살아온 삶을 뒤돌아보면서 진짜 자기에게 있어 소중한 부분이 무엇인지를 알게 되기 때문이다.

큰 병이 도리어 새로운 삶을 살아가게 하는 전화위복의 기회로 주어지기 때문에 자기에게 집착해서 살던 방식을 이웃을 챙기면서 살아가는 이타적인 방식으로 전환하게 된다. 그러나 큰 병이 생겼는데 극복할 길이 없는 사람은 죽을 때까지 병든 인생을 살 수밖에 없는 것이니 아무리 참회한들 새로운 삶의 기회를 만나기가 어려운 업장이 두터운 사람이라 할 것이다.

대병大病에 약藥이 있으면 대귀대부하고 대병大病에 약藥이 없으면 투병하는 험난한 인생길을 살아간다.

편인도식偏印倒食 편인이란 일명 효신살이라 하는데 '효梟' 올빼미라는 새의 변덕과 이상심리에서 따온 말이다. 올빼미는 낮에 잠자고 밤이면 활동을 시작하는데 새끼를 어미가 잡아먹고 그 새끼가 크면 어미를 잡아먹는다고 한다. 이렇게 기이한 행동 때문에 변태, 변덕, 이상 심리를 가진다.

식신의 길성 작용을 깨트리는 행동 때문에 불신감, 배은망덕, 장애, 단절, 실패, 사기, 질병, 고통이 발생한다. 또한 태생적인 결함을 지니고 있어서 정신적, 정서적으로 왜곡되고 억압된 심리 상태를 가지고 있어서 이러한 결점을 극복해 가는 것이 주어진 숙제이기도 하다.

이러한 치우친 특성을 바로 잡지 못한다면 자식의 양육 문제, 질병, 교육 문제, 직업 활동 장애 등 외골수 인생으로 인간관계에서 불화 등을 겪게 되면서 외톨이 인생이 되어 주변으로부터 욕을 먹고 살게 될 것이다.

상관견관傷官見官 정관正官이란 국가의 법질서요, 조직이요, 통치력이다. 조금도 오차를 허용치 않는 완벽주의자로서 내 것, 네 것의 구분이 확실하여 남의 것을 탐하지 않으며 내 것을 지키는 마음이 강한 바른 생활을 하는 멋쟁이다.

그러나 상관을 만나게 되면 법질서를 무시하고 조직 장악이 어려워지고 통치력이 약화되면서 복잡한 일들이 안팎으로 꼬리를 물고 일어나며 험난함을 일으킨다. 가정적으로는 우환, 근심이 생기고 사회적으론 진행사가 계획과 달라지고 관계가 어긋나게 되며 믿는 도끼에 발등이 찍히게 되니 가까이 함께했던 사람들이 등 돌리는 일들이 일어나기도 한다.

자기의 통제 아래에 있는 사람들이 떠나가고 그래서 조직이 약화하면서 장악력이 약해진다. 또는 궤도이탈 운이니 지인과 차량을 타고 가다 교통사고를 일으킬 수도 있으니 함께 차량을 타고 움직이는 것을 두려워해야 할 것이며 자기의 통제하에 있던 사람이 등을 지면서 그동안의 있었던 비리를 폭로하여 자신을 함정에 몰아넣을 수도 있다.

이 시기에는 마음이 질서를 잃고 혼란하며 성급한 마음이 되어 교통 질서를 수시로 위반하여 범칙금도 많이 내게 되기도 한다. 질서가 무너지는 시기이니 사람과의 관계에서 불법, 탈법적인 일이 터지고 남녀 간에는 불륜사에 엮여 들 수도 있으니 자기 관리를 철저히 하여야 한다.

관살혼잡官殺混雜 정관과 편관이 뒤섞여 있는 것을 말한다. 남편과 정부를 동시에 상대하는 다자 관계를 형성하는 것이다. 그러므로 일부종사하기 어려운 바 있으므로 배우자 인연이 쉽게 바뀌기도 한다.

관살이란 자신을 관리해주는 역할인데 혼잡하다는 것은 여기저기에서 서로 관리자 노릇을 해준다고 벌떼처럼 덤벼드는 모습이니 사실 어느 한 사람이 자신을 책임져줄 수 없다는 의미이기도 하다. 그래서 특정한 사람에게 마음을 주지 못하고 여러 사람에게 마음이 전전하는 것이다. 또한 정신이 산만하고 감정의 기복이 심하게 일어나게 되어 안정을 취하기 어렵고 선택과 집중이 잘 안 된다. 반드시 제화가 있어야 삶의 혼란을 극복하고 한 가지에 집중할 수 있다. 인성으로 교화敎化하면 마음의 안정이 생기고 식상으로 합살 또는 제살이 되어야 융통자재하고 난관을 돌파하는 용기가 생긴다.

탐재괴인貪財壞印 양심과 도덕성을 상징하는 정인을 욕심을 상징하는 정재가 파극하며 돈과 여자에 눈이 멀어서 양심과 인륜을 저버리는 일을 서슴없이 감행하는 자가 된다. 중간에 통관하는 관성의 역할이 있다면 해소가 된다. 아니면 부모에 불효하고 형제의 우애를 끊어 놓고 패륜아가 되는 것이니 이런 자에게 사회적인 이목이나 체통을 기대하기는 어렵다. 재물이 쌓여 갈수록 그 폐해도 함께 늘어나니 이를 탐재괴인貪財壞印, 즉 재물과 여색에 눈이 어두워 인간성이 파괴된 사람이라고 한다.

시장통이나 유흥업소를 관리해 준다는 명목으로 돈을 갈취하거나 아가씨를 등쳐먹거나 남이 피땀 흘려 모은 재물을 빼앗아 사는 경우에도 해당한다. 바로 정상을 비정상으로 만드는 가운데 자기 탐욕을 채우는 나쁜 의미를 지녔다. 인성의 기능이 파극되어 작동하지 않으니 상관이라도 가세한다면 제화되지 않는 상관이 미쳐 날뛰면서 더욱 평지풍파를 일으키게 된다.

재생관財生官은 교과서 위주로 공부하고 사고하고 행동하는 사람이다. 주어진 틀 안에 잘 적응하며 어떤 어려움이 생겨도 책임 완수를 하는 사람이다. 이름을 욕되게 하는 것을 싫어하기에 바른 생활을 하며 불법이나 편법적인 일 처리를 거부하고 뇌물 따위는 전혀 받지 않는 사람이다.

이에 비하여 **재생살**財生殺은 재성이 편관을 생하는 구조인데 재성의 규모가 커지는 만큼 일간을 공격하는 칠살七殺로 돌변하여 재성으로 인하여 고통이 일어난다. 일간이 강하면 감당을 해내게 되나 약하면 살귀殺鬼의 폐해가 발생하게 되는 두려운 일이다. 고생할 복은 있어도 누릴 복이 없는 경우가 그것이다.

건록建祿 정관과 정인의 운이 들면 명예가 드높아진다. 재물을 놓고는 분재가 되므로 현금 융통이 원활하지 않아 개인사업은 위험하고 만약에 하게 된다면 남 좋은 일만 시킬 수 있으니 조심해야 한다. 공무원이나 기업으로 진출함이 순탄하게 발전하며 명예를 지킬 수 있다. 아니면 전문가가 되어 개인 사무실을 운영하는 것은 무난하다.

귀록貴祿 대기만성으로 먼저는 고생을 하더라도 성공 의지를 불태워서 반드시 늦게라도 성공한다는 성분이다. 직장이나 개인사업 등 어떤 분야를 막론하고 의식주가 안정된 말년을 보내게 된다.

암관暗官 관이란 세상 사람들의 관심을 받는 성분으로 행동함으로 세인의 관심이 따른다. 명관은 드러난 공조직에서 이름을 얻고 암관은 사조직에서 이름을 얻게 된다.

암재暗財 정상적인 경제활동의 결과물이 아니고 자기 노력 이외의 재물이니 음성적인 소득이다.

귀인貴人 귀인은 덕망 있고 준수한 인품의 소유자로 몸가짐이 반듯하고 언어가 순화되어 있고 온화하다. 또한 남을 어렵게 하는 처신을 하지 않는다. 무엇을 하고 살던지 명분을 가지고 나아가게 되며 그래야 자기만족과 성공 인생을 살 수 있다.

협귀挾貴 천지신명의 보살핌이 따르고 주변에서는 유력한 사람들이 자신을 도와주는 길신 작용을 한다. 착한 마음으로 기도와 명상을 하며 사회적인 정의구현 활동과 봉사활동을 하게 되면 뜻있는 분들의 지지를 받게 되기도 한다.

인연으로 재물과 명예에 연관되어 자신을 도와줄 사람이 잘 만나지게 되므로 재물이나 명예에 관심을 갖고 나아가면 좋으며 어떠한 경우에도 손상되지 않기에 안전한 성분이다.

태월역마胎月驛馬 외국 여행이나 관광지 등 외지에서 임신한 경우가 많으며 외국에 관련된 업무에 적합하기도 한다. 무역, 외교 통상, 통역, 번역, 관광, 항공사, 선박, 철도, 물류 수송, 국제 전문가에 적합하다.

일귀재성도화日貴財星桃花 재물복과 배우자 복이 많고 의식주 풍부한 성분이다. 모든 판단의 기준점이 재물이 되어 돈을 보고 움직이니 경제적인 실속파이다. 항상 재물과 함께하며 현찰이 수중에서 떨어지지 않는다.

재초명망才超名望 천을귀인이 상충되어 격국과 용신 또는 희신에 해당하면 재주가 뛰어나서 비상한 능력을 발휘하게 되고 세인들이 주목하는 사람이 되기도 한다. 감사, 조사, 수사, 정보 분야에서 최대한 능력을 발휘할 수 있는 성분이다. 그러나 초년의 운로가 불길하여 험난한 시기를 보낸 자 중에는 출가도인의 길을 가게 되기도 한다. 귀인이란 천지신명의 인도와 보살핌이 있다는 뜻이기도 하니 신명이 작용하며 미래를 예측해내는 능력과 순간적인 직감이 발동한다.

戊癸合 문명지상文明之象 아이디어 뱅크라 할 정도로 정신 기능이 높고 상상력이 풍부하다. 자기만의 독창적인 색깔을 드러내는 창조 능력이 무궁무진하며 문화, 예술적 재능과 문학적인 소양이 풍부하다.

卯戌合 춘추문필春秋文筆 미를 창조하는 문화예술, 예능 소질이 탁월하여 자기만의 예술적 가치를 크게 떨칠 수 있는 성분이다. 미술, 디자인, 포장, 색조화장, 실내 인테리어, 웨딩, 인쇄, 염색, 출판 등 아름다움을 창조하는 모든 분야

천래관天來官 자다가도 하늘에서 감투가 떨어지는 명예로 행운이 찾아온다. 관직에 있는 분에게는 천우신조의 길 작용이 일어나고 일반인이라도 관으로부터 명예로운 일이 생긴다. 귀재鬼財 일주납음 오행이 합화 오행을 극하면 성립. 천우신조의 덕으로 의외의 큰 재물을 얻는 횡재수다.

세덕부고歲德富庫 국가 사회의 개발사업에 따른 보상이나 부동산 이익을 얻거나 부모 조상의 유업으로 큰 재물을 얻게 되는 행운의 길신이다.

세덕부관歲德扶官 국가 사회 조직에 가담하여 록을 받거나 부모 조상과 스승 및 윗사람의 덕으로 이름을 내고 생활이 풍부히 된다는 성분이다.

세덕부재歲德扶財 재물이란 땅에 속한 것임으로 부동산이 기본이 되며 부동산을 유산으로 받거나 국가의 재산을 관리 경영하는 성분으로 공무원으로 나가거나 큰 재산을 소유하며 부유한 생활을 하게 되는 소문난 부자 성분이다. 격이나 용신이 이에 해당하면 국가나 사회에서 소문난 부자로 살아간다. 그러나 기신에 해당하면 도리어 재물의 어려움을 겪게 되고 윗사람의 협조를 기대할 수 없다.

납음보조용신納音補助神 사주상 용신이 없는데 납음으로 숨어있는 것이니 보이지 않는 음덕으로 나타난다. 험난한 지경에 떨어져도 구제되는 행운이 따르고 운로가 좋지 않더라고 빈천하게 살아가지는 않는 길신 작용이 나타난다.

괴강살魁罡殺 북두칠성의 기운으로 뭇 별들을 인도하는 우두머리 성분이라서 일인지하—人之下 만인지상萬人之上의 독불장군이다. 지고도 절대 못 사는 자존심의 소유자이니 경쟁할수록 분발하고 싸울수록 더욱 분투하며 성공을 위해서 자존심을 건 일전을 불사른다. 그래서 남에게 허리를 굽히기를 싫어하며 자기가 지배해야 직성이 풀린다.

개고開庫의 공덕功德

예로 진술축미 중에 용신이나 희신이 암장暗藏되어 있을 경우에 충개冲開하면 암장신暗藏神이 뛰어올라 복이 된다는 뜻이다. 토중에 암장暗藏되어 개발, 개척하는 공덕이니 부동산을 개발하여 관리하며 순탄하게 재산 축적을 이루게 된다. 또한 개고의 공덕이 있는 분들 중에는 산중에서 수행하는 수행자나 산중을 무대로 활동하는 분들도 의외로 많이 목격된다.

토가 세 자 이상이면 득병이 되고 더욱 많으면 중병이 되어 그 상황에 압도당하게 되는데 혹 토 중에 길신이 암장暗藏하고 있을 경우에는 치병을 위해서 분투하게 된다.

버려진 땅을 개발하여 금을 캐내기도 하고 샘물을 터지게 하여 기름진 땅이 되게도 하며 나무를 심어 산림을 조성하기도 하고 토목 건설 분야의 전문가나 사업가가 되는 등 이 모두는 충발하여 개발되는 공덕이 있다.

조상祖上의 음덕蔭德

소위 태어난 가문의 덕이 보이지 않게 자기에게 전달되어 있다는 성분이다. 종교 신앙, 수행, 사회 봉사도 중요하지만 그에 앞서서 조상 신명을 각별하게 모셔야 복과 덕이 따르고 대업을 성취해 낼 수 있다.

국정에 참여하는 고위직이나 재벌 또는 사회 각 분야에서 성공 인생을 살아가는 분들을 보면 거의 모두 조상의 음덕을 타고나 있는 것을 알 수 있다.

제사祭祀의 공덕

출생 가문이 격용신에 해당하고 희신을 도우면 조상이 지은 사회적 공덕에 대한 복을 자신이 받게 되는 음덕이 있다고 보는 것이다. 사회 생활에서도 조상 잘 둔 이유로 복이 되고 덕이 되는 일들이 생기기도 한다. 이런 경우에는 조상을 가까이 모시는 정신과 제사를 각별하게 잘 챙기도록 해야 한다.

인연因緣의 희기喜忌

자식이 부모와 인연이 안 좋으면 부모의 단점만 쏙 빼닮게 되어 서로 원수처럼 불화하며 고통을 주고받는다. 반대로 부모와 인연이 좋으면 부모의 장점만 쏙 빼닮게 되어 서로 은인처럼 화합하며 기쁨을 주고받는다.

그러므로 개인적으로 타고난 업보가 무겁고 평범 이하의 인생을 살게 되어 있다 해도 부모와 인연이 좋으면 사회적으로 평범 이상의 지위를 얻고 안정된 인생을 살 수 있으니 타고난 부모 자식 간의 인연의 힘이 막중하게 영향을 미친다.

이것은 비단 부모 자식 사이뿐 아니라 부부 사이, 형제 사이, 친구 사이, 상사와 부하 사이, 스승과 제자 사이 등 모든 인연관계에 적용되는 이치이다. 그리고 이것은 전생에 자신들이 쌓은 대로 주고받는 인과의 작용이다. 일례로 스승과 제자 사이라면 스승의 나쁜 부분만 크게 보이고 제자의 허물만 크게 보이니 서로 간에 존경과 신뢰가 무너져 버리고 미워하게 된다.

무덤운入墓運

원칙적으로 무덤 운은 격국을 기준하는 개념이지만 용신과 일간의 입묘도 넓은 의미에서 무덤 운으로 살핀다. 무덤 운이란 혼자 고립되어 일체의 인간관계가 단절되어 버리는 상황으로 지금까지 이어져 오던 일들과 교제가 끊어지게 된다.

그래서 병약자는 죽어 무덤에 들어가거나 중병으로 투병 생활을 하기도 하며 사업자는 부도가 나거나 파산되어 신용불량자가 되기도 하고, 직장인은 명예퇴직, 정년퇴직을 하거나 아니면 불명예스런 일로 인하여 감투가 날아가기도 하는 것이다. 또는 범법 행위를 하여 교도소에 수감되거나 깊은 산골로 들어가 은둔자처럼 묻혀서 지내거나 출가수행의 길을 떠나기도 하며 해외로 유학길에 오르거나 외국으로 직업을 구해 떠나고 이민을 가기도 한다.

무덤운은 일명 귀신이 되어 홀로 혼불처럼 여기저기 떠돌아다니는 것이니 필자가 살펴본 바로는

첫째 제대로 옷을 갖춰 입지도 못하고 허름한 차림으로 다니기도 하며

둘째 제때에 끼니를 챙겨 먹지 못하기도 하며

셋째 주거가 안정되지 않아 동가식서가숙하며 떠돌고 잠자리가 누추하기도 하며

넷째 그동안 인연된 사람들이 자신을 멀리하게 되어 고립된 상황이 된다.

그러므로 무덤운을 잘 견뎌 내는 비결은 마치 죽은 귀신처럼 처신하는 것이 좋다. 귀신은 남의 눈에 띄지 않고 어둠 속에 묻혀 살며 의식주 해결이 어려워서 자손을 찾아오게 되니 이를 참고하여 처신하는 것이 좋다.

- 형색을 밝게 하지 말고 남루한 차림으로 지낼 것
- 소식을 하며 때때로 다이어트나 해독 프로그램을 실천할 것
- 좋은 환경에서 편히 지내며 편안한 잠자리를 가지려고 말 것
- 자주 무릎을 꿇고 고개를 조아리며 신불 앞에 나아가 절하며 기도하는 시간을 가질 것
- 성인들의 가르침이 들어있는 경전을 읽고 지난 생활방식을 반성하며 마음을 비워내는 시간을 가질 것
- 자신이 처한 험난한 상황을 벗어나기만 하면 제2의 인생을 사는 것으로 생각하고 자기를 위한 삶에서 벗어나서 이웃을 위한 삶을 살 것을 굳게 다짐하는 것이 필요하다.

'죽은 자는 말이 없다!'라는 말이 있듯이 입이 있지만 많은 말 하지 말고 죽은 자처럼 침묵 속에 지낼 것이며 주위에서 볼 때 죽었는지 살아있는지 존재감 없이 조용히 지내며 어떤 성과도 내려고 해서는 안 된다.

씨가 죽어 썩어버린 것과 같으니 싹이 나오고 열매가 열릴 수 없다. 그냥 죽은 듯이 지내야 한다. 그러므로 정신 수행을 하는 사람의 입장에서는 세상과 인연을 끊고 세상을 향한 생각을 접고 오직 텅 빈 마음의 실상을 깨달아 들어가기 좋은 시기이기도 하다.

물 같은 마음과 몸짓 길들이기

선원 계단을 오르다 보면 중간쯤에 귀여운 토우 쌍둥이가 있고 그 주변에는 꽃이 피어있는데 오늘따라 꽃향기에 취했는지 토우 볼이 불거져 보인다. 마냥 웃음 짓고 서 있는 토우 모습을 그냥 지나치지 못하고 가까이 다가가서 볼을 쓰다듬으니 어느새 내 얼굴도 행복한 웃음이 지어진다.

요즘 순희라는 친구는 부동산을 찾아 여기저기 쫓아다니고 영희라는 친구는 명품을 찾아 백화점을 순회하는 것 같다. 다들 뭔가 하나씩에 몰입해서 살아간다.

화장도 적당히 해야지 너무 지나치게 하면 떡칠이 되어서 보는 이로 하여금 얼굴을 찌푸리게 한다. 그런데도 꾸미는 데 중독이 되면 진흙칠을 하듯 하고 다니게 되니 모든 습관은 중독성이 있다.

살아서 땅 찾아다니는 것에 중독되면 죽은 귀신 되어서도 땅을 찾아 헤매고 살아 바람피우고 다니다 죽으면 귀신 되어서도 바람피우러 다닌다는 얘기가 있다. 그래서 행복한 마음 불행한 마음도 습관 탓이다.

이렇듯 습관이란 무서운 것이다. 그래서 착하고 어질고 아름다운 좋은 습관을 들이도록 해야 한다. 부처님처럼 눕고, 앉고, 서고, 걷고, 말

인연을 읽는 사주 명리학

하고, 침묵하고, 행동하고, 고요하게 움직이는 등 일상 속에서 좋은 습관들이기가 필요하다.

벌써 선원 스님께 좋은 습관들이기 일상 동작법을 지도받아 실천한 지가 5년이 되어가는 것 같다. 몸의 건강은 물론 사물을 바라보는 마음에도 보이지 않는 커다란 변화가 찾아온 것을 느끼게 한다. 불같이 급했던 마음은 느긋해졌고 얼굴 표정도 편안해져 보인다. 마음이 건조한 습기 대신 물기를 충분히 머금어 촉촉해진 듯하고 흡수력이 강한 스펀지처럼 부드러워진 것 같다. 인간의 몸을 이루는 세포는 그 70% 이상이 물이라고 하는데 요즘 같으면 내 마음의 수분 함량도 그 정도는 되어가고 있는 것이 아닌가 하면서 웃어본다.

연꽃 한 송이 드셨다던 부처님의 모습 떠올리며 오늘도 만나는 사람들에게 연꽃 한 송이 번쩍 치켜들며 활짝 웃어 보이는 여유로운 하루를 꿈꾸어 보면서 좋은 습관들이기 연습은 오늘에서 내일로 계속 이어질 것이다.

갑_甲질

천간의 맨 처음 자인 갑은 "왜 나만 가지고 그래?"라고 억울해 할 수도 있을 것이다. 못된 짓을 할 때 쓰는 '질'을 붙여서 왜 자기를 못된 사람으로 모느냐는 하소연이다.

갑질이란 힘의 우위에 있는 사람이 그 아래에 있는 상대에게 부당하게 행위를 강제하는 것을 말하는 것으로 자신이 잘난 줄 알고 조직의 이익보다는 자기의 이익을 도모하면서 상대에게 지시나 요구를 할 때

배경 설명 없이 무조건 따르기를 강요하는 것이다.

웅크리고 있던 용수철이 펼쳐지면서 위로 뛰어 오르는 모습은 과히 앞만 보고 "나를 따르라!" 하고 호령하는 전쟁터에서 앞으로 나서는 선봉장과도 같은 것이다. 오행에서 목화금수는 2개인데 토만은 4개가 되어 갑목이 뿌리를 박는 데 유리한 입지를 지닌다. 그러다 보니 영토 확장에 대한 마음이 강하여 세상의 재물은 모두 손안에 지고 싶고 또 내 것처럼 여기는 마음이 있다. 재물이란 소유물과 같아서 '내 것 내 마음대로' 취급하려는 속성상 재물과 관련해서는 아랫사람들을 하인을 부리듯 하려는 심리가 발동하기 쉽다.

남자의 입장에서는 재물 이외에 처첩에도 해당하니 모친과 딸을 제외한 세상 모든 여자는 자기 소유물로 여기는 마음이 있고 그래서 여자를 보면 소유물을 대하듯 함부로 대하기도 하고 또한 잘 다루는 재주(기술)가 있다.

그러나 중간에 丙丁火가 순환 상생하면 도리어 자기를 희생하여 여자에게 잘하며 庚辛金을 보면 내 것, 네 것에 대한 소유 개념이 분명해져서 자기 것 이외에는 소유하려는 탐욕을 부리지 않고 절제된 행동을 하는 매너남이 된다. 그러므로 甲질을 하는 경우에는 화금의 성분이 없다거나 있어도 무기력한 경우에 발생한다는 것을 알아야 한다.

癸癸乙甲 건명

亥亥亥寅

겨울 癸水가 水가 중중한데 수제신水制神인 관성 戊土가 없고 식상으로 물을 유통시키는 구조다. 자기 생각과 감정을 다스리는 힘이 미약하고 공인으로서의 책임성도 약하다. 왕수를 목으로 설기하는데 식신과 상관을 오고가니 생각이 어지럽고 행보가 꼬인다. 대문간에 방망이를 걸어놓고 맘에 들지 않는 사람은 방망이로 후려갈기겠다는 태도이다. 자기 생각과 기분에 어긋나면 강한 분노심이 일어나서 자기 성질 자기가 가누지 못하고 겨울 찬바람이 뼛속까지 뚫고 들어오듯 매섭게 상대를 공격한다.

또한 亥水가 제왕帝旺되어 겁재에 겁살로 기신까지 되어 아랫사람을 대하는 태도가 자기 물건 맘대로 쓰듯 하니 살벌함이 가득하다. 그야말로 부모 잘 만난 것 빼고는 하나도 내세울 것 없는 함량 미달의 인성이라고 할 것이다. 이쯤 되면 甲질의 대명사로 부족함이 없을 사람이다.

뫼 산山 자 사주

사주에 토가 많은 경우에 무속신앙과 불교에 인연되어 생활하시는 분들이 의외로 많으며 일반인 중에서도 독실한 신앙심을 가지고 생활하시는 분들이 많음을 발견한다. 특히나 토가 많아서 중병에 걸린 경우에 그러하다.

또는 토가 절실히 필요한 경우에도 그렇다. 중앙에 자리하는 토의 성질은 만 가지 신들의 집합 장소가 되기도 하고 만 가지 현상이 일어나고 사라지는 무대가 되기도 하며 인간 생활 또한 토라는 지구 위에 둥지를 틀고 살아가는 것이다.

지구 위에 살면서 삶의 고통을 이겨내지 못하여 무거운 짐을 부리고 자유로운 마음이 되고자 땅 위에서 가장 높은 산 위에 올라 둥지를 튼 그곳에 휴식이 있고 삶에 필요한 에너지의 재충전이 일어난다. 아래 사주는 토들을 연결하면 '뫼 산山' 자 형국이 드러나는 것이 특이하다.

癸戊癸丁 건명	乙甲己癸 건명	甲己辛辛 건명
丑戌丑未	丑戌未卯	戌未丑丑
스님	스님	스님

궁합宮合

乙乙丁乙 건명	戊戊甲戊 곤명
酉亥亥丑	午午子辰

어느 보살님께서 궁합을 물어오셨다. 아드님이 아가씨를 오늘 인사시
키고 갔는데 그 아가씨와 결혼을 하겠다고 한다는 것이다. 사귄 지 오
늘로 4개월째 접어들었다고 하면서 아들이 너무 섣불리 결정한 것은 아
닌지 걱정이 들면서도 그동안 선을 20명 보았지만 다 어긋나게 되었던
것이라 자기가 원하는 아가씨면 그냥 결혼을 시킬까 하신다면서 살펴
달라고 하신다.

대강 살펴보니 건명에 戊辰생은 정재 부인격인데 부인자리에 해수와
辰亥 원진 귀문이 되니 만나면 원망살이 발동할 것이고 또한 모친과 부
인의 고부 갈등이 심하게 일어날 것으로 보였다. 시간이 지나면서 진생
에 대한 믿음이 원망으로 바뀌면서 잦은 다툼이 일어날 것으로 읽혔다.

년지 丑土는 재성 부인으로 辰生과 丑辰 파살을 맞았으니 정재 편재
가 다 망가지게 되었고 亥亥 자형살의 난동을 억제할 제방 토가 무너져

인연을 읽는 사주 명리학

버렸으니 土 재성의 제방 역할을 기대할 수 없게 되었다. 그래서 재성이 자기 역할을 할 수 없는 지경에 이르게 될 것이다.

두 사람 모두 세 개의 비견이 개두蓋頭하였으니 배우자에 대한 쟁재爭財와 시샘이 잠재하고 있다. 건명은 년지 丑土가 부인인데 乙木이 개두蓋頭되어 남편 이외에 남자와 함께하고 있고 배우자 자리가 사궁이요, 亥亥 자형살에 일시 독수공방살까지 가세하여 부부궁이 아름답지 못하다.

곤명은 월상 甲木이 남편인데 좌우에 戊土가 즐비하니 부인 이외에 여자를 보고 있고 남편궁에 午火에는 甲木 남편이 사궁死宮이 되고 子午 충에 午午 자형살까지 가세했으니 甲木은 자기 자리에서 뿌리내리지 못한다. 그러므로 집에 들어오는 것이 꺼려지며 밤이면 동침을 거부하는 사태가 발생하니 불행한 만남임이 틀림없다.

그래서 이 인연은 더 이상 진행하면 불행한 결과가 발생한다고 말씀 드렸다. 그러나 쌍 귀문의 미친 짓이 벌어지게 될 것이니 결혼은 용감하게 감행할 것이지만 독이든 음식을 먹어 후에 탈이 벌어질 것이다.

부부 사이에 죽기 살기로 이기려는 기질이 발동하고 안정할 수 없는 공허감을 갖고 살게 되며 이러한 업보는 자식에게 유전되어 자식 또한 안정된 가정을 이루고 살기가 어렵게 되어 있다.

수명壽命

사주 이론으로 생사를 판단 짓는다는 것처럼 어려운 문제가 없다. 설사 안다 해도 죽음을 섣불리 애기할 수도 없는 것이다. 인생사 궁금한 부분을 드러내는 학문이 운명학이라 하여도 비밀스러운 사생활 부분과 죽음에 대한 부분은 알아도 유구무언이라 할 것이다. 그러나 공부하는 학인의 입장에서는 이에 대한 이해를 하고 있어야 하겠기에 아래에 참고할 부분을 싣는다.

- 식신은 수명신임으로 편인의 도식이나 다른 흉신에 형, 충, 파 됨을 꺼린다.
- 격국, 용신, 일간이 장지에 들거나 파극됨을 꺼린다.
- 절대 희신이 장지에 들거나 파극됨을 꺼린다.
- 흉살 등이 기신과 함께 동하여 격국, 용신, 일간을 충극함을 꺼린다.

甲戊辛乙 건명
寅辰巳未

을해 대운에 상관 견관 충에 격국이 충파되는데 다시 계사 세운이 사해 충하니 전쟁 상황이다. 박스 공장에서 일하다 사고사하였다.

망겁이 합·형·충이면 비사悲事가 발생

망신겁살이 합이나 형, 충을 만나면 비극적인 참사가 발생하는 것이니 직업적으로 활용한다고 하더라도 조심해야 할 것이다. 생살 권한을 행사하는 직업에 적합하며 아니면 돌발적인 사고로 불구가 되거나 죽음을 맞이하기도 한다.

사주가 청하면 정치인, 군인, 경찰, 검찰, 국정원, 외과의사 등으로

인연을 읽는 사주 명리학

진출하고 사주가 탁하면 가축을 잡아서 먹고 사는 업에 종사하게 되며 그도 아니면 남을 괴롭혀서 먹고 사는 깡패나 범죄인생이 되기도 한다. 또는 일터나 산업현장에서 일하다 참사를 당하거나 여행 중에 사고를 당하거나 사건에 연루되어 변을 당하기도 한다.

己丁甲乙
酉亥申亥 곤명

丁亥일주 丁亥대운 복음伏吟인데 壬寅년 망신겁살이 인신형충을 만나서 그해 가을에 자신의 처지를 비관하여 스스로 목숨을 끊었다.

정관격의 주문呪文은 인성印星이다

己乙丙丙
卯巳申辰 곤명 피부관리사

초가을 乙木이 결실을 준비하여야 하는데 丙火태양 빛이 과열하니 한참 성장해야 하는 시간으로 착각하여 결실을 준비도 못 한 채 밖에서 빛만 쬐고 있는 일명 '빛 좋은 개살구' 격으로 고생이 많다.

일점의 水라도 나타나 있어 丙火의 열기를 제어해주면 나름 실속을 맺을 수 있겠으나 그도 여의치가 않는다.

辰土 중에 癸水가 암장하니 辰土를 쫓아서 피부 관리사가 되었는데 편인癸水는 쪼가리 도장이라서 하는 일에 불평불만이 쌓이고 의욕이 떨어져만 간다. 壬水정인이 申金에 장생하여 쓸만한데 巳申刑합으로 묶여있으니 답답할 노릇이다.

辛卯대운 卯 건록운으로 남의 집 월급 생활하는데 辛金편관이 丙火상관과 합하여 손발을 분주하게 움직이며 격무에 시달리는 기간을 보내고 있다. 월지정관격은 인성인 용신을 계발하는데 주문을 외우는 것처럼 부지런히 노력해야 한다.

정인正印 운에는 오랜 병이 치유된다

인성이 중병이 든 중에 편재는 큰 재산가치가 생기는 횡재수가 되는데 오래 묶어둔 부동산이 큰돈이 되기도 하며 휴짓조각으로 여겨졌던 바닥에 떨어진 주식이 대박을 터트리기도 하며 연구하고 개발한 창작물이 때를 만나 큰 판매실적을 이루기도 한다.

재생살의 조직일 경우에는 재물이나 처첩으로 인하여 신상에 해로운 일이 발생하게 되니 두려울 일이 된다. 이미 저질러진 일이면 그 책임추궁을 당하게 되고 앞으로 일이면 부당한 방법으로 일을 저지르니 그 결과를 두려워해야 한다.

뇌물수수, 공금횡령, 비자금관리, 세금포탈, 고리대금, 밀수, 마약, 이중거래, 강절도, 제비, 꽃뱀 등의 재난을 조심해야 한다.

인성 운이 들어오면 배움에 대한 갈망이 강해지고 성적향상, 시험합격, 학위취득, 자격인증, 입찰, 미래를 위한 창조적인 기획과 설계, 연구개발, 주거환경개선(큰 평수로 이사를 간다든지), 차량 구입, 부동산매매, 재산서류, 보험증권, 주식, 보증 등에 도장 찍을 일들이 발생한다.

◇ 자아 성찰의 기회: 종교신앙, 구도수행

◇ 정서함양의 기회: 교양강좌, 예절교육, 다도교육, 염색, 도자기, 서예 등 취미활동

◇ 근본 회기의 기회: 고향과 부모·형제에 대해 그리움, 전통문화에 관심, '나는 누구인가?'라는 자기 존재에 대한 의문해소를 위한 노력

환자는 약재를 얻고 기도자는 소원성취하고 모친이나 윗사람의 도움으로 새로운 일이 펼쳐지기도 한다. 진행하고 있는 일은 행운이 따르고 직장인은 신임을 받으며 승진기회를 얻고 사업자는 안정된 발전을 하고 재다신약자는 재물이 비로소 값어치를 발휘하게 되고 여자는 무능한 남편이 윗사람의 신임을 받아서 발전하게 되는 등의 기쁨이 따른다.

편인 운에는 믿을 수 없는 일 발생

계모의 심리가 발동하게 되니 매사에 불만스럽고 짜증이 나게 된다. 의식주가 안정이 안 되고 주거환경에 불만이 생기고 정신이 산만하고 불안 심리가 발동한다. 몸에 발병이나 몸을 다치기도 하니 조심해야 한다.

◇ 공부자는 진전이 없고 사업자는 외부와 관계가 단절되고 소통이 막히게 되니 생산, 유통, 판매, 영업, 교섭, 계약 등에 차질이 생기고 진행하는 일이 지연되고 중단되기도 한다.

◇ 대인관계에서는 분리, 단절, 고독하니 우울증이 생긴다. 믿음이 배신으로 돌아오니 어음부도, 부도수표, 계약 차질, 결재지연, 서류결함, 약속위반, 시행착오, 등이 발생하며 투기성 있는 투자를 하여 재산낭비에 심하면 의식마저 어렵게 될 수도 있다.

◇ 편인이 길 작용을 하는 경우에는 어려운 조건을 돌파하기 위하여 전화위복의 기회로 삼아 기술개발, 학문연구, 창작활동에 몰두하기도 하며 수험생은 독서실이나 고시원, 사찰 등에 묻혀 지내기도 한다.
미래를 위한 투자로 특정한 기술, 기능을 익히기 위해 전념하여 고난 끝에 영광의 눈물을 흘리게 되는 때를 만나기도 한다.
문화, 예술, 체육, 기술, 과학, 도술, 역술, 점술, 침술 등 전문지식과 기술을 보유하는데 전념하기도 한다. 전통문화를 계승한 인간문화재로부터 손톱을 관리해주는 네일아트 전문가에 이르기까지 다양한 직종이 이에 해당한다.

힘이 없다고 도둑을 의지하면 안 된다

비견은 형제와 친구와 동료로서 어깨를 나란히 하는 우호적인 관계로 일간 자신이 주도권을 행사하나 겁재는 상대가 주도권을 행사하는 불리한 상황으로 이끌려가는 경재자, 탈재자인 것이다.
겁재는 정재인 처와 재물을 빼앗아가니 신약자라도 겁재를 희신할 수는 없다. 자신이 약하다고 도둑을 집안으로 불러드릴 수 없는 이치로서 언제 탈재자로 돌변할지 모르는 위험한 일이다.

겁재의 탈재작용은 인정사정을 보지 않는 냉혹함과 잔인함이 있다. 처와 재물을 보고 미쳐 날뛰는 겁재를 제어하지 않으면 피땀 흘려 이룩한 결과물을 빼앗아가려는 범죄 심리가 발동하게 된다.

그러나 관성이 유력하면 겁재를 교육하고 훈련시켜 용맹한 정예군사로 길러내어 불철주야 땀 흘려 일하는 산업역군으로 재탄생시키는 계기를 만들어 내니 질서의식이 강하여 걱정치 않아도 된다.

일간의 강약을 떠나 겁재는 용신이나 희신으로 취할 수 없음은 함께 살아가는 공동체의 의식과 질서를 무너뜨리기 때문이며 그는 공동체의 안녕을 해치는 공공의 적으로 경계의 대상이 된다.

여명길흉 女命吉凶

자연의 원리에서 말하는 양의 주도적 위치와 역할, 음의 보좌적 위치와 역할이 오늘날에 들어와서는 여성의 지위향상과 더불어 사회참여가 활발히 이루어짐으로써 여성들이 주도적으로 자신의 역량을 개발하고 원하는 바 사회적 성취를 이뤄냄으로써 남성 못지않게 두각을 나타내고 있다.

그렇다고 이러한 현상이 사주학의 육친관계의 구조까지 뒤바꾸어 놓은 것은 아니다. 예나 지금이나 사주추명의 원칙은 다를 바가 없다.

－여자가 재관인이 천간에 드러나 있으면 교양과 미모를 갖춘 부귀문

중의 태생으로 현모양처 감이다. 운의 흐름에 크게 영향을 받지 않고 남편과 자식과 더불어 부귀를 누리는 귀인격이다.

－여자에게 관살혼잡을 대기하나 일주건왕하고 제화가 되어 있으면 사주의 흐림에서 맑음으로 변하여 청격淸格으로 변했지만 격은 떨어진다.

－여자에게 정관이 천덕귀인 또는 월덕귀인이 임하면 남편이 덕망이 있고 준수한 인물로 대중을 부리는 고위직에 오르게 되고 정관도화에 해당해도 역시 그 남편이 고위직에 오르게 되어 귀부인이 된다.

－여자에게 상관은 남편성인 정관을 극상하나 재성과 인성을 보게 되면 접속상생(生재－生관－生인)으로 연결되어 크게 염려할 것은 없지만 운에서 정관을 만나게 되면 그 흉함을 겪고 지나게 된다. 또한 상관이 왕지를 만나게 되면 남편을 능멸하는 오만방자함이 일어난다.

－여자가 시간에 상관이면 남에게 부림을 당하여 본다고 하였으니 종업원, 가사도우미, 유흥접객, 안내양, 서비스직, 일용직, 승무원, 비서직에 진출함을 보게 된다.

－여자가 편관이 도화살이면 한순간에 외간남자에 정신이 팔려 몸주고 돈 주고 사랑에 배신을 당하게 되며 심하면 감금, 협박, 폭력을 당하기도 한다.

−여자가 정관과 편관이 뒤섞여 있으면 애정사가 뒤죽박죽되어 탁한 여인이 되며 상관이 편관을 합하면 부끄럼을 모르며 음란하고 천박한 행동을 한다.

−여자가 정관이 약하고 편관이 강하면 남편을 능멸하고 애인에게는 순종한다.

−여자가 정편인이 많아 득병인데 약신이 재성이 없고 관성마저 없다면 고달픈 인생을 사는 가난하고 천박한 사람이다.

−여자가 합이 많으면 정이 많고 정이 많으면 애정에 한을 남기게 되어 꺼리는데 도화살까지 겹치면 애정사로 어려움을 겪는다.

−비견이나 비겁이 도화살이면 재물을 탕진해 가면서 이성 교제를 함으로 가정경제에 큰 손재를 일으키게 된다. 제비족에게 혼쭐날 수도 있고 도박, 계모임, 투기, 투자 등으로 대손재가 생기는 흉함이 따르기도 한다. 또한 남편과 함께 맞바람을 피우기도 한다.

−여자가 오행이 편중된 종왕, 종강사주는 재성과 관성이 뿌리내릴 바탕이 없으니 첩이나 첩처럼(남편이 타도타국에 나가 활동을 하며 멀리 면 시간 떨어져 사는 경우처럼)살아야 의식주해결과 안정된 생활을 할 수가 있다. 그렇지 않으면 가난하고 천박한 삶을 살게 되며 생활고를 스스로 해결해 나가야 하는 가주의 팔자가 되니 고생이 말이 아니다. 독신자, 수행자, 유흥업소일, 무당, 일용직 일꾼, 험난한 일을 하는 경우가 많다.

−여자가 비견겁이 왕세를 떨치는 중에 재성과 관성이 뿌리를 내리지
　못하고 있는 중에 운로에서 다시 비견겁이 들어오면 재산을 흩고
　불명예에 남편에 손상損傷이 발생하고 심하면 사별을 하기도 한다.

−여자가 도화살이나 목욕지가 형충을 당하면 엎어진 목욕물을 뒤집
　어쓰고 더러운 물에 손이나 몸을 담가야 하니 천한 일에 종사하거
　나 천한 일을 당하게 된다. 강제적인 성적 모욕을 당할 수 있으니
　몸가짐을 조심해야 할 일이다.

−여자(남자)가 비견겁과 관성(재성)이 합을 하거나 원진을 보면 남편
　(부인)의 바람으로 불화가 발생하게 된다. 또한 도화나 목욕지가 원
　진을 보게 되면 이성을 홀리는 재주가 있어 바람을 잘 피운다.

　예로부터 관살과 식상의 조화가 깨어져서 불균형을 초래하는 경우와
수왕 사주자가 제어가 안 되어 있는 경우에 성정이 음란하고 천한 짓을
주저하지 않는다 하였다.
　과거에는 접객업소에서 손님에게 서비스를 제공하거나 기예를 발휘
하는 광대, 무당, 아랫사람으로서 부림을 당하며 잡일을 하는 천한 사
람인 경우가 많았다.
　정상적으로 먹거리를 해결치 못하고 구차한 삶을 사는 경우가 많았
으나 오늘날에서는 식상의 시대라 할 만큼 과거의 재관인을 중시하던
시대와 다는 상황에 살고 있으며 사회적으로 인정을 받고 재물과 명예
를 크게 얻는 경우가 많아지고 대중의 우상이 되기도 한다.

　가수, 배우, 탤런트, 성우, 아나운서, 유아교육, 사회복지, 비서, 통

역, 번역, 작가, 연설웅변, 사회자, 대변인, 승무원 미술, 음악, 미용, 디자인, 인테리어, 상담, 영업, 유통 등 실로 다양한 직업을 갖고 활동하는 경우가 많으니 잘 살펴야 한다.

　그러나 상관이 왕하고 관성이 무력하거나 손상이 된 경우나 관살의 혼잡인데 식상의 제어가 되어가 어렵다거나 관살을 과도하게 제어하고 있는 경우는 직업에 상관없이 성정이 매우 음란하여 난잡한 행동을 하는 경우가 많으며 설사 주부라도 음행을 경계하지 않을 수 없다.

　물이 모이면 큰물이 되는데 제어가 안 되면 물결치는 대로 흘러가는 생활이 되는 것이니 이는 마치 이곳저곳 떠돌면서 '꽃 파는 여자' 곧 유흥업소 도우미나 매춘녀가 되거나 무당, 승려, 노숙자가 되기에 십상이다.

　이 같은 경우에는 성을 조절하는 제어력이 약하여 거듭거듭 제어하게 되므로 여러 남자를 끌어들이게 된다. 즉 만인의 여자가 되므로 어느 한 남자에게 정착하지 못하게 되는 것이니 화류계에 종사자들이 많고 주부라도 음란함을 억제하지 못하여 성을 쫓는 불나방이 되기 쉬운 것이다.

축토丑土의 중독성

　소는 일 년 열두 달의 마지막 달에 해당하여 사계절의 시간 동안에 경험한 역사적 자취를 그대로 함축하고 있는 정보의 창고이다. 그래서 사계절의 의미를 담고 있기에 소의 밥통은 네 개다.

우주 자연은 끝없이 팽창과 수축을 반복하며 계절의 변화를 만들어 낸다. 팽창은 인목이 대표하고 수축은 축토가 대표한다.

십 개월 동안 모태에서 자란 태아가 세상에 태어나는 순간을 관찰해 보면 자궁은 최대한 압축하여 태아를 밖으로 나가도록 밀어내고 산도 는 최대한 팽창하며 태아가 빠져나가도록 길을 크게 열어주게 된다.

그렇게 해서 세상에 태어난 태아는 이제 더 이상 뱃속 태아가 아닌 갓 난아기가 되어 이 세상의 일원으로 편입되어 삶을 시작하니 이것이 인 목寅木의 의미이다.

축토의 기질은 사계절의 삶의 자취를 고스란히 품고 있는 것이기에 삶의 희로애락이나 흥망성쇠의 역사와 함께하는 성질임으로 네 사람의 몫을 살아가는 수고로운 인생이다. 자기 몫 이외에 주변 사람의 삶의 몫까지 챙길 것이 많으니 이를 액 곧 땜빵해 줄 일이 많은 고달픈 삶이 라고 하는 것이다.

그래서 원하는 바도 많고 챙겨줄 것도 많다 보니 그에 따른 마음의 고 통이 많아 한숨이 절로 나오게 된다.

자기 몫을 챙기고 사는 것도 힘이 드는데 남의 몫까지 챙기며 살아가 야 하니 고달픔이 많은데도 불구하고 이를 거절치 않고 운명으로 받아 들이며 담담하게 감당해낸다.

평생을 자신을 희생하여 논밭을 갈고 죽어서는 뼈다귀까지 사람들의 먹을거리로 제공하고 떠나는 소의 운명이 축토로 태어난 사람의 운명 이기도 하다.

부지런하고 성실하며 이타적이고 헌신적인 삶의 자세는 죽은 뒤까지 도 소가죽을 남겨 생활용품을 만드는 소재로 쓰이니 살신성인하는 정신이 아닐 수 없다.

가족과 사회를 위한 봉사와 헌신의 삶을 살아가는 축토이기에 가슴속에는 슬픔과 맺힌 마음들을 담고 살아가기에 심신에 해로움이 생겨서 각종 질환에 시달리는 경우가 생긴다.

일만 하는 소가 그렇듯이 등이 굽어지고 허리가 틀어지며 골반이 돌아가고 무릎이 아프고 다리가 휘어지는 고통을 겪게 된다.

머리맡에는 치료약이나 건강 보조식품이 쌓여있고 몸에 좋다는 것을 챙겨 먹어야 하는 경우가 생긴다. 그래서 먹는 음식이 약이 되니 식사를 아무렇게나 하지 않고 매우 가려서 챙겨 먹게 된다.

축토는 일을 할 때나 꼴을 먹을 때를 보면 초지일관하여 반복적인 행동을 이어가는 성질 때문에 무슨 일이든지 시작하기를 매우 심사숙고해서 결정하게 되고 일단 시작한 일은 중도에 돌아서는 경우가 거의 없고 끝까지 밀고 나가는 책임감과 추진력이 대단하다.

이러한 지속적인 행동패턴이 중독성이 되어 무엇이든 한번 시작하면 계속 밀고 나가게 되니 술, 담배, 약 등도 한 번 입에 대면 중독될 때까지 이어가게 되고 한 번 마음에서 접어둔 사람은 다시는 쳐다보지도 않게 되니 이 또한 지속적인 성향의 중독성이 낳은 행동패턴이다.

축토는 사계절의 특성을 다 함축하고 있기에 세상을 바라보는 관점이 매우 개방적이고 이질적인 다양한 성질들을 이해하고 포용하는 능력 또한 탁월하다.

그래서 남의 지루한 하소연도 싫은 내색 없이 잘 경청할 줄을 알고 어려운 사람들의 마음을 다독여 주고 위로할 줄을 알기에 인정이 많은 사람이기도 한다.

소는 아침형 인간으로 새벽부터 일어나서 늦은 밤까지 움직이는 일복을 타고났으니 운동량이 매우 많다. 일 년 중에 제일 추운 음력 12월의 절기의 소는 혈액순환 병을 앓기 쉬우니 움직이지 않으면 혈액, 신경, 호르몬 등의 순환이 되지 않아서 각종 병을 일으키게 되니 몸의 건강을 위해서도 부지런하게 움직이고 운동도 하게 되어 있다.

그래서 충분히 움직이게 충분한 에너지양을 가지고 태어난 것이다. 그래서 소의 운명 앞에서는 힘자랑하지 않아야 한다.

세상사 희로애락을 두루 겪어본 소는 입이 있어도 다 말을 못하고 마음속으로 삭히며 스스로 애환을 달래야 하고 음~매, 음~매 소리를 내면서 신불전神佛殿에 기도하고 염불이나 해야 하는 운명이 되었으니 종교 신앙이나 구도수행자의 상징이기도 하다.

소가 중얼중얼하듯이 '주여~주여~, 관세음보살~관세음보살~'을 반복하는 것도 소의 운명성이 지닌 특징이다. 또한 자신의 주변에 고달픔을 하소연하고 조언을 구하는 사람들이 많다.

때로는 술에 취하여 계속 중얼중얼하는 지인들의 주사를 받아주게 되고 맨정신이라 해도 계속 인생사 조언을 반복해서 이야기해줘야 하는 경우가 생기니 이 역시나 소가 갖는 액厄 막음의 운명성 때문일 것이다.

그래서 소를 천액성天厄星이라하여 남이 해결하지 못하고 괴로워하는 바를 경청하고 해결해주는 해결사로서의 액막이 역할이라 할 것이니 살아있는 동안 남의 고달픔을 덜어주고 괴로움은 막아주는 액막이 인생으로서 역할이 소가 걸어가는 인생길이다.

계수癸水(子水)의 건강

계수는 자연의 온도변화에 따라서 비, 안개, 이슬, 서리, 눈, 우박, 수증기 등으로 나타나며 천간의 마지막 글자가 되어 끝을 보고 마는 성격이 된다.

"여자가 한을 품으로 오뉴월에도 서리가 내린다."
는 것이 계수의 성정을 말하는 것이다.

그래서 사랑을 하더라도 계수는 자신의 감정에 충실하며 끈질긴 면모를 보인다. 죽기 살기로 사랑에 목을 매는 스타일이다.

또한 계수는 천간의 끝이지만 지지로 환원하면 지지의 첫 자인 자수가 되는 것이니 끝까지 파고드는 면모와 함께 천지가 어둠 속에 묻혀 조용한 가운데 홀로서 새로운 시작을 알리는 첫 주자로서의 움직임도 가지는 것이다.

시작도 잘하지만, 끝마무리를 확실히 한다는 계수는 그래서 눈물도 많고 남모르는 슬픔도 많이 간직하며 살고 삶이 우울할 경우에는 삶의 마지막인 죽음을 자주 생각하는 우울증이나 울화병을 앓기도 한다.

자신을 배신한 사람이나 상처를 준 사람에게는 서릿발같이 차갑게 대하고 저주를 퍼붓기도 한다. 그러나 자신의 맘에 드는 사람에 대하여는 봄비같이 상대의 거친 마음을 봄비처럼 적셔주기도 하고 목말라하는 사람에게는 단비같이 갈증을 풀어주기도 한다.

계수는 우리 몸 안의 끈적끈적하는 액체와 물컹물컹한 부드러운 성질과 그에 따른 기관에 해당한다. 계수의 수와 화의 부족이나 넘침에서 비롯되는 것이 대부분이다.

겨울 계수는 우박이나 얼음이 되니 화기가 부족하고 수기가 더 하면 아이들의 오줌싸개, 어른들의 요실금, 자궁근종, 하지정맥류, 수족냉증, 혈액순환장애, 성병, 발기부전, 불감증, 저혈압 등의 증세를 갖지 싶다.

계수일주가 유금에 병지인데 사주가 냉하면 틀림없이 자궁근종이 생긴다. 계미일주는 앉은 자리가 묘지가 되어 계수가 수증기처럼 증발해 버리니 자궁이 사라져 버린 것이 되어 자궁을 들어내는 경우가 생길 수 있다.

또 배우자가 가까이 오면 한증막 안의 수증기처럼 계수를 증발시키니 숨이 막혀 질식할 것 같은 답답함을 느끼고 그러한 마음(신경 예민, 불면증, 울화병, 불안 심리)에서 벗어나고 싶어 한다.

그러므로 자주 집을 벗어나서(묘지에서 부활) 기도, 명상, 아이쇼핑, 드라이브나 여행을 통해서 갇힌 마음을 열 필요가 있다.

집안이나 터널, 밀폐된 공간 공포증 같은 심리가 발생할 수 있는데 스트레스가 많은 현대인이 많이 호소하는 공황장애 심리상태가 바로 그것이다.

일지묘지를 놓은 자는 가능한 배우자의 간섭에서 벗어나서 자유로운 영혼으로 자기 할 일에 몰두하면서 많은 시간을 자기 자기계발에 투자하며 즐겁게 사는 것이 좋다.

태극의 정신은 철저히 무소유하다

자기가 사는 삶의 현장을 도량으로 삼아서 우리의 삶의 의미와 가치를 하나의 점에서 선으로 뻗어내서 원으로 통합하는 삶이 되도록 노력해야 한다. 현실 속에서 자기의 마음을 비우면 현실이 그대로 도량이 되고 하늘나라가 되는 것이다.

그런데 왜 사람들은 마음을 비우지 못할까? 비우면 즉시 자유로워지고 행복해지는 충만을 경험할 수 있을 텐데도 그러지 못한다.

왜 그럴까? 자기라는 정체가 있는 줄 알았는데 어느 순간 없어졌다고 생각해보라! 그는 당황스럽고 마음에 큰 혼란이 일어나면서 공포스럽기까지 할 것이다. 있는 속에 존재하던 그가 마음을 비우는 순간 없어져 버렸으니 말이다.

바로 이 지점이 지옥과 하늘나라로, 행복과 불행으로, 삶과 죽음으로 나뉘는 경계 지점에 서 있는 것이다. 이 지점에서 좀 '기다림'의 시간을 가지는 연습이 되어 있지 않기에 이 순간이 주는 행복을 놓쳐버리는 것이다. 인간의 의식은 자기가 보고 싶은 것, 듣고 싶은 것, 생각하고 싶은 것만 취하고 산다. 그러다 보니 자기와 입장을 달리하는 것과 끝없는 갈등을 일으키면서 편을 가르고 싸우며 고통을 주고받으며 삶의 현장을 지옥으로 만들어 버리는 것이다.

세상에 태어나서 각자 다른 경험을 하면서 만들어 왔던 주변과 구별되는 자기들을 고집하지 말고 경험 이전의 너나 나나 같은 생명의 실제 모습을 그대로 바라보는 노력이 필요하다. 세상적인 것을 아직 소유하지 않는 절대 무소유한 경계인 것이다.

신이 창조한 맨 최초의 모습으로 돌아가서 서로 바라볼 때 하늘나라

(태극)의 문은 열리기 시작할 것이다.

　부처님께서는 몸에 가사 한 벌 걸치시고 한 끼의 식사를 해결하기 위한 발우 하나만을 지닌 채 맨발로 길을 걸으며 사셨다. 그런 점에서 종교의 거룩함은 세상에 와서 탐욕 부리고 화내고 어리석어져서 철저히 자기 속에 함몰된 불행한 마음에서 탈출하여 맨 처음 태어났을 때의 갓난아기 마음을 회복하는 데 있다.

　종교적인 거룩한 삶을 지도하고 추구하는 사람들은 세속적인 것을 탐닉하던 마음이 구원받아 창조 본연의 갓난아기의 마음(무소유)으로 돌아가도록 정신적, 물질적으로 철저하게 무욕의 삶을 살아야 한다.

　정의로운 세상, 이상 세계, 하늘나라를 향해 걸어가는 깨어있는 사람들은 솔선수범해서 거룩한 생활을 해야 한다. 자기는 온갖 것을 끌어모으는 탐욕적인 생활을 하면서 세상을 바르게 다스려 나갈 순 없는 것이다.

　하늘나라로 나아가는 길은 비우는 삶이요, 세상적으로 나아가는 길은 끌어모으는 삶이니 세상적인 것을 가득 끌어안고서 하늘나라에 들어가겠다는 것은 낙타가 바늘귀로 들어가는 것보다 더 어려운 것이라 한 것이다.

　영혼을 구제하고 세상에 평화를 만들려는 사람들은 꼭 기억해야 할 사항이다. 그런 점에서 오늘날의 세속과 타협하여 손잡은 물질화된 종교는 그 자체로 영혼의 구제나 마음의 평화를 만들어 내는 힘을 상실해 버린 것이다.

　　　　　　　　　　　　　　　인연을 읽는 사주 명리학

　나이가 한 살씩 더해가며 내 앞에 펼쳐진 각박한 현실의 진면목이 눈에 들어오기 시작하면서 인연이란 지나치는 나그네일 뿐이라는 사실을 알게 하였다. 세상의 그 누구도 상대의 마음을 읽어주고 처지를 공감해주고 한 발자국이라도 더 가까이 다가서려는 사람을 찾기란 쉽지 않다는 것을 알았다. 그러한 속에서 오직 나 홀로 나 자신을 믿어주는 수밖에 없었다. 나 스스로에게 보내는 무한한 신뢰의 마음이 천 길 낭떠러지 위에서 날 살아 있게 한 힘이었다. 그러한 마음은 나의 스승이 항상 내게 해주신 "순천자는 흥하고 역천자는 망한다"라는 말씀과 "선한 끝은 있어도 악한 끝은 없으니 항상 선하게만 마음을 사용하거라. 그리하면 반드시 길이 열린다"라는 가르침에서 비롯되었다.

　이제 본서를 마무리하면서 말씀드리고 싶은 한 마디는 사주팔자는 전생에서 이생으로 가지고 나온 숙명을 운명으로 개척해가는 삶이며 또한 그것은 다음 생을 위한 밑그림을 그리는 작업이라는 사실이다. 세상살이가 아무리 어렵다 하더라도 마음이 짓는 조화 원리를 믿고 선한 의지를 가지고 자기에게 주어진 용신의 길을 묵묵히 걸어간다면 반드시 밝고 희망찬 내일을 만들어 내게 된다는 사실을 알았으면 한다. 세상이 돌아가는 이치인 음양의 논리를 접한 지혜 있는 모든 분에게 하늘의 보살핌이 함께 하시길 기원한다.

연해자평정해(서공승원저. 심재열 강술)

삼명통회(만육오원저. 박일우 편저)

적천수정해(유백온 원저. 박우재 편저)

명리요강(박재완 저)

사주첩경(이석영 저)

궁통보감정해(최봉수. 권백철 강술)

사주감정비결집(신육천 저)

사주정설(백영관 저)

명리정설(이준우 저)

명리강론(신수훈 저)

명리대연(화령 편저)

주역(박삼수 역)

대산주역강해(김석진 저)

천부경, 불경, 성경

기타 다수비본 및 교재 참조

사주 운명학 교육생 모집

인연을 읽는 관법 전수

불교는 일체 현상이 인연이라고 합니다.

그 인연이 때와 장소, 사람에 따라서 '어떻게 나타나고 있는지'를 한 자 22자만 알면 알 수 있게 지도해 드립니다.

사주 해석은

天(타고난 팔자)+地(땅의 인연)+人(사람과의 인연)을 알아야 현실에 맞는 해석이 가능합니다. 타고난 업과 외적인 조건(인연법)의 조합을 통해서 삶이 다양하게 펼쳐지는 이치를 공부하여야 비로소 운을 개선하게 중생을 제도할 수 있습니다.

———————•———————

- **대상**　　심리 상담, 진학 상담, 인생 상담을 전문으로 하실 분
- **과정**　　전문반(6개월), 통변반(3개월)
- **일시**　　평일반, 주말반
- **교육원**　대구 달성군 다사읍 죽곡리 23-6
- **주최**　　대한인연법 연구학회
- **문의**　　010-3884-7767

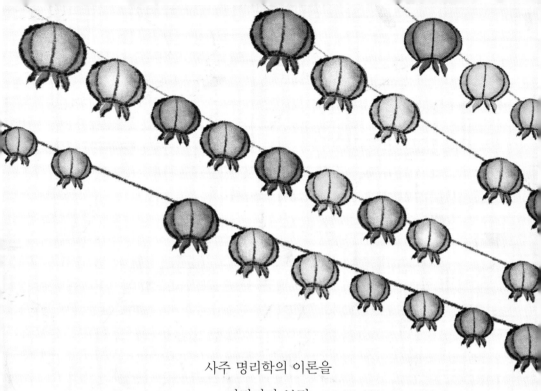

사주 명리학의 이론을

따라가다 보면

인연因緣이

어떻게 나타났다 사라지는지

그 대강을 알 수가 있다.

그것은

이미 만들어진 업식業識(情報)이

때(時間)와 장소(空間)와 사람을 통해서

어떤 모습으로 튀어나오는지의 이야기이며

전생前生, 현생現生, 내생來生으로 이어지는

영원한 삶 속에서

자신이

뿌린 대로 거둬들이는

자연의 이치이기도 하다.

인연을 읽는 사주 명리학

개정증보판 1쇄 인쇄 2022년 11월 03일
개정증보판 1쇄 발행 2022년 11월 10일
지은이 종학스님·박주연
그림 용정운

펴낸이 김양수
책임편집 이정은
교정교열 박순옥

펴낸곳 도서출판 맑은샘
출판등록 제2012-000035
주소 경기도 고양시 일산서구 중앙로 1456 서현프라자 604호
전화 031) 906-5006
팩스 031) 906-5079
홈페이지 www.booksam.kr
블로그 http://blog.naver.com/okbook1234
이메일 okbook1234@naver.com
ISBN 979-11-5778-572-8 (03180)